Rupert Lay

Wie man sich Feinde schafft

Rupert Lay

Wie man sich Feinde schafft

Ein Plädoyer gegen Gewalt

ECON Verlag
Düsseldorf · Wien · New York · Moskau

Inhalt

3. Kapitel:
Warum schaffen sich Menschen
und Institutionen Feinde?

4. Kapitel:
Wie schaffen sich Menschen
und Institutionen Feinde?

Vorwort

Freundschaft und Feindschaft sind dialektische Pole ein und derselben Realität: der emotional existentiellen Abhängigkeit eines Menschen von anderen. Diese emotionale Sozialverwiesenheit kann sehr verschiedene Gesichter haben: Freundschaft und Feindschaft sind die wichtigsten.[1] Es gibt Menschen, die nur noch zur Feindschaft fähig sind, weil sie sich von allen verraten, verlassen, gedemütigt, erniedrigt fühlen. Freundschaft lehnen sie empört ab. Es paßt nicht in ihr Weltbild, einen Freund zu haben. Sie wurden unfähig, Freundschaft zu erfahren oder gar zu erwidern. Unbewußt halten sie sich einer Freundschaft für unwürdig. Menschen, die ihnen Freundschaft anbieten, werden verdächtigt, sie emotional, zeitlich, sozial, finanziell ausbeuten zu wollen. In dieser Einsamkeit machen sie sich Feinde, wenn es denn schon nötig sein sollte, mit anderen Menschen Kontakt zu halten.

An dieser Stelle ist es wichtig, einige wenige Worte der Freundschaft zu widmen. Da Freundschaft wie Feindschaft Erfahrungen sind, die wir Menschen aus unserer tierischen Vergangenheit mitbrachten, wurzeln sie tief in unserer psycho-sozialen Struktur. So ist denn verständlich, daß schon zu Beginn des europäischen Philosophierens die Vorsokratiker Freundschaft als ein kosmologisches Prinzip deuteten. Freundschaft war nach *Empedokles* der Grund alles Guten, Feindschaft der alles Bösen. *Platon* widmet der Dialektik von Freundschaft und Feindschaft einen eigenen Dialog (»Lysis«).[2] *Aristoteles* wiederum schreibt seinem Sohn *Nikomachos*

---

1 Mehr zu diesem Thema in: R. Lay, Wie man sinnvoll miteinander umgeht, ECON, Düsseldorf 1992.

2 In Anlehnung an Empedokles schreibt er: »Mir scheint, wer behauptet, das Gleiche dem Gleichen Freund sei, wolle damit andeuten, daß allein der Gute

in seiner Ethik, das Zusammenleben mit Freunden sei ein wesentliches Element des Glücklichseins (der Eudaimonia).[3] Freundschaft sei indes kein Grund, auf Kritik zu verzichten. Nach *Hermann Cohen* unterscheidet sich Freundschaft von allen anderen menschlichen Beziehungen durch ihre Beständigkeit. Der Beweis ihrer Sittlichkeit sei die Treue. In der Zeit der Geselligkeit werde sie zu einem hohen sittlichen Wert.[4]

Heute wird wohl eine sozio-psychologische Bestimmung der Freundschaft am ehesten Zustimmung finden. »Freundschaft« ist demnach ein stabiler und belastbarer emotionaler Gleichklang auf verschiedenen (nicht notwendig allen) Ebenen einer zwischenmenschlichen Beziehung. Gegenseitige Anerkennung, Achtung und Vertrauen sind notwendig mit Freundschaft verbunden. Freundschaft ist bereit, partiell auf Eigeninteressen zugunsten der des Freundes zu verzichten. Freundschaft gründet in einer psychisch-sozialen Begabung, die wir heute »Urvertrauen« nennen. Ein urvertrauender Mensch wird Freunde haben. Freund ist mir der Mensch, dem ich auf Grund emotionaler Bindung angstfrei und unbedingt vertraue. Sicher kann es Menschen geben, denen ich ohne emotionale Bindung angstfrei vertraue: etwa Seelsorgern oder Psychotherapeuten. Da wir Menschen jedoch wenigstens einen Menschen auf dieser Erde haben müssen, mit dem wir ganz ohne Angst, unser Vertrauen könne mißbraucht werden oder das, was wir dem anderen im Vertrauen mitteilen, könnte uns in seiner Achtung mindern, alles besprechen können, ist Freundschaft von existentieller Bedeutung.

---

dem Guten Freund ist, der Schlechte aber weder mit einem Guten noch mit einem Schlechten je zu wahrer Freundschaft gelangt« (214 d). Er bindet also Freundschaft an die Idee des Guten, die sich in Freundschaft realisiert. »Man sagt doch, Freunden gehöre alles gemeinsam, so daß es also in dieser Hinsicht keinen Unterschied zwischen euch (Menexenos und Ktesippos) gibt, sofern das wahr ist, was ihr über eure Freundschaft sagt. Damit waren sie einverstanden« (207 c).

3 »Eudaimonia« bezeichnet das Erreichen jener Bestimmung des Menschen, auf die hin er angelegt ist. Sie zu realisieren ist sittliche Aufgabe: Ein Mensch soll sie zu erreichen versuchen. Das aber meint kein reines gebietendes Sollen, sondern ein Sich-identifizieren mit der Aufgabe, seinen eigenen Lebensentwurf zu leben.

4 Hermann Cohen, Ethik des reinen Willens, [2]1907.

Haben wir also keinen Freund oder einen Menschen, der an dessen Stelle treten könnte (also etwa Seelsorger oder Therapeut), werden wir emotional und/oder sozial verkümmern. Es gibt Menschen, die sich hinter einen Dornenwall zurückziehen und andere nur bis zu einer Nähe an sich heranlassen, die sie selbst von Fall zu Fall definieren. Dennoch hoffen sie, wenigstens zu Beginn dieser existentiellen Vereinsamung, daß einmal ein Prinz (ein Mensch, dem sie unbedingt und angstfrei vertrauen können) diesen Wall durchbricht. Aber das Märchen vom Dornröschen rät da schon recht: Alle hundert Jahre wird sich der Wall öffnen – dann aber sind wir schon lange tot.
Feindschaft[5] gründet zumeist in einem fundamentalen Mißtrauen. Urmißtrauische[6] Menschen werden keine Freunde haben können (bestenfalls deren Substitute). Urmißtrauische Menschen leben in einer Welt potentieller oder tatsächlicher Feinde: Keinem Menschen könne man unbedingt und angstfrei vertrauen. Nun sind reines Urvertrauen und reines Urmißtrauen selten. Der Grund ist einfach: Die Erfahrungen, die Menschen mit anderen machen, können diese Grundorientierungen modifizieren, wennschon beim urmißtrauischen Menschen stets ein Rest Angst, Scham und/oder Scheu bleiben wird. Gelegentlich assoziieren sich urmißtrauische Menschen zu eigentümlichen Sozialgebilden, in denen keiner dem anderen traut und dennoch alle aufeinander angewiesen sind.
Auch der urvertrauende Mensch wird sich meist an Fälle erinnern, in denen sein Vertrauen mißbraucht wurde. Er wird vorsichtiger

---

5 Feindschaft ist sehr wohl von Antipathie zu unterscheiden. »Antipathie« ist eine Sammelbezeichnung für alle negativen Emotionen ohne offene Feindseligkeit. Sie beginnt bei der unmerklichen Geringschätzung und endet in offen gezeigter Abneigung. Feindschaft ist oft mit Antipathie verbunden – nicht aber Antipathie mit Feindschaft.

6 Urvertrauen und Urmißtrauen gründen in den Erfahrungen des ersten Lebensjahres. Ein Neugeborenes entwickelt bald eine elementare Urangst, aus der Symbiose mit seiner wesentlichen Bezugsperson (»Mutter«) entlassen und somit psychisch und sozial »abgetrieben« zu werden. Geht diese Urangst verloren, entwickelt das Kind Urvertrauen, bleibt sie erhalten, Urmißtrauen. Ein Kind verlernt am ehesten diese Urangst, wenn es sowohl erfährt, daß »Mutter« gelegentlich ausbleibt (Erfahrung der Urangst), aber immer wiederkommt (Erfahrung, die Urangst ist unberechtigt).

werden in der Wahl seiner Freunde. Nicht jedem Menschen kann man vertrauen – vor allem nicht urmißtrauischen. Er wird schon im Kindergarten erfahren, daß es »falsche Freunde« gibt. Diese falschen Freunde werden zum Urbild des Feindes. Lebt der urmißtrauische Mensch in einer Welt voller (wenigstens potentieller) Feinde, so der urvertrauende Mensch mit der Erfahrung von Feindschaft (= der Erfahrung mißbrauchten Vertrauens). Daß später ihm auch andere Feinde begegnen werden, tut nichts zur Sache: Den meisten Menschen wird ein ehemaliger Freund zum ersten Feind.

Sicher gibt es auch eine primäre frühkindliche Feindschaft, die nicht den Weg über enttäuschte Freundschaft geht. Sie gründet in der Erfahrung, daß eigene und/oder fremde Aggressivität Feindschaft stiften kann. Solche Feinde begegnen dem jungen Menschen meist schon im frühen Schulalter (zwischen sechs und zehn Jahren). In diesem Alter wird das Umgehen mit Feindaggressivität geübt und ein sinnvolles Damit-Umgehen entweder gelernt oder nicht. Es scheint so, daß heute zunehmend mehr Kinder nicht mehr lernen, sinnvoll mit Feindaggressivität umzugehen. Sie erwidern Feindaggressivität mit Feindaggressivität. Sinnvolles Mit-Feindaggressivität-Umgehen fordert, den Willen oder den Wunsch, dem anderen nicht zu schaden, nicht ins Handeln zu übersetzen. Das ist sicher nicht schon reifes Umgehen mit Feindaggressivität. Das wird zumeist erst sehr viel später (in der Adoleszenz) gelernt – oder auch nicht.

Mit der Pubertät erfahren viele Menschen, daß auch Institutionen (wie Schule, Elternhaus, Kirche) zu Feinden werden können. Sie werden von Herzen verachtet, gehaßt, abgelehnt. Solche Feindschaft gegen Institutionen hat dann nicht selten die spiegelbildliche Folge, daß die Institutionen – vertreten durch ihre Agenten – zurückschlagen.

Manche Menschen, die enge persönliche Freunde haben, leben in feindschaftlichem Konflikt mit Gesellschaften. Nicht selten entstehen aus dem gemeinsamen – nicht selten unbewußten – emotionalen Widerstand gegen Institutionen und ihren Ansprüchen Feindschaften. Menschen mit dominant personaler Lebensorientierung werden allen Institutionen mit einem gehörigen Maß an Skepsis be-

gegnen. Andererseits sind sie nicht selten mit emotionalen und sozialen Begabungen ausgestattet, die es ihnen erlauben, Freundschaften zu schließen. Hier ist selbstverständlich nicht ein funktionaler (letztlich entpersonalisierter), aus dem Horizont erotischer Besetzung herausgenommener oberflächlicher Freundschaftsbegriff gemeint, wie ihn *Dale Carnegie* verwendet. Er entpersonalisiert Freundschaft zu einer funktional-manipulatorischen Größe.
Dale Carnegie entwertet in seinem erstmals 1937 erschienenen Bestseller »Wie man Freunde gewinnt«[7] Freundschaft zu einer manipulierbaren funktionalen Beziehungsqualität. Das Werk ist von erstaunlicher intellektueller Anspruchslosigkeit. Seine Verallgemeinerungen beleidigen jeden denkenden Menschen. Ich will einige Belege für diese Behauptung vorstellen:

- »Kritik ist nutzlos, denn sie drängt den anderen in die Defensive, und gewöhnlich fängt er an, sich zu rechtfertigen. Kritik ist gefährlich, denn sie verletzt den Stolz des anderen, kränkt sein Selbstgefühl und erweckt seinen Unmut« (31). Sicherlich gibt es solche Kritik. Aber sie ist ungekonnt. Gekonnte Kritik ist ein lebensnotwendiges soziales Korrektiv.
- »Der beste Rat an alle, die im Geschäft, zu Hause, in der Schule oder in der Politik einflußreich sein möchten, lautet: Man muß immer zuerst beim anderen das Bedürfnis wecken, das zu tun, was wir von ihm wünschen. Wem dies gelingt, der hat die ganze Welt auf seiner Seite« (62; D. C. zitiert hier affirmierend *H. A. Overstreet)*. Manipulation wird hier als Methode des Erfolgs erklärt. Ich würde mir niemals einen Menschen zum Freund wählen, der diese Methode verwendet.
- »Jeder Mensch sucht nach dem Glück – und es gibt einen sicheren Weg, es zu finden: Man muß die Gedanken kontrollieren« (102). Eine blödsinnigere Regel, glücklich zu werden, habe ich nirgends gefunden.
- »Es gibt ein äußerst wichtiges Gesetz im Umgang mit Menschen. Wenn wir diesem Gesetz gehorchen, geraten wir kaum je in

7 Dale Carnegie, Wie man Freunde gewinnt, Scherz, Bern 1991 (727.–746. Tausend).

Schwierigkeiten. Im Gegenteil: Wir verschaffen uns dadurch unzählige Freunde und ein immerwährendes Glücksgefühl. In demselben Augenblick jedoch, da wir dieses Gesetz verletzen, müssen wir mit fortwährendem Ärger rechnen. Dieses Gesetz lautet: Bestärke den anderen immer in seinem Selbstgefühl« (134). Dieser Rat ist geradezu diabolisch. Er führt dazu, daß wir Menschen unser Selbstbild immer nur bestätigt erhalten, ohne realistische Chance, es zu bewähren. Sicher wird es Situationen geben, in denen man bewußt das Selbstgefühl des anderen bestärken sollte. Doch darf diese Regel niemals zum allgemeinen Prinzip erhoben werden. Als solches ist sie gefährlich und falsch. Sie ist nackte Manipulation.

- »Man kann einen Streit nie gewinnen. Wer ihn verliert, der verliert, das ist klar; wer ihn gewinnt, der verliert aber ebenfalls. Warum? Angenommen, Sie bleiben Sieger. Was ist die Folge davon? Sie selber sind zwar höchst befriedigt. Aber was geschieht mit dem anderen? Sie sind schuld, daß er sich unterlegen fühlt. Sie haben seinen Stolz verletzt – und das nimmt er ihnen übel« (153). Was ist das für ein Menschenbild? *Dale Carnegie* mag recht haben, wenn es sich um ein Streiten im Anspruchsbereich der Feindaggressivität handelt. Ein Streiten jedoch im Anspruch der Gegneraggressivität ist nicht nur durchaus gängig, sondern auch kaum feindschaftsbildend, wie er unterstellt. Er hat es offenbar mit neurotischen Mimosen zu tun.
- »Dem anderen Menschen das Gefühl zu geben, eine bestimmte Idee stamme von ihm, bewährt sich nicht nur im Geschäft und in der Politik, sondern auch in der Familie« (206). Wiederum ein Ratschlag, wie man Menschen manipulieren kann – vorausgesetzt, sie sind zureichend einfältig, diese Technik nicht zu durchschauen. Dies ist ein Rat, wie man sich Feinde schafft, denn niemand läßt sich gerne instrumentalisieren.

Das Buch ist voll von Ratschlägen dieser Art. So gewinnt man keine Freunde. Bestenfalls hat man in entsprechenden Situationen einigen Erfolg. Im übrigen könnte der Autor sein Buch auch mit dem Titel des Buches schmücken, das Sie gerade lesen.
Menschen, die auf Grund ihrer sozialen und emotionalen Bega-

bungen in der Lage sind, personale Freundschaften zu schließen, werden damit rechnen müssen, daß man sie beneidet. Ein solcher Mensch muß oft fremde Feindschaft in Kauf nehmen.
Menschen, die auf Grund fehlender sozialer und emotionaler Begabungen weder zur Freundschaft noch zur Feindschaft fähig sind, bilden eine Einstellung sozialer Gleichgültigkeit gegen alle anderen Menschen aus. Sie nimmt oft die Form einer unengagierten Menschenliebe an.
Menschen, die Institutionen (wie Kirche, Unternehmen, Parteien, Familien) zu Freunden haben, haben selten personale Freunde (das sind – es sei wiederholt – Menschen, denen man unbedingt und angstfrei vertrauen kann). Die »Freunde« *Dale Carnegies* sind solcher Art. Die stark emotionale und unkritische Akzeptation von Institutionen führt in der Regel dazu, daß ein Mensch zum Systemagenten, einem Agenten ebenjener Institutionen wird. Systemagenten haben keine personalen Freunde – weder im noch außerhalb des sozialen Systems, dem sie ihre Liebe schenken.
Feindschaft ist Folge der Feindaggressivität wenigstens einer der Beteiligten. Jene verstärkt diese. Während Feindaggressivität im Regelfall kontraproduktiv ist (Ausnahmen mögen sein, etwa die Abwehr von Fremden, die das eigene Territorium gefährden, und aktiv-intolerante Feinde), kann Gegneraggressivität durchaus produktiv sein. Sie bestimmt u. a. das Nähe-Distanz-Verhältnis in allen erotischen Beziehungen (Kameradschaft, Freundschaft, Liebe).
Feindschaft ist sorglichst zu unterscheiden von Gegnerschaft. Gegnerschaft wird getragen von gegenseitiger Akzeptation. Ohne Gegneraggressivität sind Kampfspiele, ist Wettbewerb, ja kaum kontroverses Streiten möglich. Gegneraggressivität belebt jede zwischenmenschliche Beziehung, ist sogar deren notwendige Voraussetzung. Eine lebendige menschliche Beziehung oszilliert um Nähe und Distanz. Der distanzschaffende Faktor ist die Gegneraggressivität.
Ganz anders die Feindaggressivität. Sie will kleinmachen, schaden, mindern. Nun gibt es Menschen, die wie ein Magnet die Feindschaft anderer auf sich ziehen. Solche Menschen sind nicht selten unfähig, sich und andere zu lieben. Um fehlende Selbstliebe zu ersetzen, schließen sie sich gelegentlich zu faschistoiden Gruppen

mit einer perversen Realisierung von »Freundschaft« zusammen: SS, Skinheads, Gangs, terroristische oder kriminelle Vereinigungen.

Das Buch verfolgt das Ziel, jede Form von Gewaltanwendung (von den beiden genannten Ausnahmen abgesehen) als das zu enttarnen, was sie ist: sie mindert personales Leben des Gewalttätigen wie das dessen, dem die Gewalttätigkeit gilt, und ist deshalb eine als unmoralisch zu verurteilende Handlung. Dieses Buch möchte ein Plädoyer für die Gewaltlosigkeit sein. Es wird die Gewalttaten der Gewalttätigen verurteilen – nicht aber diese selbst.

1. Kapitel

Warum Menschen Feinde brauchen

1

Menschen brauchen Feinde, wenn es ihnen nicht gelungen ist, ihre Feindaggressivität in Gegneraggressivität zu sublimieren. Ob es sich dabei um eine offene oder stille Feindaggressivität handelt, ist belanglos. Im ersten Fall ist der Feind offensichtlich. Er wird aggressiv angegangen. Im zweiten Fall werden Ersatzfeinde gesucht, und es mindert sich das soziale und emotionale Potential, Freundschaftsbildungen einzugehen. Meist werden sogar Erscheinungsbilder entwickelt, die fremde Feindschaft auf sich ziehen. Ich möchte das Gemeinte an zwei Beispielen erläutern:

- Vor Jahren kam ein Patient zu meinen Sprechstunden, der von seinem Vorgesetzten im Unternehmen ständig niedergemacht wurde. Auch die Familie schien ihn nicht recht ernst zu nehmen. Im Laufe der Jahre hatte sich ein erhebliches aggressives Potential angesammelt. Ich versuchte die Aggressionsappetenz auf mich zu lenken. Nach einigen Sitzungen kam es schließlich zu einer gewaltigen emotionalen Eruption. Der Patient, ein eher verschlossen-introvertierter Mensch, brüllte mich eine halbe Stunde lang an. Seine Vorwürfe waren schrecklich, sie kreisten jedoch um das Thema: auch ich nähme ihn nicht ernst. Erst gegen Ende der Sitzung beruhigte er sich. Er war stolz auf sich, es mir »gegeben zu haben«. In der folgenden Sitzung brachte er selbst eine Erklärung des Ausbruchs: Ich hätte ihm die Chance gegeben, endlich einmal seine Wut und seinen Ärger adäquat auszudrücken. Dafür sei er mir dankbar.
- Ein anderer Patient, ebenfalls eher verschlossen-introvertiert, war von seiner Freundin wegen seines sexuellen Versagens ausgelacht worden. Scham und Angst besetzten fortan seine emotionale Beziehung zu ihr. Wegen dieser Sache seien schon eine

Reihe von Partnerschaften zerbrochen. Scham und Angst suchten ihren aggressiven Ausweg: Er zeigte deutlich Merkmale von Resignation (einem autoaggressiven Syndrom). Ich versuchte ihm in einigen Sitzungen verständlich zu machen, daß für den Aufbau einer stabilen erotisch-sexuellen Beziehung Petting oft wichtiger sei als der Sexualverkehr. Die nächsten intimen Begegnungen mit seiner Freundin waren, in beiderseitigem Übereinkommen, ausschließlich dem Petting gewidmet. Nach knapp zwei Monaten, in denen sich die Beziehung zu seiner Freundin sehr intensivierte, schwanden Angst und Scham, die sich autoaggressiv realisierten. Es kam – ohne daß einer der beiden es vorsätzlich darauf angelegt hatte – zum ersten für beide befriedigenden Verkehr.

Warum aber fällt es den meisten Menschen so schwer, ihre Feindaggressivität in Gegneraggressivität zu sublimieren? Da sind vor allem drei Gründe von Bedeutung: Es gilt,

- aggressives Potential aus dem Innen ins Außen abzuleiten,
- das eigene aggressive Potential zu projizieren[8] und
- die eigene Identität gegen fremde abzugrenzen, um so den Bestand der eigenen Individualität zu sichern und um mit sich selbst leben zu können.

Wer Feinde braucht, benötigt zumeist keinen besonderen Grund, sich Feinde zu schaffen. Dennoch gibt es Feindschaften, die einen rationalen Grund haben. Die meisten aber haben keinen.
Wir wollen hier zunächst von Feindschaftstypen handeln und dann in einem zweiten Abschnitt über die Ontologie der Feindschaft (Feinde als Konstrukte) nachdenken.

---

8 »Projektion« bezeichnet in der psychoanalytischen Theorie einen psychischen Abwehrmechanismus, mit dem Eigenschaften, Merkmale, Zustände, Wünsche, Interessen, Erwartungen, die man selbst hat, aber bei sich nicht zulassen kann (oder will), anderen Personen zugeschrieben und dort erkannt werden. Dieses Phänomen ist nicht nur bei Individuen aufzuzeigen, sondern auch bei Institutionen. So verdächtigten etwa die USA die SU projektiv der Vorbereitung eines Angriffskrieges gegen sie.

I. Typen von Feindschaften

Zumeist sind Feinde Menschen oder Institutionen, deren Verhältnis durch destruktiv-aggressive Ablehnung gekennzeichnet ist, ohne daß ein rationaler Grund vorliegt. Wohl aber werden in der Regel sekundär-rationale Gründe geltend gemacht, um die Feindschaft zu rechtfertigen. Die wichtigsten Rationalisierungen (das sind pseudo-rationale Rechtfertigungen im nachhinein) berufen sich auf Egoismus, Habgier, Machtversessenheit, Ignoranz, Unrecht, Arroganz, Unfähigkeit, böse Absichten ... des Feindes. Mitunter geht diesen Feindschaften eine enge positive Bindung vom Typ Introjektion voraus.

Feinde können aber auch Personen oder Institutionen sein, deren Verhalten vom Menschen (oder auch nur von einer bestimmten Gruppe von Menschen) entweder als sozialschädlich beurteilt oder als Bedrohung wahrgenommen wird. Dieser Feindschaft liegt meist eine rationale oder pseudo-rationale Vorgabe zugrunde. Das gilt vor allem dann, wenn der Grund der Feindschaft tatsächliche oder vermutete Sozialunverträglichkeit des Verhaltens einer Person oder einer Institution ist. Was sozial unverträglich ist, bestimmt meist das Allgemeine Bewußtsein und nicht etwa objektivierbare Daten. Das Allgemeine Bewußtsein wird aber durch die Massenmedien oder die eigene Image-Arbeit des sich sozial unverträglich Verhaltenden gebildet. Wir werden einem solchen Fall begegnen, wenn wir über das Thema verfeindeter Institutionen (hier etwa ein Unternehmen im Gegensatz zur »Öffentlichkeit«) handeln.

Feindschaft wird immer dann zu vermuten sein, wenn ein Schaden der anderen Person oder des anderen Sozialgebildes gewollt, billigend (mitunter gar wohlgefällig) in Kauf genommen oder ohne verantwortete Güterabwägung herbeigeführt wird. Wir unterscheiden, in bezug auf die in Feindschaft aneinandergeketteten Subjekte, folgende Typen von Feindschaft:

① Ein Mensch lehnt einen anderen feindschaftlich ab.
② Eine Institution lehnt einen Menschen feindschaftlich ab.
③ Ein Mensch lehnt eine Institution feindschaftlich ab.
④ Eine Institution lehnt eine andere feindschaftlich ab.
⑤ Eine Kommunikationsgemeinschaft hat ihre Feinde.

Zwar werden wir über die Frage, warum Institutionen Feinde benötigen, im folgenden Kapitel ausführlicher handeln, doch soll auch hier der 2. und 4. Punkt wenigstens in Ansätzen vorgestellt werden.
Alle erwähnten Feindschaften können einseitig oder wechselseitig sein. Wir reduzieren in den folgenden Überlegungen Sozialgebilde zunächst auf Institutionen. Institutionen nennen wir jedes Sozialgebilde (sei es eine Paarbeziehung, eine Gruppe, eine Gesellschaft), innerhalb dessen die das Sozialgebilde definierenden Interaktionen (Interaktionen und nicht etwa Menschen sind die Elemente sozialer Systeme[9]) standardisiert – nach vorgegebenen Regeln und Bedeutungen – ablaufen. Verstöße gegen Regeln und Bedeutungen werden bestraft. Im Gegensatz zu Institutionen sind Kommunikationsgemeinschaften Sozialgebilde, welche die Art und Weise der systembildenden Interaktionen an den Bedürfnissen, Erwartungen, Werteinstellungen und Interessen der Interagierenden orientieren. Institutionen stellen Menschen in Dienst. Kommunikationsgemeinschaften dienen Menschen. Sicher können auch in Kommunikationsgemeinschaften Feindschaften entstehen. Sie wandeln sich jedoch nicht selten zu Gegnerschaften. Gelingt dieser Wandel nicht, wird die Kommunikationsgemeinschaft sich neu organisieren oder gar zerbrechen. Andererseits können auch Kommunikationsgemeinschaften (wie sie etwa in einer guten Freundschaft oder Kameradschaft ausgebildet werden) Feinde haben und andere befeinden.

---

9 Zur Einführung in die hier zugrunde gelegte Theorie sozialer Systeme vgl. R. Lay, Philosophie für Manager, ECON-Taschenbuch 21107, Düsseldorf, S. 164–182.

1. Menschen lehnen einander feindschaftlich ab

Eine solche Feindschaft kann – muß aber nicht – wechselseitig sein. Einseitige Feindschaft gründet oft in Neid, Mißgunst, Unterlegenheitsgefühlen, Intoleranz. So war *George Bushs* Feindschaft gegenüber *Saddam Hussein* durch schlichte, aber heftig-aggressive Ignoranz erklärbar. Nicht selten verbinden sich Dummheit und Aggressivität zur Arroganz miteinander. Hier seien einige Fälle interpersonaler Feindschaft vorgestellt:

a. Eine Person lehnt eine andere feindschaftlich ab, weil sie deren Verhalten für sozialschädlich hält.

Die meisten Bundesbürger entwickeln Haß-Feindschaft gegenüber RAF-Terroristen, weil sie deren Verhalten als sozialschädlich und daher unmoralisch wahrnehmen. Der Bundespräsident, *Richard von Weizsäcker*, und der Bundesminister des Inneren, *Rudolf Seiters*, den seine CDU-Parteifreunde liberaler Gedanken verdächtigten, planten 1992/93, Terroristen, die ihre Haftstrafe zur Hälfte verbüßt und sich offen und glaubwürdig von der RAF abgewandt hatten, bei guter Führung und bei fehlender Besorgnis einer Wiederholungsstraftat wie alle anderen Häftlinge (nach Absitzen von mehr als der Hälfte ihrer Haftzeit) auf Bewährung freizulassen. Damit zogen sie sich den Zorn und die Empörung der konservativen Massenmedien und Parteien (CSU und REP) zu. Einige weitere Beispiele mögen belegen, daß sozial unverträgliches (unmoralisches) Verhalten nicht leicht verziehen wird:

- So wurde etwa das Verhalten von *Franz Steinkühler*, seinerzeitiger Chef der IG Metall, der sich – nach eigenen Angaben – als Aufsichtsrat bei der Daimler-Benz AG Insider-Vorteile verschaffte, indem er sein Wissen um künftig steigende Aktienkurse verwandte, um sich einen persönlichen Vermögensvorteil zu verschaffen, im Frühjahr 1993 als sozialschädlich qualifiziert, was ihm mancherlei Feindschaft auch unter den von ihm vertretenen Gewerkschaftlern eintrug. Er mußte unter dem Druck der öffentlichen Meinung sein Amt zur Verfügung stellen.

- Ich hielt zwei Managementseminare zusammen mit *Horst Mahler* ab, der wegen seiner Zugehörigkeit zu einer terroristischen Vereinigung eine lange Haftstrafe abgesessen hatte. Deutsche Unternehmerverbände protestierten heftig. Der damalige Vorsitzende des Bundesarbeitsgerichts versuchte über meine Vorgesetzten, die Veranstaltung zu vereiteln. Mein Argument, daß ein ehemaliger Häftling nach Ablauf seiner Straftat das Recht habe, wieder als normaler Bürger zu leben und behandelt zu werden, zudem es mir mein christliches Gewissen verböte, irgendeinem Menschen nicht zu vergeben, nutzten alles nichts. Nachdem ich die beiden Veranstaltungen abgehalten hatte, erlaubte sich der Unternehmerverband, Firmen anzuschreiben, um vor meinen Seminaren zu warnen. Ohne Erfolg. Anders erging es jedoch den meisten Seminarteilnehmern einer der beiden Gruppen. Der »Spiegel« nannte, gegen eine ausdrückliche Vereinbarung, einige Namen von Seminarteilnehmern. Sie alle – mit einer Ausnahme – verloren in den folgenden Monaten ihre Jobs. Auf wessen Drängen wohl?
- Das folgende Beispiel ist ein Anwendungsfall des alten Sprichworts: »Es kann der Beste nicht in Frieden leben, wenn es den bösen Nachbarn nicht gefällt.« Eine mir befreundete Familie ließ ihren Garten verwildern (um ein Biotop zu schaffen). Die Nachbarn, die meist mit gepflegten, allwöchentlich gemähtem Rasen den Wildkräutern in ihren Gärten keinen Raum ließen, erkannten auf »sozialschädliche Faulheit«. Sie versuchten nun mit allen Mitteln, angefangen von der Exkommunikation aus dem Nachbarschaftsverband bis hin zu gerichtlichen Verfahren, den Faulpelz zur »Ordnung zu rufen«. Als alles das ohne Erfolg blieb, begannen sie die phantastischsten Verleumdungen zu erfinden. Ein Glück, daß die Familie es lernte, mit solcher Feindschaft zu leben. Sie verkaufte ihr Anwesen nicht, obschon die Nachbarn nichts sehnlicher wünschten. Die Weigerung gründete nicht in Trotz, sondern in der Überzeugung, etwas gut und richtig zu machen.
- Zwei Ehepartner waren miteinander seit Jahren zerstritten. Er warf ihr Unzuverlässigkeit, sie ihm Unordentlichkeit vor. Beide warteten in der Partnerschaftstherapie mit zahllosen Belegen für

die Berechtigung ihrer Vorwürfe auf. Es stellte sich heraus, daß es in der Herkunftsfamilie der Frau ungewöhnlich ordentlich (ich vermutete einen zwangsneurotischen Hintergrund) zuging, während die Mutter des Mannes ihrem Gatten Unzuverlässigkeit vorwarf, da er selten vereinbarte Termine einhielt (was beruflich begründet war). Die Frau übertrug ihre Ordnungserwartungen von der Herkunftsfamilie auf die eigene. Der Mann identifizierte sich mit seinem Vater, war unzuverlässig, obschon bei ihm keine beruflichen Gründe vorhanden waren. Nachdem beide Partner den Mechanismus verstanden, litten sie zwar immer noch unter den realen Eigenschaften des Partners, wußten jedoch darum, daß sich beider Verhalten im Horizont mitteleuropäischer Normalität bewegte und nur ihre eigene Geschichte diesen Toleranzrahmen sprengte. Im Laufe der Zeit gelang es ihnen, das Anderssein des anderen zu akzeptieren.

- Zwei Abteilungsleiter innerhalb derselben Hauptabteilung eines großen deutschen Unternehmens waren einander feind. Der eine warf dem anderen Feigheit und Kriecherei, der andere warf seinem Feind Ungerechtigkeit und Faulheit vor. Beide waren zutiefst davon überzeugt, daß der jeweilige Feind nachweislich über solch wenig schmeichelhafte Eigenschaften verfüge. Sie versuchten, mir durch verschiedene Beispiele zu verdeutlichen, daß ihre Gründe, den anderen abzulehnen, sehr wohl gerechtfertigt seien. Nach längeren Gesprächen mit beiden wurde mir deutlich, daß die Feindschaft in Übertragungen gründete. Der eine sah im anderen, der etwa zehn Jahre älter war als er, den wegen seiner Feigheit und Kriecherei verachteten Vater. Der andere erkannte den wegen seiner Ungerechtigkeit und Bequemlichkeit verachteten Mathe-Lehrer wieder. In beiden Fällen gelang es mir, den Übertragungsmechanismus einsichtig zu machen. So wurde es möglich, die Feindschaft in Gegnerschaft zu wandeln. Beide gestanden sich das Recht zu, den anderen nicht leiden zu mögen. Beide akzeptierten das Recht, einige Menschen nicht leiden zu mögen, als elementares Menschenrecht, das sie sich und dem anderen zugestanden. Beide sprachen miteinander, um zu verhindern, daß unter ihrer Gegnerschaft Dritte litten.

b. Eine Person lehnt eine andere feindlich ab, weil sie sich von ihr bedroht fühlt.

Menschen, die sich bedroht fühlen, reagieren nicht selten feindaggressiv auf ihren Bedroher. So kann sich etwa ein Mieter von seinem Vermieter bedroht fühlen, ein Mitarbeiter von seinem Vorgesetzten, ein Autofahrer von einem Polizisten – und entsprechend feindaggressiv reagieren. Auch hier sollen einige Beispiele das Gemeinte erläutern:

- Eine alleinerziehende Mutter fühlte sich von ihrer Vermieterin bedroht, weil diese zu allen anderen Mietern und den Nachbarn verleumderisch über sie redete. Diese Hetze ging so weit, daß der Sohn der Alleinerziehenden von anderen Kindern als »Hurensohn« beschimpft wurde. Die Mutter konnte dem Gerede nicht entgehen, weil sie zu einem so günstigen Mietzins kaum eine vergleichbare Wohnung gefunden hätte. Die Drohungen der Vermieterin gingen so weit, daß sie allwöchentlich böse, mit Polizeimaßnahmen drohende Briefe schrieb. Im Laufe der Zeit wurde der Mieterin ihre Vermieterin derart zum Feind, daß man deren Namen in ihrer Gegenwart nicht einmal nennen durfte. Wir haben hier ein Beispiel einer doppelten Feindschaft: Die Vermieterin haßte ihre Mieterin, weil sie eine alleinstehende Mutter war. Die Mieterin verachtete ihre Vermieterin, weil sie sich unmenschlich verhielt und sie durch ihr Verhalten bedrohte.
- Ein mir bekannter Autofahrer fühlte sich zu Unrecht von einem Polizeiwagen gestoppt. Ohne Beweise vorlegen zu können, behaupteten die Beamten, er habe bei Rotlicht eine Ampel überfahren. Als mein Bekannter das abstritt, begannen die Polizisten ein beliebtes Spiel. Nicht nur der Führerschein und der Kfz-Schein wurden gründlich geprüft, nicht nur wurde per Funk in Flensburg angefragt, nicht nur wurde mein Bekannter aufgefordert, ins »Röhrchen zu pusten«, sondern auch sein Fahrzeug wurde einer ausgiebigen Inspektion unterzogen. Der Beamte behauptete, das Abblendlicht sei nicht richtig eingestellt, und verwarnte den Fahrer gebührenpflichtig. Seit dieser schikanösen Maßnahme spricht der so Bedrohte nur noch von »Bullen«, denen er alles Böse wünscht.

- Der Vorstandsvorsitzende eines größeren Unternehmens neigte dazu, alle wichtigen Aufgaben doppelt zu vergeben. Wer am schnellsten die seiner Meinung nach beste Lösung gefunden hatte, wurde keineswegs belohnt, denn lohnende Worte waren ihm fremd. Der »Verlierer« aber wurde getadelt. Nachdem dieses Spielchen einige Male mit wechselnden Siegern gelaufen war, fühlten sich beide in ihren Positionen bedroht. Ihr Zorn richtete sich gegen den Vorsitzenden. Im Verlauf einer Unternehmensberatung gelang es mir, diesen demotivierenden Stil zu korrigieren. Klare Zuständigkeitsbeschreibungen verhinderten, daß Überschneidungen der erwähnten Art noch möglich waren.

2. Eine Institution lehnt einen Menschen feindschaftlich ab

Daß Institutionen Feinde benötigen, um selbst bestehen zu können, wird im folgenden Kapitel belegt werden. Hier sollen nur die Gründe vorgestellt werden, die Institutionen angeben, um Menschen oder Institutionen abzulehnen. Die Feindschaft kann ebenfalls wechselseitig sein, muß es aber nicht. Einige wichtige Gründe solcher Feindschaften mögen sein:

- Die feindschaftliche Ablehnung beruht auf moralwidrigem Verhalten.
- Die feindschaftliche Ablehnung beruht auf Bedrohung.

a. Eine Institution lehnt eine Person feindlich ab, weil sie deren Verhalten für sozialschädlich (und unmoralisch) hält.

So kann eine Institution (eine Partei, ein Verband) Asylbewerber, Juden, Strafentlassene, Drogenabhängige feindlich ablehnen, nachdem sie ihnen das Etikett »sozialschädlich« verpaßt hat. Das Gemeinte sei an zwei Beispielen erläutert:

- Nicht selten sind Gründe für solche Feindschaft kollektiver Neid, kollektive Dummheit, kollektive Intoleranz, die das Anderssein des anderen nicht akzeptieren. So lehnten etwa die Institutionen BRD und »bundesrepublikanische Öffentlichkeit«

den einstigen (1960–1971) Staatsratsvorsitzenden der DDR, *Walter Ulbricht*, aus kollektiver Dummheit (war er doch der eifrigste Verfechter eines neutralen, aber geeinten Deutschlands) und kollektiver Intoleranz (sein sächselnder Dialekt ließ ihn anders erscheinen, als ein guter Deutscher zu sein hat) ab.

- In den Wahlkämpfen des Jahres 1992 (Baden-Württemberg und Schleswig-Holstein) machten die REPs und die CDU gezielt den Bundesbürgern angst vor Überfremdung durch Asylbewerber. Sie bauten ein Feindbild vom »mißbräuchlichen Asylbegehrenden« auf, dem es feindschaftlich zu begegnen gelte. Beide Institutionen entwickelten gegen diese Menschen Feindaggressivität. Zwar verlor die CDU in beiden Ländern die Wahlen zugunsten rechtsextremer Parteien, denen die Panikmache die Wähler in Scharen zutrieb, doch setzten CDU und CSU eine Grundgesetzänderung des Asylrechts durch, das dieses auf eine bizarre Weise vernichtete.

b). Eine Institution lehnt Personen feindschaftlich ab, weil sie sich von ihnen bedroht fühlt.

1. Beispiel: die BRD

Die Bundesrepublik fühlt sich durch die Aktivitäten einzelner Terroristen aus rätselhaften Gründen existentiell bedroht.
Besonders faschistoide Institutionen neigen dazu, Personen, die sich nicht den faschistischen Schemata zu denken, zu handeln, zu werten, zu entscheiden anpassen, als Feinde abzulehnen und zu behandeln. Die ideologisch bedingten strafbewehrten Handlungen geben Zeugnis von der Eigenart der Institution eines Staates: Für den Staat BRD mögen das etwa (allein die nach dem StGB geahndeten) folgenden Handlungen sein:

- »Wer es unternimmt, mit Drohung von Gewalt die auf dem Grundgesetz beruhende Ordnung zu ändern, wird mit lebenslanger Freiheitsstrafe bestraft« (Hochverrat nach § 81).
- »Wer ein bestimmtes hochverräterisches Unternehmen gegen den Bund vorbereitet, wird mit einer Freiheitsstrafe von einem

Jahr bis zu zehn Jahren bestraft« (§ 83; da der Vertrag von Maastricht solche Unternehmen vorbereitet, würden alle, die an seiner Ratifizierung beteiligt waren, zu bestrafen sein).

- »Wer Propagandamittel einer Vereinigung, die unanfechtbar verboten ist, weil sie sich gegen die verfassungsmäßige Ordnung richtet, vorrätig hält oder in diesen Bereich einführt, wird mit einer Freiheitsstrafe bis zu drei Jahren bestraft« (§ 86; so ist es verboten, aus Schweden etwa die RAF-Literatur in die BRD einzuführen, um sich mit deren Zielen bekanntzumachen).
- »Wer öffentlich in einer Versammlung oder durch Verbreiten von Schriften die BRD oder ihre verfassungsmäßige Ordnung böswillig verächtlich macht, wird mit einer Freiheitsstrafe bis zu drei Jahren bestraft« (§ 90 a; es ist also sehr davon abzuraten, seine Meinung über die real existierende Demokratie dieser Republik öffentlich zu machen).
- »Wer ein ausländisches Staatsoberhaupt beleidigt, wird mit Freiheitsstrafe bis zu drei Jahren bestraft« (§ 103; es empfiehlt sich also dringend, mit beleidigenden Äußerungen gegen *Saddam Hussein* oder *Muammar al-Ghaddafi* zurückhaltend zu sein; es müßten eigentlich 90 Prozent der Leitartikelschmierer der deutschen Presse hinter Gittern sitzen).

Es wimmelt im StGB nur so von solchen Maulkorbparagraphen. Hier wird Sozialschädlichkeit mit Staatskritik verwechselt. Jede Institution, also auch jeder Staat, ist der offensichtlichen Meinung, daß jede radikale Kritik strafbar sei. Zwar werden die meisten Revolutionäre der Vergangenheit (etwa die von 1830, 1848, 1918) gefeiert, weil sie den Weg zur augenblicklichen Verfaßtheit freischaufelten. Aber der Vertreter einer zukünftigen Revolution wird hart bestraft – und mögen die Mängel des bestehenden Systems noch so sehr gen Himmel stinken.

2. Beispiel: die katholische Kirche

Auf merkwürdige Weise fühlen sich Kirchen durch Menschen bedroht, die alles andere im Sinn haben, als sie zu bedrohen. Es gibt zwei solcher vermeintlicher Bedrohungen einer Kirche, die, wie jede Institution, das Mittelmaß kultiviert und Menschen, die sich allzuweit vom Median entfernt haben, entweder als Heilige oder als Ketzer aus ihrer Normalität exkommuniziert. Abwehr von Bedrohung kann schon eigentümliche Formen annehmen. Einige wenige aus dem Raum der katholischen Kirche will ich hier präsentieren:

- Das Konzil von Florenz dekretierte 1442, daß »niemand außerhalb der katholischen Kirche lebend, nicht nur Heiden, sondern auch Juden, Häretiker und Schismatiker, nicht des ewigen Lebens teilhaftig werden können, sondern in das Feuer gehen werden, das dem Teufel und seinen Engeln bereitet ist«. Es machte sich zudem eine Aussage des *Fulgentius von Ruspe* zu eigen: »Niemand, selbst wenn er für den Namen Christi sein Blut dahingäbe, kann gerettet werden, außer er sei in der Einheit mit der katholischen Kirche geblieben« (DS 1351).[10]
- In der Bulle »Exsurge Domine« vom 15. Juni 1520 verwirft Papst *Leo X.* die Ansicht *Martin Luthers*: »Häretiker zu verbrennen ist gegen den Willen des Heiligen Geistes« (DS 1483).
- Immer wieder betont die katholische Kirche, daß die Existenz Gottes mit den Mitteln der natürlichen Vernunft nicht nur erkannt (das sei zugegeben in dem Sinne, wie es *Thomas von Aquin* annahm[11]), sondern auch bewiesen werden könne (DS 3537).

Auf diese Weise versuchte/versucht die Kirche, sich gegen alle möglichen Bedrohungen abzusichern. Daß diese Versuche uns Heutigen nicht nur merkwürdig erscheinen, sondern – auf lange Sicht

10 Zugegeben werden soll, daß Pius XII., Neuerungen nicht unbedingt zugetan, in einem Schreiben vom 8. 8. 1949 an den Erzbischof von Boston gegen den Jesuiten Leonard Feeney, einen Professor des unter Theologen weltweit angesehenen »Boston College«, betonte, daß die Kirche nur Mittel zum allgemeinen Heil sei (D 3868). Als Pater Feeney dennoch an der Lehre festhielt, daß alle Menschen, die nicht zur Kirche gehörten, vom ewigen Heil ausgeschlossen seien, exkommunizierte der Papst ihn persönlich am 4. 2. 1953.

11 Thomas von Aquin stellte fest, daß wir nicht das Sein Gottes erkennen können, sondern nur, daß die Aussage, Gott existiere, wahr sei. Summa theol. I, q.3, a.4, ad 2.

gesehen – den Bestand der Kirche gefährden, ist vielen Vertretern dieser Institution noch nicht bewußt geworden.
Feindschaften zwischen Institutionen und Personen wie aber auch solche zwischen Personen und Institutionen sind meist wechselseitig.

3. Ein Mensch lehnt eine Institution feindschaftlich ab

Zu diesem Fall seien hier zunächst einige eher triviale Beispiele angeführt:

- Ich kenne einige junge Männer, welche die konkret-aktive Herrschaftsausübung in der Bundesrepublik feindschaftlich ablehnen (wohl aber das Staatsvolk und das Staatsgebiet lieben – sie sind und wollen Deutsche sein). Aus diesem Grund verweigerten sie Wehr- wie Zivildienst. Sie sind aus Gewissensgründen bereit, gegen diese so verfaßte Republik mit allen friedlichen Mitteln Widerstand zu leisten. Obschon sie sich vor Gericht glaubwürdig auf ihr Gewissensurteil beriefen, wurden sie zu Haftstrafen verurteilt, die deutlich länger währten als der Zivildienst. Und da gibt es Bundesbürger, die behaupten, in Deutschland gäbe es weder politisch Verfolgte noch politisch Gefangene!
- Ein Abteilungsleiter eines chemischen Unternehmens litt darunter, daß in seinem Unternehmen elementare Umweltschutzregeln fahrlässig nicht beachtet wurden. Er begann, in regelmäßigen Abständen dem zuständigen Vorstand von seinen Beobachtungen zu berichten. Dieser – offenbar als Systemagent funktionierende Mann – hielt ihn bald, ohne dessen Meldungen nachzugehen, für einen Querulanten. Nach etwa zwei Jahren wechselte der Abteilungsleiter in ein anderes Unternehmen. Dem eigenen stand er inzwischen wegen dessen systemischer Trägheit, dessen Fahrlässigkeit und dessen Weise, mit Informationen umzugehen, die, weil ihre Beachtung Kosten verursachen würde, nicht ins Konzept paßten, feindlich gegenüber. Wenige Wochen später kam es zu erheblichen Schadstoffemis-

sionen, die leicht hätten vermieden werden können, wenn Vorstände Berichte ihrer Mitarbeiter zureichend ernst genommen hätten.

- Ein mir befreundeter »guter Katholik« trat aus der Kirche aus, weil der Papst gegen Kondome und Pillen wetterte, obschon es doch offensichtlich sei, daß eine Übervölkerung der Erde den Lebensraum der Menschheit durch Umweltbelastungen ernsthaft gefährden würde. Dem Papst – er sei reiner Systemagent – ginge es mehr um Prinzipien denn um Menschen und um menschliche Zukunft. Mit einer solchen Kirche wolle er nichts zu tun haben. Er stand ihr feindschaftlich gegenüber und begann gegen sie zu missionieren.
- Ein pubertierender Junge war der Meinung, seine Familie habe sich ganz an das dem Konsumethos verpflichtete Gemeinwesen ausgeliefert. Er brach aus Gewissensgründen alle personale Kommunikation mit seinen Eltern und seiner älteren Schwester ab. An seinem 18. Geburtstag zog er aus und begann ein eigenes Leben.

Wieder wollen wir unterscheiden:

- Ein Mensch lehnt eine Institution ab, weil er sie für moralisch verwerflich hält.
- Ein Mensch lehnt eine Institution ab, weil sie ihn enttäuschte.
- Ein Mensch lehnt eine Institution ab, weil sie ihn bedroht.

a. Klassische und grundsätzliche Beispiele für die Ablehnung einer (vermeintlich?) moralisch-verwerflichen Institution durch Personen bieten die Terroristen und die Ketzer.

1. Beispiel: der RAF-Terrorist

Bei nicht wenigen Menschen, welche die konkret-verfaßte Bundesrepublik ablehnen, hält sich die Feindschaft in recht gemäßigten Grenzen. So wird sich ein Feind der BRD im Zustand des real existierenden Kapitalismus oder der real existierenden Demokratie freuen, wenn sie sich außenpolitisch lächerlich macht, die deutsche Nationalmannschaft verliert, ein Politiker als moralischer Lump enttarnt wird oder die Arbeitslosenrate steigt. Wird die Ablehnung notorisch, ist damit zu rechnen, daß auch die Agenten der Bundesrepublik (etwa ihre Beamten und Richter) nicht sonderlich freundschaftlich mit denen verfahren, die ebendiese Republik in ihrer konkreten Verfaßtheit ablehnen. Dann kommt regelmäßig das Wort von der »wehrhaften Demokratie« auf.

Harmlos ist zumeist eine Feindschaft, die entsteht, wenn eine Person die Institution Bundesrepublik feindschaftlich ablehnt, weil sie der Ansicht ist, sie verhalte sich funktional-sozial unverträglich (weil sie etwa nicht genug für den Umweltschutz tue, fordere, daß in Tierversuchen Tiere gequält würden, ungerechte Gesetze erlasse).

Grundsätzlich anders sieht aber die Sache aus, wenn jemand der Ansicht ist, die BRD sei strukturell-faschistisch, und mit seinen Aktivitäten ebendiesen Faschismus entlarven – in der Hoffnung, daß alle ihn erkennen – und die faschistische Verfaßtheit der Bundesrepublik revolutionieren will. Solche Menschen nennt der offizielle Sprachgebrauch »Terroristen«. Sie haben das erklärte Ziel, mit ihren Angriffen auf Agenten des als latent faschistoid diagnostizierten Systems, den Staat zu faschistischen Reaktionen zu verleiten.[12] Das erste Ziel wird in der Regel erreicht. Nicht aber das zweite: Der latente Faschismus ist bei vielen Bundesbürgern noch so verbreitet, daß sie meist sehr viel faschistischer reagieren als die Staatsmacht selbst. Forderungen nach Wiedereinführung der Todesstrafe, nach Veränderungen der StPO, nach härterer Verfolgung von Sympathisanten sind die Folge. Der Staat modifizierte zwar siebenmal die Strafprozeßordnung, so daß es der Bundesanwaltschaft leichter gemacht wurde, Terroristen wegen Mordes verurteilen zu lassen, aber er weigert sich standhaft, die Todesstrafe wieder einzuführen. Der Irrtum der Terroristen: Die Deutschen lehnen in ihrer Gesamtheit die faschistischen Staatsreaktionen nicht ab, sondern fordern sie.

2. Beispiel: der Ketzer

Ketzer sind Menschen, die sich gegen die in einer Institution entwickelten Selbstverständlichkeiten richten und so Welten verän-

12 Vgl. dazu »Texte der RAF«, Lund (Bo Carefors) 1977.

dern.[13] Ketzer etwa waren *Roger Bacon, Thomas Müntzer, Galileo Galilei, Charles Darwin, Karl Marx, Sigmund Freud, Pierre Theilhard de Chardin*. Ihnen allen ist gemeinsam, daß sie von der katholischen Amtskirche verfolgt wurden, weil sie deren Selbstverständlichkeiten in Frage stellten. Ihnen allen ist auch gemeinsam, daß sie nicht nur das offizielle Denken veränderten, sondern auch das kirchliche. Hier sei erwähnt, wie sich die katholische Kirche gegen diese Ketzer zu wehren versuchte:

- *Roger Bacon* (1214–1294) lehrte unter anderem, daß nicht die Theologie, sondern die Mathematik die exakteste aller Wissenschaften sei und daß man in den Naturwissenschaften ohne Beobachtung und Experiment nichts Sinnvolles erkennen könne. Für diese und ähnliche Behauptungen wurde er von 1257 bis 1266 und von 1278 bis 1292 in Klosterhaft genommen.
- *Thomas Müntzer* (1490–1525) verfaßte am 1. November 1521 das »Prager Manifest«, das sich gegen die katholische Kirche mit ihren Ketzer-Verfolgungen richtete. Er versuchte in Prag eine Gegenkirche, die Neue Apostolische Kirche, zu gründen, die das Gottesreich schon auf dieser Erde verwirklichen wollte. Er verfaßte widerkirchliche Schriften, etwa »Wider den gedichteten Glauben der Christenheit« (1523), in denen er unter anderem behauptete, der Heilige Geist würde unmittelbar durch das Wort der Schrift – und ohne Zwischenschaltung von Theologen – wirken. Er veranlaßte einen Kirchen- und Klostersturm (1524). Am 15. Mai 1525 wird sein schlecht ausgerüstetes Bauernheer bei Frankenhausen kläglich niedergemacht, er selbst gerät in Gefangenschaft. Zwölf Tage später wird er enthauptet. *Müntzer* gilt als Urheber sozial-kritischer Strömungen im Christentum.
- *Galileo Galilei* (1564–1642) lehrte unter anderem, die Sonne stehe im Mittelpunkt des Kosmos und die Erde bewege sich um sie herum. Da die Theologen der Meinung waren, daß die Erde schon allein deshalb Mittelpunkt des Alls sein müsse, weil auf ihr Gott Mensch geworden sei, wurden sie ziemlich böse. 1616 mußte *Galilei* versichern, daß er fürderhin diese Lehre, wenn über-

---

13 Vgl. dazu R. Lay, Die Ketzer, Berlin (Ullstein-TB 34889) 1992.

haupt, nur als bloße Hypothese vortragen würde – was er jedoch nicht tat. Am 22. Juni 1633 wurde er vom Heiligen Offizium zu förmlicher Kerkerhaft verurteilt. Obschon diese recht milde ausfiel, starb er gebeugt und gedemütigt 1642 in Haft.

- *Charles Darwin* (1805–1882) behauptete 1839, die Tier- und Pflanzenarten, die auf unserer Erde leben, seien nicht so von Gott geschaffen worden, sondern Ergebnis einer natürlichen Evolution. Das gelte auch für den Menschen (1871). Da nun aber die Kirche an die Erschaffung der Arten durch Gott glaubte und erst recht davon überzeugt war, jeder Mensch werde eigens von Gott geschaffen, wurden die Lehren Darwins verurteilt. Noch *Pius XII.* stellte 1950 in seiner Enzyklika »Humanae generis« fest: »Daher verbietet das kirchliche Lehramt nicht jene evolutionistische Lehre, nach der der menschliche Körper aus schon lebender Materie entstand, es befiehlt jedoch, daran als katholischen Glauben festzuhalten, daß die Seelen von Gott unmittelbar geschaffen werden« (DS 3896).[14] Das war ein erheblicher Teilsieg für den Evolutionismus.
- *Karl Marx* (1818–1883) war unter anderem der Meinung, Religion sei Opium des Volkes, und das Privateigentum (das heißt das sachliche Verfügungsrecht über fremde Arbeit sowie das an den Produktionsmitteln, diese Arbeit rentabel einzusetzen) sei der Grund nahezu aller sozialen und politischen Übel. Es sei im Sozialismus aufzuheben. Nun machten sich die Päpste Sorge um diese Lehre, denn die eifrigsten Kirchensteuerzahler waren Privateigentümer. Sie verstiegen sich sogar auf die merkwürdige Idee, das Recht auf Privateigentum sei ein Menschenrecht. Diesem Irrtum konnten sie vermutlich nur erliegen, weil sie sich alle, angefangen von *Leo XIII.* mit seiner Enzyklika »Rerum Novarum« (1891) bis hin zu *Johannes Paul II.* mit seiner Enzyklika »Centesimus annus« (1991), nicht die Mühe machten, zwischen persönlichem und Privateigentum zu unterscheiden. Der

14 Daß Pius XII. sich mit seiner dualistischen Vorstellung der Trennung von Leib und Seele in Widerspruch zu den Aussagen des Konzils von Vienne setzte, das 1312 ebendiesen Dualismus verdammte, scheint ihm kaum bewußt geworden zu sein.

von ihnen verurteilte Marxsche Sozialismus hat gar nichts gegen persönliches Eigentum einzuwenden, sehr wohl aber vieles gegen Privateigentum. Aber man soll die Hoffnung nicht aufgeben. Vielleicht wird es einmal einen Papst geben, dem die Lektüre des »Kommunistischen Manifests« diese wichtige Unterscheidung deutlich macht.

- *Sigmund Freud* (1856–1939) war unter anderem der Meinung, die menschliche Freiheit sei eine Illusion, das menschliche moralische Gewissen ein Produkt seiner Sozialisation. Mit diesen Überzeugungen rüttelte er an den Fundamenten der Moraltheologie. Dennoch kam es nie zu einer Verurteilung der Psychoanalyse. Papst *Johannes XXIII.* verbot 1963 jedoch Klerikern und Ordensleuten, sich einer Analyse zu unterwerfen oder sie selbst auszuüben. Mittlerweile hat sich das Allgemeine Bewußtsein in vielen Einzelheiten für die Psychoanalyse und gegen die überkommene Moraltheologie entschieden.
- Der Jesuit *Pierre Teilhard de Chardin* (1881–1955) war seit 1922 der Ansicht, daß die Geschichte von der Erbsünde einen mythischen Hintergrund habe, da es dem ersten Exemplar aus der Gattung Homo kaum möglich gewesen sei, zwischen von Gott Gebotenem und von ihm Verbotenem zu unterscheiden. Der Jesuitengeneral verlangte 1924 von ihm Abschwörung seiner Ansicht, ferner sei er zu bestrafen. *Teilhard de Chardin* verliert seinen Lehrstuhl (1924), wird nach China ins Exil geschickt und erhält ein striktes Verbot, irgend etwas zu veröffentlichen (1926). Seither schreibt er für die Schublade. Dennoch gelangen unter der Hand einige seiner Schriften in Kopien an die Öffentlichkeit. 1945 befiehlt General *de Gaulle* den Jesuiten, *Teilhard* nach Frankreich zu versetzen. Sie gehorchen. Am 3. Mai 1946 erreicht er Frankreich. Als sich Mitte Juni 1951 die Situation erneut zuspitzt – ihm droht eine zwangsweise »Inhaftierung« in einem Bußhaus –, flieht er im November 1951 in die USA. Hier stirbt er am Ostersonntag 1955. Zwei seiner Lehren überleben den letzten der großen Ketzer: (a) Die Evolution ist nicht mit dem Menschen zum Ende gekommen, und (b) Man kann die Christusbotschaft auch in profaner Sprache verkündigen (und nicht nur in der Gettosprache der Theologie).

Die Feindschaft, die einzelne gegen ein soziales System entwikkeln, ist, wie die vorgestellten Beispiele belegen, nicht selten in Gewissensurteilen begründet. Und das hat eine objektive Ursache: Institutionen sind aus sich amoralisch. Sie sind ausschließlich auf Selbsterhalt und Expansion ausgelegt.
Nur wenn diese zufällig sozialverträglich realisiert werden können, wird eine Scheinmoral vorgeführt. Diese weiß sich keinen moralischen Normen verpflichtet, sondern nur den beiden endogensystemischen: Handle und entscheide dich so, daß durch dein Handeln und Entscheiden der Bestand der Institution gesichert wird und sie ihren Einfluß ausdehnen kann.

b. Aber auch andere Gründe können dazu führen, daß ein Mensch eine Institution ablehnt. Wenn er sich etwa ungerecht behandelt fühlt, wenn sein Vertrauen mißbraucht wurde, wenn er sich über- oder unterfordert vorkommt, wenn er enttäuscht wurde.

Auch hierzu wieder einige Erläuterungsbeispiele:

- Ein sehr engagiertes CDU-Mitglied glaubte den Versprechungen des Dr. *Helmut Kohl* im Kontext der deutschen Einheit (es werde keinem schlechtergehen, blühende Landschaften im Osten . . .). Noch im März 1992, als jedem, der nicht gerade blind war, die Kanzlerworte als falsche Prophezeiung offenbar wurden, verteidigte er den Kanzler und die CDU-Politik: »Im nächsten Jahr werden wir sehen, wer von uns recht hat.« Im März 1993 verließ er tief enttäuscht die CDU. Sie war ihm zum Feind geworden, den es zu bekämpfen galt.
- Ein sehr erfolgreicher und angesehener Mitarbeiter teilte seinem Vorgesetzten in einem als vertraulich vereinbarten Gespräch mit, er sei »Freizeitalkoholiker«. Dieser besprach offen auf einer Konferenz den ihm anvertrauten Sachverhalt. Der Mitarbeiter erfuhr davon. Er litt so sehr unter dem Vertrauensbruch, daß er in die innere Kündigung auswich und Handlungen zuließ, die dem Unternehmen erheblich schadeten.
- Ein anderer Mitarbeiter desselben Unternehmens fühlte sich von demselben Vorgesetzten ungerecht behandelt. Obschon sei-

ne Leistungen überdurchschnittlich gut waren, wurde nicht er, sondern leistungsschwächere Kollegen befördert. Ein Gespräch mit dem Chef hatte nur dessen Empörung zur Folge: »Was fällt Ihnen eigentlich ein? Wer hier Karriere macht, bestimme ich!« Dieser Mitarbeiter suchte sich ein anderes Unternehmen derselben Branche, dem er – sehr zum Schaden seines »alten Unternehmens« – in höherer Position sein Fachwissen zur Verfügung stellen konnte.

Auch diese Beispiele machen deutlich, daß Vorgesetzte zu reinen Systemagenten verkommen können, die ausschließlich das tun, was sie für richtig halten, ohne jede Orientierung an moralischen Normen.

c. Eine Person lehnt eine Institution feindschaftlich ab, weil sie sich von ihr bedroht fühlt.

Auch diesen Sachverhalt mögen einige Beispiele erläutern:

- Eine junge Frau wurde nicht in den Staatsdienst übernommen, weil sie nicht Gewähr biete, jederzeit für die »Freiheitlich Demokratische Grundordnung« einzutreten. Als Beweise für diesen Verdacht legte der Verfassungsschutz zwei »Dokumente« vor: ein Foto, auf dem die Studentin die linke Hand, zur Faust geballt, der Polizei entgegengestreckt, und die (der Sache nach zutreffende) Aussage eines Spitzels, sie habe in einer Studentenkneipe einmal vom »Scheiß-Staat« gesprochen. Nun wäre ein solches Vorgehen nicht sonderlich erwähnenswert, wenn nicht den Kommilitonen der jungen Frau, die auch den Staatsdienst anstrebten, angst und bange geworden wäre. Nicht wenige fühlten sich durch den Verfassungsschutz sosehr bedroht, daß sie ihre wahre Meinung nur noch zu sagen wagten, wenn sie unter freiem Himmel mit Gleichgesonnenen sprechen konnten. Ferner machte keiner dieser jungen Staatsbürger mehr von seinem Grundrecht Gebrauch, friedlich und ohne Waffen zu demonstrieren. Aus Menschen, die durchaus die Bundesrepublik akzeptierten, waren deren Feinde geworden.

- Ein mittelständischer Unternehmer fühlte sich durch die Aktivitäten der IG Metall in seinem Unternehmen existentiell bedroht. Mit seinem Betriebsrat verstand er sich bislang recht gut, bis die Gewerkschaft diesem vorzuschreiben begann, wie er sich gegenüber der Bitte des Unternehmers nach vorläufig nicht bezahlter Arbeitszeitverlängerung zu verhalten habe. Das emotional gute Verhältnis des Unternehmers zur IG Metall verwandelte sich in offene Feindschaft, da sie völlig hemmungslos seine wirtschaftliche Existenz bedrohte.

4. Eine Institution lehnt eine andere feindschaftlich ab

Auch hier begegnen wir als häufigen Ablehnungsgründen:

- Eine Institution lehnt eine andere feindschaftlich ab, weil sie deren Verhalten für sozial unverträglich und für amoralisch hält.
- Eine Institution lehnt die andere feindschaftlich ab, weil sie sich von ihr bedroht fühlt.

Der Fall, daß Institutionen einander feindschaftlich ablehnen, gehört zu den Alltäglichkeiten. Ein Staat lehnt den anderen ab, ein Volk das andere, ein Unternehmen seinen Wettbewerber, ein Parlament die Politik der Zentralbank eines anderen Landes. Belegen wir das durch einige Beispiele:

a. Eine Institution lehnt eine andere ab, weil sie deren Verhalten für sozialschädlich hält.

- Ein großes deutsches Chemieunternehmen hatte, durch Betriebsunfälle bedingt, mehrmals hintereinander mit giftigen Gasen oder Stäuben die Umwelt schwer belastet. Der Unternehmensleitung erschien das alles – auch der Öffentlichkeit gegenüber – als »technische Panne«. Es wurde Besserung gelobt, indem man versprach, die Sicherheitsvorkehrungen zu vermehren. Im sozialen Umfeld hatte das Unternehmen durch gelungene Image-Arbeit das Bild eines überdurchschnittlich sozialverantwortlichen Systems erzeugt. Andererseits machten die Medien seit Jahren die chemischen Werke als potentielle Umweltbelaster ausfindig. Das soziale Umfeld erkannte in dem Verhalten der Unternehmensleitung konsequent auf Moralversagen. Das Image des Unternehmens (und mit ihm das der Branche) nahm ernsthaften Schaden. Das Unterschreiten der Grenzmoral wird aber durch erhebliche Interaktionskosten mit der äußeren Umwelt (zumeist auch durch Demotivationskosten, die in der inneren Umwelt anfallen) bestraft. Die irrationale Reaktion auf beiden Seiten – der Unternehmensleitung wie der Öffentlichkeit – machte den jeweils anderen – wenigstens vorübergehend – zum Feind.

- Die Feindschaft zwischen den beiden großen deutschen Volksparteien (CDU und SPD) wird zumeist in dem Rahmen sozial unverträglichen Verhaltens vorgestellt. Und das ging in den frühen 90er Jahren so: Die CDU besetzte alle von der Bevölkerung positiv gewerteten Themen: Wiedervereinigung, Umweltschutz, sicherer Lebensabend. »Wir sind wieder wer« (deutsche Soldaten in UN-Einsätzen), »Asylnotstand«. Der SPD wurde vorgeworfen, sich sozial unverträglich zu verhalten, wenn sie die CDU-Politik ablehne. Manche Deutsche fielen auf den Trick herein und wählten CDU. Diese hatte zwar in populistischer Verschlagenheit die richtigen Themen gewählt, war aber nicht in der Lage, sie auch nur halbwegs sinnvoll anzugehen. Nahezu alle von ihr besetzten Bereiche wurden durch katastrophales Unvermögen vermasselt. Der schonende Hinweis der SPD auf diesen Sachverhalt fand kaum sonderlichen Anklang. Die schier unglaubliche Weise der CDU (meist im Verein mit der CSU, die nicht selten sowohl bei der Besetzung der Themen als auch bei deren blamabel-ungekonnten Lösungen die Funktion des Anführers übernahm), die erwähnten Probleme sozial unverträglich, ja sozialschädlich zu lösen, wurde dem Allgemeinen Bewußtsein kaum zugänglich gemacht. Die Folge: Seit 1993 begann bei allen Parteien ein Run auf scheinbar oder anscheinend das Wahlvolk bedrängende Probleme mit dem Ziel, sie für sich zu besetzen – ohne auch nur den Hauch einer Ahnung zu haben, wie sie zu lösen wären.

b. Eine Institution lehnt die andere ab, weil sie sich von ihr bedroht fühlt.

Es gibt sehr verschiedene Weisen der Bedrohung: militärische, politische, soziale, ethnische, kulturelle, religiöse. Zumeist ist das Gefühl der feindschaftlichen Bedrohung wechselseitig. Um die verschiedenen Formen der Feindschaft schaffenden Bedrohung zu veranschaulichen, einige Beispiele:

- Die Bedrohung durch einen Wettbewerber. Die meisten Institutionen (ökonomische wie religiöse, politische wie kulturelle) lehnen andere ab, wenn sie in Feldern tätig werden, auf denen sie sich konkurrierend begegnen könnten. Eine solche Konkurrenz kann als existenzgefährdend erlebt werden. Wir werden diesen Sachverhalt der Bedrohung durch Wettbewerb im 7. Kapitel behandeln.
- Die militärische Bedrohung. Militärisch fühlten der »Westen« und der »Osten« sich während des »kalten Krieges« wechselseitig bedroht. Sie schufen das Instrument der »Globalen Abschreckung«. Schon während der 70er Jahre glaubte kein Mensch (außer vielleicht sehr naiven) mehr ernsthaft daran, die USA würden das Territorium der SU atomar angreifen, wenn diese in die BRD einmarschierte – und ein atomarer Gegenschlag der SU gegen die USA zu befürchten wäre. Dennoch wurde diese Bedrohung kultiviert. Es war deutlich, daß sie eher politische und ökonomische Gründe hatte denn militärische. Es ging um konkurrierende weltanschauliche (»American way of life« gegen »Sozialismus«) und ökonomische (die Rüstungsindustrie wurde zum unverzichtbaren ökonomischen Faktor in den USA) Ziele. Um 1985 wurde deutlich, daß die USA den ökonomischen Kampf gewinnen würden: Es kam zu einer Implosion des Ostens. Und auch die war ökonomischer und politischer Art.
- Die ethnische Bedrohung. Viele Bürgerkriege,[15] in denen sich eine Grausamkeit zu realisieren pflegt, die auf tiefe Feindschaft

15 Im Gegensatz zu zwischenstaatlichen Kriegen, die das Ziel verfolgen, einen profitablen Sieg zu erringen, wollen Bürgerkriege den Feind vernichten. In »normalen« Kriegen hassen sich die Kombattanten beider Seiten nicht unbedingt. In Bürgerkriegen ist stets Haß im Spiel.

schließen läßt, werden aus dem Gefühl ethnischer Bedrohung geführt. So (1993) die Bürgerkriege in Bosnien, im Sudan, in Nordirland, in »Kurdistan«, im »Baskenland«, im Libanon.

- Die soziale Bedrohung. Typische Fälle von Feindschaft wegen sozialer Bedrohung sind die Feindschaften zwischen Arbeitgeber- und Arbeitnehmerverbänden. Daß es sich hierbei – ähnlich wie beim Konzept der »Globalen Abschreckung« – um einen reinen Etikettenschwindel handelt, werden die meisten Personen, die sich durch solche Verbände vertreten lassen, kaum sicher ausmachen. Beide Verbände sind, zumindest in der BRD, durch intime Kungelei einander verbunden, ähnlich wie manche gegeneinander streitende Rechtsanwälte in Zivilprozessen. Das mehr oder minder geheime Einvernehmen tarnt sich unter der Kappe: »Sicherung des Industriestandorts Deutschland durch sozialen Frieden.« Die »Arbeitskämpfe« haben im wesentlichen die Funktion, die in den Verbänden Zusammengeschlossenen und eifrig Mitgliedsbeiträge Zahlenden davon zu überzeugen, sie würden angemessen vertreten.

5. Kommunikationsgemeinschaften und Feindschaft

Die jeweils kleinere soziale Einheit scheint die nächstgrößere zu bedrohen. So nehmen viele Gruppen in ihnen realisierte Paarbeziehungen, viele Gesellschaften in ihnen gebildete Gruppen, viele Institutionen in ihnen gebildete Kommunikationsgemeinschaften als gefährlich wahr. Je faschistoider der größere Sozialverband ist, um so größer wird die Gefahr. Der jeweils kleinere Sozialverband gesteht dem größeren nur noch beschränkt Herrschaft zu. In besonderer Weise aber können sich Kommunikationsgemeinschaften Feinde machen. Sie sind die »geborenen Feinde« von Institutionen – mitunter aber auch von Neidern. Ich will das Gemeinte wieder an einigen Beispielen erläutern:

- Ich leitete einmal eine Trainingsgruppe. Innerhalb der Trainingszeit (14 Tage) bildete sich eine enge (als Kommunikationsgemeinschaft gestaltete) zweifache Paarbeziehung zwischen vier

Gruppenmitgliedern aus. Die Gruppe vermutete (zu Recht), daß die sozialen Valenzen der in dieser Paarbeziehung Eingebundenen zum guten Teil durch ebendiese Beziehung gesättigt seien. Da nun solche Gruppen (faschistoid) dazu neigen, von allen Teilnehmern ein volles Sich-Einbringen zu verlangen, kam es zu verschiedenen aggressiven Ausbrüchen von Gruppenmitgliedern gegen die Paarbeziehungen und gegen die in sie Eingebundenen. An manchen Tagen versuchte die Gruppe einige Stunden lang, die Paarbeziehungen zu stören, wenn nicht gar zu zerstören. Sie selbst wandelte sich, in der Verfolgung dieses Ziels, von einer Kommunikationsgemeinschaft zu einer Institution. Erst wenige Tage vor dem Abschluß des Trainings ließ ich die Gruppe die Abläufe der letzten Tage reflektieren. Es war interessant zu erleben, daß dieser Reflexionstag die Institutionalisierung der Gruppe nicht aufhob. Sie entwickelte vielmehr den beiden Paaren gegenüber eine gewisse Form der Toleranz, indem sie sie exkommunizierte.

- In einem Unternehmen führte ein Abteilungsleiter sein Team als Kommunikationsgemeinschaft. Sein Führungsstil, den ich übrigens in Seminaren zu vermitteln versuche, war sicherlich etwas zeitaufwendiger (vor allem durch die vielen informellen Gespräche mit einzelnen oder auch mehreren Mitgliedern seines Teams). Andererseits waren seine Mitarbeiter hervorragend motiviert. Die Interaktionskosten (operationalisiert an Kosten für Fehlzeiten, für Ausschußproduktion, für Migration, für Spannungen mit dem unmittelbaren Vorgesetzten) gingen erheblich zurück. Die Abteilung war ungewöhnlich erfolgreich. Dennoch fielen auf der nächsthöheren Ebene erhebliche Interaktionskosten an, weil die Mitarbeiter anderer Abteilungen von ihren Vorgesetzten Ähnliches erwarteten. Der Druck auf den Abteilungsleiter wurde so groß, daß sich der Vorstand entschloß, ihm eine neue Position (Werksleiter in einem Zweigwerk) zuzuweisen. Innerhalb weniger Jahre schrieb das Werk, nachdem es viele Jahre als Zuschußunternehmen galt, wieder schwarze Zahlen – und das mitten in einer Phase industrieller Rezession (1993).
- In einer Schulklasse war nahezu jeder jedermanns Feind. Im Laufe der Zeit bildeten sich zwei enge Freundschaften aus. In

einem Feld voller Haß, Mißgunst und Neid fanden sich zwei Paare, die sich selbst aus diesem destruktiven sozialen Feld entließen. Sie zogen sich damit die qualifizierte Feindschaft der übrigen – jetzt nicht als Gruppe, sondern als Summe von Individuen genommen – zu. Das zeigte sich darin, daß fast jeder Mitschüler eine eigene Methode entwickelte, den vier anderen in besonderer Weise zu schaden (zu petzen, zu verprügeln, wenn man einen allein erwischte, sie einzeln oder zu zweit zu erpressen oder zu nötigen). Sie waren anfangs erfolgreich, wurden jedoch später, nachdem sich beide Paare zu einer Verteidigungsgruppe zusammengeschlossen hatten, gemeinsam abgeblockt. Das hatte zur Folge, daß sich die übrigen zu einer Kampfinstitution zusammenschlossen. Sie kollektivierten ihren Neid, ihren Haß, ihre Eifersucht. Erst jetzt merkte der Klassenlehrer, was da eigentlich ablief. Er versuchte zu vermitteln. Dabei wurde er zum Feind der Kampfinstitution »Klasse«. Zu seinem und der anderen Glück verteilten sich die Mitglieder der Klasse nach dem 6. Schuljahr auf andere Schulen.

II. Feinde als Konstrukte

Unsere Feinde sind also Menschen oder Institutionen, die wir, aus gleich welchen Gründen, dauerhaft nicht leiden mögen. Sie fallen uns auf den Nerv (= sie destabilisieren unser Vegetativum). Was sie meinen und sagen, was sie wollen und tun, scheint uns bis zum überzeugenden – meist nicht zu erbringenden – Beweis des Gegenteils falsch, dumm, hinterhältig, gemein, unsinnig, minderwertig zu sein. Vor allem wird deutlich, daß unsere Feinde uns oder Menschen, die wir schätzen, tatsächlich (oder von uns eingebildet: bewußt oder unbewußt) zu schaden versuchen. Und weil das so ist, ersetzen wir sie oft dauerhaft mit aggressiven Emotionen wie Ärger, Zorn, Neid, Haß, Ablehnung. Und wenn solches nicht möglich ist, reagieren wir autoaggressiv mit Resignation, sozialem Rückzug oder Intrigen.

Das sicherste Symptom, an dem Feindschaft zu diagnostizieren ist, ist die aktive Intoleranz. Sie zeigt sich unduldsam gegen das Andere im Anderen, das Anderssein des Anderen. Reaktive Intoleranz dagegen läßt das Anderssein des Anderen nur dann nicht gelten, wenn es offensichtlich und unstreitig zu sozial unverträglichen Handlungen und Entscheidungen führt.

Eine wichtige Form sozialer Unverträglichkeit ist die aktive Intoleranz, die von sich selbst annimmt, sie verfüge über ausgezeichnetes, auch andere mit anderen Überzeugungen lebenden Menschen verpflichtendes Wissen um wahr und falsch, um gut und böse. Diese aktive Intoleranz gilt es reaktiv, auch feindaggressiv zu bekämpfen, weil andernfalls jede Toleranz zum baldigen Tode verurteilt wäre.

Das Geheimnis der Feindschaft vertieft sich noch, wenn wir uns fragen, wie sich Feinde erkennen und identifizieren. Die einzig bislang nicht widerlegte Erkenntnistheorie ist die des Konstruktivis-

mus. (Er soll im 11. Kapitel ausführlicher vorgestellt werden.) Der Konstruktivismus lehrt, daß unsere Sinne (oder unsere Phantasie und unsere Erinnerung) Signale an unsere Großhirnrinde senden, die diese dann zu Informationen verarbeitet. Diese Verarbeitung hängt zum einen von den mehr oder minder stabilen Informationskomplexen (Konstrukten), die unser erkenntnisschaffendes System erzeugte, ab. Zum anderen gehen in sie augenblickliche oder dauerhafte Interessen, Erwartungen, Bedürfnisse und Werteinstellungen ein. Da die Konstrukte sich im Laufe unserer Sozialisation bildeten und dies bei allen Menschen anders verlief/verläuft, erzeugt also unser erkenntnisschaffendes System individuell verschiedene Konstrukte. Das aber hat zur Folge, daß identische Signale bei allen Menschen zu anderen Informationen führen und andere Informationskomplexe aktivieren.
Die Herrschaft dieser Konstrukte über unser Erkennen ist nahezu grenzenlos. Die wesentliche Einsicht des Konstruktivismus ist, daß wir unser Selbstbild, unser Weltbild, unser Bild von sozialen Beziehungen (darunter auch das von Feindschaften) nicht etwa nach den Vorgaben von Realität rekonstruieren, sondern nach den Vorgaben unseres erkenntniserzeugenden Systems konstruieren. Feinde sind also immer »bloß« Konstrukte, die wir stets dann ausbilden, wenn wir die Signale, die von ihnen ausgehen, entweder gar nicht verstehen (das heißt: gar nicht zu Informationen verarbeiten) oder zu Informationen verarbeiten, die uns mitteilen, daß da jemand sei, der uns schädigt oder zu schädigen beabsichtige.
Solche Konstruktbildungen können erheblich verfestigt werden, wenn sie sich interaktionell bewähren. Sie bewähren sich interaktionell, wenn sie nicht in Frage gestellt werden, sondern oft genug sogar für das Gelingen der Interaktion beitragen. In diesem Fall wird das Feindkonstrukt zum Kristallisationskern einer Kommunikationsgemeinschaft. Wenn sich Frankfurter über Offenbacher Autofahrer unterhalten, werden sich ihre Konstrukte über deren Verkehrsverhalten deutlich stabilisieren. Man kann in solchen Fällen von »kommunikativer Phantombildung« sprechen. Sie ist nicht selten der Generator für Feindschaft gegenüber und zwischen Personen und Institutionen.

2. Kapitel

Warum Institutionen Feinde benötigen

2

Doch nicht nur Menschen benötigen Feinde, sondern auch Institutionen. Im Gegensatz zu Personen sind sie jedoch nicht in der Lage, Feind- in Gegneraggressivität zu sublimieren. Es ist also damit zu rechnen, daß Feindschaften zwischen Institutionen sehr viel langlebiger sind und sehr viel heftiger ausgetragen werden als solche zwischen Personen.

Die Feindaggressivität einer Institution – mag sie nun erwidert werden oder nicht – hat drei wichtige Funktionen:

- sie soll aggressives Potential aus dem Innen ins Außen ableiten,
- sie soll das eigene aggressive Potential auf den Feind projizieren, und
- sie soll die eigene Identität gegen das Fremde abgrenzen,

um so den Bestand der Institution zu sichern.

Diesen drei Gründen begegneten wir schon im vorigen Kapitel. Dort ging es um die Ursachen, die Menschen daran hindern, Feind- zu Gegneraggressivität zu sublimieren. Hier geht es um die Sicherung des Bestandes von Institutionen überhaupt. Ich möchte die These vertreten, daß jede Institution (ob Kirche oder Staat, ob Gewerkschaft oder Unternehmen) mehr oder minder offen über diese drei Mechanismen versucht, den eigenen Bestand zu sichern, und daß dieser nicht zu sichern ist, wenn nicht die Feindaggressivität diese drei Mechanismen aktiviert und realisiert.

Feinde können im Innen und im Außen einer Institution erzeugt werden, sie können Personen oder andere Sozialgebilde sein. Ich will das Gemeinte für unsere deutschen Staatsfeinde an folgender Skizze veranschaulichen:

	Innere Feinde	*Äußere Feinde*
Feindliche Personen	Terroristen	Saddam Hussein
Feindliche Institutionen	Republikaner	japanische Wirtschaft

Viele Deutsche lehnen die vier genannten Feinde destruktiv-aggressiv ab. Sie sind der Ansicht, man dürfe ihnen schaden und würde damit etwas Gutes tun. Bei dreien ist die Feindschaft offen. Wer es wagt, die Mitglieder der RAF, Saddam Hussein oder die deutschen Republikaner zu verteidigen oder gar zu loben, kann sich nicht nur des Interesses des Bundesverfassungsschutzes sicher sein, sondern auch der tiefen Abneigung der meisten seiner Mitbürger. Die Feindschaft gegen die japanische Nationalökonomie ist dagegen versteckter. Sie zeigt sich eher in der Schadenfreude, wenn dieser etwas mißlingt. Und das Arge: Diese gemeinsame Feindschaft ist eine Grundlage der politischen Identität des deutschen Staatsvolkes. Dabei beruht die Feindschaft in keinem Fall auf Gegenseitigkeit. »Unsere« Feinde verfügen über andere identitätsstiftende Mechanismen: Die Terroristen bekriegen den latenten Faschismus in der BRD, Saddam Hussein bekriegt alle, die ihm einen Erdölhafen am Golf verweigern, die Republikaner bekriegen das Fehlen des deutsch-nationalen Bewußtseins, und die japanische Wirtschaft definiert sich im Gegensatz vor allem zur US-Wirtschaft.

Insoweit Institutionen aller Zeiten existentiell auf Feinde angewiesen sind, handeln wir über Grundsätzliches. Mir scheint jedoch, daß die Gegenwart dem Thema eine aktuelle Bedeutung gibt: Wir leben in einer Zeit, in der die Feindaggressivität der Institutionen entdomestiziert wird und ein uns unbekanntes Ausmaß anzunehmen droht.

Was aber ist der Grund für das Überhandnehmen von Feindschaft zwischen Institutionen (die zahlreichen Bürgerkriege unserer Zeit, die politischen und religiösen Fundamentalismen, Korruptionsaffären, die Politik und Wirtschaft erschüttern)? Ich deute diese Sym-

ptome als Anzeichen einer im Zeitlupentempo ablaufenden Implosion des Westens, die auf die schnelle des Ostens folgt.[16]
Darüber hinaus ist jedoch denkbar, daß wir mitten in einer noch tiefgreifenderen Veränderung leben: dem Ende der europäischen Neuzeit. Vermute ich richtig, erleben wir in den Räumen, die von der europäischen Neuzeit geprägt wurden, das Ende aller ökonomischen, politischen, sozialen und kulturellen Werte, welche die europäische Vergangenheit hervorbrachte. Schnittstellen, in denen solche Wertordnungen kollabierten und völlig neue erzeugten, waren die Übergänge von der Antike zum Mittelalter und vom Mittelalter zur Neuzeit. Wir leben im Übergang von der Neuzeit zu einer »Nachneuzeit«, die noch keinen Namen hat. Die alten Werte der Neuzeit gehen verloren. Neue Werte zeichnen sich allenfalls schemenhaft am Horizont unseres Denkens ab. Das aber hat zur Folge, daß keine kollektive Wertordnung mehr ökonomisches, politisches, soziales, kulturelles Handeln reguliert. Nur noch die Angst vor politischer, ökonomischer, sozialer, kultureller Strafe und – selten genug – individuelle Wertordnungen von Menschen (oder auch deren Fehlen) bestimmen die sozialen, kulturellen, politischen, ökonomischen, militärischen, ekklesialen Aktivitäten. Was das für die Regulation menschlicher Aggressivität bedeutet, ist leicht auszumalen.
Ich will das Gemeinte recht schematisiert vorstellen (s. S. 50).

Die Übergangszeit zur Nachneuzeit könnte – ähnlich wie die von der Antike zum Mittelalter – mit einer gewaltigen Völkerwanderung Hand in Hand gehen. Armutsflüchtlinge (mit einer Migrationsbereitschaft von 10 Prozent der Bewohner von Drittweltländern) und Umweltflüchtlinge (mit einer Migrationsbereitschaft von über 50 Prozent der betroffenen Länder Afrikas und Asiens) werden von Osten und Süden die reichen Länder Europas zu erreichen versuchen. Die Abwehr dieser Flüchtlingswelle wird oberstes politisches, ökonomisches, soziales und kulturelles Ziel werden. Dieses Ziel wird sich seine Werte schaffen. Grenzen werden nur mit Waffengewalt zu schützen sein. Die politische, ökonomische, soziale und kulturelle Moral kennt nur noch ein Grundrecht: »Der

---

16 Vgl. R. Lay, Die Macht der Unmoral, ECON, Düsseldorf 1993.

	Altertum (500-800)	*Mittelalter* (1500-1700)	*Neuzeit* (1990-
Wirtschaft	Sklavenhaltergesellschaft	Feudalgesellschaft	Kapitalismus
Politik	keine Staaten, Stadtstaaten	politische Verbände	Staaten-Demokratie
Religion: Staat	Staatsreligionen	Papst gegen Kaiser	Trennung Kirche – Staat
Dominante Wissenschaft	Philosophie	Theologie	Naturwissenschaften
Dominantes Denken	anthropozentrisch	theozentrisch	egozentrisch
Kultur	Tempel, Statuen, Dramen	Dome, Gregorianik	Musik, Malerei, Poesie
Quelle des Wissens	Spekulation, Mythen	Offenbarung	Induktion – Reflexion

Die kritischen Schnittstellen sind in ( ) gesetzt.

Erhalt von Besitzständen ist unantastbar!« Und diese Maxime enthält explosives aggressives Potential, das unschwer freigesetzt werden kann. Die durch die deutsche »Wiedervereinigung« (genauer die ökonomische und politische Okkupation des Ostens durch den Westen) ausgelösten Verteilungskämpfe sind ein blasses Abbild des Zukünftigen. Die augenblickliche Verwilderung der Moral in Politik und Wirtschaft ist nur ein erstes Wetterleuchten einer institutionalisierten Amoral in Politik und Wirtschaft.
Wir befinden uns politisch, sozial, kulturell und ökonomisch in der Nähe von Bifurkationspunkten. Je nachdem welche Richtung die Entwicklung nimmt, könnte eine der folgenden Alternativen unsere Zukunft bestimmen:

- Die repräsentative Demokratie wird abgelöst entweder durch eine weitgehend basisdemokratisch organisierte politische Lebensform oder durch eine nahezu unbeschränkte Herrschaft der Exekutiven.
- Die kapitalistisch orientierte marktwirtschaftliche Ordnung wird entweder durch eine sozialistisch orientierte (in der die im Unternehmen Tätigen Eigner des Unternehmens sind) oder durch die Herrschaft von Monopolen abgelöst.
- Die moralische Ordnung wird entweder durch eine ethische Moral (in der sittliche Persönlichkeiten aufgrund eigenverantworteter Entscheidungen die universelle Sozialverträglichkeit von Handeln und Entscheiden sichern[17]) oder durch einen Emotivismus (in dem alle versuchen, mit einem Minimum an emotionalem, sozialem, zeitlichem, finanziellem Aufwand ein Optimum an sozialem Ertrag zu erwirtschaften) abgelöst.
- Das kirchlich orientierte Christentum wird sich ins Getto zurückziehen. Ihm wird entweder eine nachkirchlich-christliche

17 Eine solche ethische Moral, die nicht nur eine auf bestimmte Sozialgebilde ausgerichtete Sozialverträglichkeit sichert, wird etwa von der Biophiliemaxime begründet. Diese Maxime lautet: »Handle und entscheide dich stets so, daß du durch dein Handeln und Entscheiden personales Leben in allen seinen Dimensionen (den emotionalen, den sozialen, den moralischen, den religiösen, den musischen, den intellektuellen, den handwerklichen ...) eher mehrst denn minderst.«

Gesellschaft oder eine entchristlichte folgen (die heutige hat, ohne daß das den meisten bewußt ist, eine Fülle von christlichen Werten in sich konserviert).

- Die Technik wird sich in ihrem Fortschreiten entweder selbst Beschränkungen und außertechnische Ziele (wie etwa den Erhalt der Umwelt in einer »sustainable development«) auferlegen, oder sie wird diese Erde unbewohnbar machen.

Damit der jeweils erstgenannte der möglichen Ausgänge die neue kollektive Wertordnung bestimmt, ist es nötig, daß möglichst viele einzelne Menschen für sich eine Wertordnung wählen und zu realisieren versuchen, die in die gewünschte Richtung weist. Friedensfähigkeit (und damit die Chance, Feindaggressivität zu sublimieren) wird nur entwickelt werden können, wenn es gelingt, die jeweils als erste genannte Alternative als wünschenswert ins Allgemeine Bewußtsein zu importieren. Zur Zeit scheint jedoch das Allgemeine Bewußtsein in die Gegenrichtung zu driften. Die Feindaggressivität zwischen Institutionen feiert ihre große Zeit.
Nachdem wir Gründe für eine unzivilisierte und nicht-domestizierte Form der Aggressivität, insoweit sie für unser Jahrzehnt typisch ist, aufgespürt haben, können wir dem Phänomen der kollektiven Feindschaft, wie sie Institutionen entwickeln, im einzelnen nachgehen.

I. Die Ursachen von Feindschaft im allgemeinen

Dieser Abschnitt will den Ursachen nachgehen, die es Institutionen schwermachen, sich ohne Feinde zu stabilisieren.

1. Feinde als identitätsstiftender Faktor

Der Fortfall des Systemfeindes kann zu einer existentiellen Identitätskrise führen. So gefährdet der Zusammenbruch des Staatskapitalismus in der SU die Identität der beiden »Frontstaaten« USA und BRD. In beiden Ländern kam es zu einer politischen, kulturellen, sozialen und ökonomischen Lähmung. Die politische führte zum Agieren, einem sinnlosen, kontraproduktiven Handeln, das selbst oder in seinen Ergebnissen eine Pseudo-Identität schaffen soll. Die USA wählten zunächst den bequemen und altgewohnten Ausweg einer militärischen Intervention (2. Golfkrieg), die Deutschen wählten den Ausgang der Aushöhlung der Grundrechte (Asyl gegen Art. 16 GG, Lauschangriff gegen Art. 13 GG, Out-of-Area-Einsätze deutscher Soldaten gegen Art. 24 GG, Einschränkung der Bürger an der Mitbestimmung der Politik gegen Art. 20 GG).

Wir begegnen in der identitätsstiftenden kollektiven Feindaggressivität einem Phänomen, das eines genaueren Zusehens bedarf. Soziale Gebilde entwickeln aggressiv ihre eigene Identität (Corporate Identity). Diese Identitätsbildung geschieht durch die Ausbildung eines kollektiven Seins (Verkehrssitten) und Bewußtseins (kollektive Bedürfnisse, Interessen, Erwartungen und Werteinstellungen). Man kann natürlich darüber streiten, ob ein Staatsvolk eine eigene Identität ausbildet oder ausbilden muß. Im Regelfall setzt sich ein Staatsvolk aus einer Mehrzahl von ethnischen Völkern zusammen (durch Herkunft, Tradition, Sprache, Religion, Geschichte unterschieden), die eigene sozio-kulturelle Einheiten vorstellen. Ein Staatsvolk bildet also zumeist nur eine politische, nicht aber eine kulturelle Einheit. Diese kulturellen Einheiten grenzen sich aggressiv gegeneinander ab. Erzeugt diese Aggressivität Gegnerschaft, kann sie fruchtbar werden (etwa die zwischen Bayern und »Preußen« in der BRD). Erzeugt sie jedoch Feindschaft (etwa zwischen Ost und West in der BRD oder zwischen »Weißen« und »Hispanics« in den USA), gefährdet sie dauerhaft die politische, soziale, ökonomische Einheit des Staatsvolkes. Feindschaft im Inneren eines Staates oder einer anderen Institution (etwa Kirche, Gewerkschaft, Partei, Unternehmen) ist stets destruktiv.

2. Feinde als aggressionsableitender Faktor

In jeder Institution entsteht wegen verschiedenartiger, einander nicht selten widersprechender Interessen, Erwartungen, Bedürfnissen, Werteinstellungen von Personen, Gruppen, Verbänden, deren Interaktionen die Institution erzeugen, erhebliches aggressives Potential. Das Bemühen, eigene Interessen, Erwartungen, Bedürfnisse, Werte gegen konkurrierende durchzusetzen, erzeugt zwingend aggressive Felder. Um sie in Form von Gegneraggressivität zu domestizieren und sie nicht zu jede Institution existentiell gefährdenden internen Feindaggressivität entarten zu lassen, ist es nötig, Außenfeinde zu besitzen oder herzustellen, um die destruktiven Elemente im eigenen aggressiven Potential nach außen abzuleiten.

3. Feinde als Image-sichernder Faktor

Zum Binnen-Image einer Institution gehört sicherlich auch die Vermutung ihrer eigenen moralischen Überlegenheit gegenüber Wettbewerbern. Zu diesem Zweck ist es nötig, alle moralisch-verwerflichen Eigenschaften (wie etwa Herrschsucht, Machtstreben, Kriegslüsternheit, Faulheit, soziale und kulturelle Unterlegenheit) auf reale oder phantasierte Wettbewerber zu projizieren.

II. Ursachen von Feindschaft im besonderen

In diesem Abschnitt soll aufgewiesen werden, warum konkrete Institutionen sich Feinde zulegen müssen, wenn sie sich stabilisieren wollen. Als Beispiele solcher Institutionen sollen Staaten und Volkswirtschaften vorgeführt werden. Im ersten Fall geht es um den Aufbau äußerer Feindschaften, im zweiten um den innerer.

1. Warum Staaten Feinde benötigen

Wie alle Institutionen benötigen auch Staaten Feinde aus den schon genannten drei Gründen: (a) Es gilt, die eigene Identität durch Ausgrenzung zu sichern, (b) es gilt, aggressives Potential vom Innen ins Außen zu lenken, und (c) es gilt, sich der eigenen kollektiven Defizite projektiv zu entledigen. Ich werde das Gemeinte an drei Beispielen erläutern, denen der USA, der BRD und Israel.

1. Beispiel: die USA

Die USA entwickelten seit langem die Methode, kollektive Aggressivität auf Personen zu lenken. Einige Beispiele mögen das belegen:

- *Dr. Fidel Castro*, Präsident des Staatsrates und des Ministerrates der sozialistischen Republik Kuba, wurde zum personifizierten Symbol kommunistischer Herrschaft auf dem amerikanischen Kontinent. Tatsächlich waren die USA wütend, daß ihr wirtschaftlicher und politischer Einfluß auf die Inselrepublik gebrochen worden war.
- *Salvador Allende Gossens*, der auf Veranlassung der US-Regierung 1971 weggeputschte, vielleicht sogar ermordete, demokra-

tisch gewählte Präsident der Republik Chile, wurde zum personifizierten Symbol des südamerikanischen Marxismus. Tatsächlich ging es den USA darum, potentielle demokratisch legitimierte Nachahmer in Lateinamerika abzuschrecken.

- *Manuel Antonio Noriega*, Staatsoberhaupt der Republik Panama, einst enger Freund der USA, wurde zum personifizierten Symbol des Rauschgifthandels. Tatsächlich ging es den USA nur um eine ständige Stationierung von US-Truppen zur Sicherung von US-Ansprüchen auf den Panamakanal.
- *Saddam Hussein el-Takriti*, Staatsoberhaupt der islamischen Republik Irak, wurde zum personifizierten Symbol der Gefährdung des Weltfriedens. Tatsächlich ging es den USA nur um die ständige Präsenz von US-Truppen im Nahen Osten zur Sicherung ihres Erdölbedarfs.
- *Muammar al-Ghaddafi*, Präsident des Revolutionsrates und Staatsoberhaupt der Volksrepublik (Volksdschamahirja) Libyen, einst von den USA als Freund gefeiert, wurde zum personifizierten Symbol des islamischen Terrorismus. Tatsächlich ging es den USA darum, einen erklärten Feind des US-Imperialismus zu demütigen und – wenn möglich – zu ermorden.
- *General Muhammad Farah Aidid* wurde zum personifizierten Symbol des somalischen Widerstandes gegen die US-Hilfe. Tatsächlich ging es den USA darum, den Mißerfolg ihrer Somalia-Mission zu vertuschen.

Ihnen allen war/ist nur eines gemeinsam: Sie mochten/mögen die USA nicht leiden und sag(t)en das auch. Alle wurden von staatlichen Einrichtungen der USA (Militär, CIA), zum Teil auf ausdrückliche Weisung eines US-Präsidenten, mit dem Tode bedroht. Sie waren/sind alle entweder Sozialisten oder Muslime. Und jeder gute US-Amerikaner weiß, was er von beiden zu halten hat: Sie sind gefährliche potentielle Staatsfeinde, weil sie anders denken und anders handeln, als es ein guter Amerikaner tut. Vor allem sind sie des Fundamentalismus verdächtig. Daß es auch einen US-Fundamentalismus gibt, der den »American way of life« (kapitalistisch und weiß und protestantisch) als die beste Lebensform preist, wird ihnen meist nicht bewußt. Ein Präsident, dem es gelingt, einen von

diesen »Schurken« umbringen zu lassen, wird sich des Beifalls sicher sein können.
Doch nicht nur Personen, sondern auch Institutionen dienen den USA, über Ausgrenzung ihre Identität zu sichern. Hierher gehören etwa Kuba, der Kommunismus, die japanische Volkswirtschaft.
Lernt man die US-Gesellschaft näher kennen, wird deutlich, daß sie in sich ein extremes Potential ungebändigter Feindaggressivität birgt. Sie kann sich gegen die Schwarzen, gegen die Hispanics, die Kommunisten im eigenen Land ebenso richten wie auf Außenfeinde. Mir ist kein Staat bekannt, in dem so ein dauerhafter und latenter Bürgerkrieg tobt, dessen Staatsvolk (als Ganzes) soviel an Aggressionsappetenz aufgespeichert hat, wie die USA. Gelänge es den USA nicht, sich Außenfeinde zu schaffen, würden sie vermutlich an dem aggressiven Potential im Inneren zugrunde gehen.
Es ist daher auch nur unschwer auszumachen, daß die USA zu all den fatalen Eigenschaften neigen, die sie ihren Feinden zuschreiben:

- Staatsterrorismus (etwa die Ermordung fremder Staatsoberhäupter, angefangen von der Tötung des südvietnamesischen Regierungschefs *Ngo Dinh Diem* am 1. November 1963 über den Versuch, *al-Ghaddafi* durch ein Bombardement libyscher Städte zu ermorden, bis hin zur Festsetzung einer Belohnung für den Mörder Saddam Husseins),
- Okkupation fremder Gebiete (Grenada, Panama, Kuwait),
- Menschenrechtsverletzungen (Rassendiskriminierung, Todesstrafe).

2. Zweites Beispiel: die BRD

Die Bundesrepublik tut sich in dieser Sache nicht sehr viel leichter. Auch sie sucht ihre Identität in Abgrenzung gegen ein feindliches Gegenüber zu sichern. Die Feinde waren vor allem die DDR und die Sowjetunion. Nachdem beide zerfallen sind, erlebt die Republik eine schwere Identitätskrise. Nur mühsam finden sich Außenfeinde, die mächtig genug sind, um sich identitätsstiftend gegen sie abzugrenzen. Der Versuch, 1992/93 in der serbischen Teilrepublik der Föderalen Republik Jugoslawien einen solch identitätsstiftenden Feind zu finden, mißlang. Zum einen war er doch eine Nummer zu klein, um diese Funktion zu erfüllen, und zum anderen stellte es sich heraus, daß es die bosnischen Serben waren, die Kriegsgreuel im Bürgerkrieg in Bosnien-Herzegowina begingen, und nicht die serbischen Serben. Und so schickt sie denn ihre Soldaten in die Welt, um neue Feinde zu finden und sie zu bekämpfen.

Auch hier dient die Suche nach Feinden der Ablenkung von dem erheblich aggressiveren Potential, das vor allem durch das Mißglücken der deutschen Wiedervereinigung entstanden ist. Nach innen müssen vor allem die Terroristen herhalten. Um sie groß genug zu machen, spricht man der RAF die Chance zu, den Bestand der BRD zu gefährden. Was ebenso falsch wie lächerlich ist.

Endlich wird der latente deutsche Faschismus[18] abgewehrt, indem man ihn in Feinde projiziert. Hier dienen vor allem die REPs und andere rechte Gruppierungen als Feinde des offiziellen Deutschland. Sie unterliegen der besonderen Zuwendung des Bundesverfassungsschutzes, der sie ähnlich bespitzelt wie der Stasi einst seine

---

18 Von politischem Faschismus sprechen wir, wenn ein politisches Gebilde sich selbst zum höchsten zu schützenden Rechtsgut macht. Die klassische Begründung für den Faschismus lautet: »Was alle anderen Rechtsgüter schützt, ist selbst höchstes zu schützendes Rechtsgut. Nun aber schützt der Staat alle anderen Rechtsgüter. Also ist er selbst höchstes zu schützendes Rechtsgut.« Es ist in der BRD üblich, das Faschismusproblem durch Definition zu lösen: Faschismus ist kraft Definition verwerflich. So definiert »Meyers Enzyklopädisches Lexikon« 1973 »Faschismus« als »Bezeichnung für extrem nationalistische nach dem Führerprinzip organisierte antiliberale und antimarxistische Bewegungen und Herrschaftssysteme« (8, 543). Eine solche wertende Definition ist unbrauchbar, weil sie verurteilt und so Beurteilungen verhindert. Das Problem des latenten Faschismus kann so nicht behandelt werden. Auch verhindert eine wertende Definition die Erkenntnis faschistischer Aktivitäten in einer an sich nicht faschistischen Institution. Gemäß der hier vertretenen Definition sind in der BRD durchaus faschistische Systemfunktionen aufzuweisen. Dem Buchstaben nach ist in der BRD das höchste zu schützende Rechtsgut die Würde des Menschen. »Sie zu achten und zu schützen ist Verpflichtung aller staatlichen Gewalt.« Zumindest das Kontaktsperregesetz vom 30. 9. 1977 (§§ 31–34 EGGVG) ist aber nur verständlich, wenn der Staat sich selbst als höchstes zu schützendes Rechtsgut versteht.

Feinde. Latenter Faschismus wird aber auch deutlich, wenn faschistische Fremdstaaten nicht verurteilt werden. Faschistisch (im Sinne unserer Definition) aber agieren Staaten wie Israel[19] oder die USA: Sie machen sich ständig selbst zum höchsten zu schützenden Rechtsgut, selbst wenn sie fremde Rechte dabei brechen müssen.

3. Beispiel: Israel

Seit seinem Bestehen benötigt Israel Außenfeinde, um seine Identität zu sichern, um über Ausgrenzung von Feinden zu wissen, wer man denn eigentlich sei. Seit Israel mit der Einführung der Königsherrschaft unter *Salomo* (1020–1000 v. Chr.) ein Staat[20] wurde, bezog es seine Identität aus einem hochelitären Bewußtsein: Israel sei das von Gott erwählte Volk – und der Volksgott Israels (Jahwe) sei mächtiger als alle anderen Götter. Das ging so lange gut, als Ägypten (seit 1550 v. Chr. stand Kanaa unter seiner Kontrolle) und Assur zugleich schwach waren. Schon 931 v. Chr. zerfiel das salomonische Reich in Israel (das Nordreich) und Juda (das Südreich). 924 zog der Pharao *Schischak* gegen Jerusalem. Er plünderte Tempel und Palast. Seitdem kamen die beiden jüdischen Reiche politisch und militärisch nicht mehr zur Ruhe. Da auch das Jahwebild zu verblassen begann, definierten beide Judenstaaten bis hin zu ihrem Untergang (das Nordreich wurde 722 von *Salmanassar*, dem König von Assur, vernichtet, das Südreich 586 von *Nebukadnezar*, dem König von Babylon). 538 kehr-

---

19 Der israelische Faschismus ist insoweit verständlich, als sich das Land in allen drei Epochen seiner nationalen Existenz stets von Feinden bedroht sah. Die archaische (ursprünglich durchaus biophile) Feindaggressivität, die immer dann unvermeidlich aktiviert wird, wenn das eigene Revier gefährdet ist, mag hier eine Rolle spielen. Auch könnte man manche politische und militärische Reaktion Israels als reaktiv-aggressiv (und damit moralisch erlaubt) interpretieren.

20 Sieht man einmal von Staatsgründungen in Südamerika (vor allem ist hier das alte Chile zu nennen) ab, scheint die Begründung von Staaten eine semitische Erfindung zu sein. Die politischen Herrschaftsordnungen anderer Kulturräume waren zunächst nicht-staatlicher Art. Wenn die Hethiter einen Staat gründeten, dann sicher nur, um mit den semitischen Staaten ins politische und militärische Gleichgewicht zu kommen.

te, unter König *Cyros* von Persien, die bei der Staatszerstörung nach Babylon entführte Elite des Südreichs wieder in die Heimat zurück und begann unter *Esra* und *Nehemia* mit einer neuen Staatsgründung: Der Tempel wurde zum alleinigen Kultzentrum erklärt. *Esra* schuf eine identitätsstiftende Gesetzessammlung. *Nehemia* wurde Statthalter des *Cyros* in Juda. Bis zur zweiten Vernichtung des Judenstaates durch den römischen Feldherrn und späteren Kaiser *Titus* (70 n. Chr.) bestimmte sich das jüdische Volk in seinem Anderssein gegenüber seinen Feinden. Als 1948 der dritte jüdische Staat entstand, war er von einer Welt von Feinden umgeben. Was lag näher, als sich wiederum im Gegensatz zu ihnen zu definieren. Die Gründung auch dieses Judenstaates war nur möglich, weil zugleich Ägypten und Assur (= Irak, Syrien) schwach waren.
Doch auch über Projektionen schuf sich der dritte Judenstaat seine Feinde: Es warf den Nachbarn eigene, weniger schätzenswerte Eigenschaften vor: Aggressionsgelüste, Faschismus, Militarismus. Schließlich entlastete sich das neue Israel von den massiven staatsgefährdenden, aggressiven Emotionen, die sich im Inneren zwischen Juden verschiedener Herkunft angesammelt hatten, indem es zahlreiche Waffengänge gegen Außenfeinde führte. Das Volk konnte seine inneren Spannungen für weniger wichtig halten als die Bedrohung von außen.

2. Warum manche Volkswirtschaften Feinde benötigen

Wir wollen hier nicht von den Außenfeinden einer Volkswirtschaft sprechen, sondern von ihren Binnenfeinden. Auf den ersten Blick scheint die Behauptung absurd zu sein und allem zuvor Gesagten zu widersprechen, wenn wir annehmen, daß eine Institution Feindschaft im Inneren benötigt, um existieren zu können, denn schließlich leitet sie aggressives Potential nicht ins Außen ab. Der Grund solcher Feindschaft ist jedoch unschwer auszumachen. Es gibt Institutionen, die strukturell auf feindaggressive Interaktionen in ihrem Inneren angewiesen sind: Das sind vor allem kapitalistisch organisierte größere Volkswirtschaften. Sie benötigen innere

Feindschaft so sehr, daß sie ohne sie kaum lebensfähig zu sein scheinen.

Es gibt innerhalb einer kapitalistischen Wirtschaftsordnung von einer bestimmten Größenordnung an scheinbar zwingend antagonistische Produktionsfaktoren, die einander feind sind. Nur in vergleichsweise kleinen Nationalökonomien scheinen organtheoretische Ideologien[21] diesen Antagonismus überdecken zu können. Gemeint ist der Antagonismus von Kapital und Arbeit.[22] Die Interessen, Erwartungen, Bedürfnisse und Werteinstellungen der

---

21 Die ökonomische Organtheorie nimmt an, daß eine Volkswirtschaft ein Organismus sei. Auf der Erzeugerseite sind die Produktionsfaktoren die wichtigsten Organe des Organismus. Stellt sich ein Organ gegen ein anderes, schade das dem gesamten Organismus. Die Sozialenzyklika Pius XI., »Quadragesimo anno« (1931), vertrat für Volkswirtschaften eine solche Organtheorie. De facto wird sie in Österreich und in stark modifizierter Form in der Schweiz praktiziert.

- In Österreich bestimmen seit 1957 die in der »Paritätischen Kommission für Preis- und Lohnfragen« zusammengeschlossenen Gewerkschaftsverbände (ÖGB), die Arbeiter-, Handels- und Landwirtschaftskammern gemeinsam mit der Bundesregierung nicht nur über die Entwicklung von Löhnen und Preisen. Sie beeinflussen auch dadurch und durch andere sozialpartnerschaftliche Gremien die Wirtschafts- und Sozialpolitik.
- In der Schweiz schlossen im Juli 1937 zunächst die Arbeitgeber- und Arbeitnehmerorganisationen der Metall- und Uhrenindustrie das »Friedensabkommen«, in dem sie auf alle Kampfmaßnahmen verzichteten und sich verpflichteten, sich in Streitfällen einem unabhängigen Schiedsgericht zu unterwerfen. Das Abkommen wurde bald auf andere Branchen ausgedehnt und regelmäßig erneuert.

22 Wennschon wir hier in keiner Weise den Ansichten von K. Marx das Wort reden wollen, mag er insoweit recht haben, als er – ohne dabei die reale Geschichte deuten zu wollen (vgl. dazu etwa MEGA I, 3, 82) – mit dem Aufkommen von Werkzeugen, welche die Jagd und die Bearbeitung von Grund und Boden erleichterten, eine Aufspaltung der Menschen in zwei Klassen annahm: die der Arbeiter, deren Arbeit mehr als ihre Familien ernähren konnten, und die der Rentiers, die sich dieses Mehr auf verschiedene Weise anzueignen versuchten (Schutzversprechen, Ordnungsversprechen ...). Diese Aufspaltung erhielt im Spätkapitalismus ihre höchste, nicht mehr in einer Klassengesellschaft weiterzuentwickelnde Entfaltung: der Antagonismus zwischen Arbeit (»Alle Menschen werden Arbeiter«) und dem »sozioökonomisch-kapitalistischen System«, das alle ausbeutet. Dieser Ausbeutung kann nur durch einen ökonomischen und politischen Systemkollaps ein Ende bereitet werden.

Personen, die beide Faktoren vertreten, sind weitgehend miteinander unvereinbar. Die folgende Tafel soll das veranschaulichen:

	Interesse	*Erwartung*	*Bedürfnis*	*Werte*
Kapital	Rendite	langfristig	rentable Anlage	Kapitalismus
Arbeit	Lohn und Freizeit	zunehmend	Konsum und Freizeit	Laborismus

Da seit *Karl Marx* die Überzeugung, es gäbe eine allgemeine Vernunft, auf deren Ebene sich alle Menschen guten Willens einigen könnten, in den Orkus der törichten Ideologien verbannte und statt dessen das Interesse auf den Thron handlungsleitender und erkenntnisorientierender Aktivitäten gesetzt wurde, erschien es unvermeidlich, widerstreitende Interessen im Kampf abzugleichen. Arbeits- und Klassenkämpfe enden entweder mit einem klaren Sieg einer Partei oder mit einem Kompromiß. Sie sind also Null-Summen-Spiele.[23]

Warum benötigen Gewerkschaften (und Analoges gilt auch für die Arbeitgeberverbände) den Arbeitskampf?

① Erhalten sie ihre Identität. Nur in Abgrenzung an den feindlichen Gegenverband können sie sagen, wer sie sind und was sie wollen.

② Können sie so von inneren Spannungen ablenken und sie überwinden. Es gibt kaum etwas Verbindenderes als den Kampf gegen einen gemeinsamen Feind.

---

23 Daß widerstreitende Interessen auch in Optimierungsspielen unter Kooperation abgeglichen werden können, ist eine Einsicht der Spieltheorie, von der die in dieser Sache ganz dem Marxschen Gedanken verhafteten Gewerkschaften und Arbeitgeberverbände anscheinend nie etwas gehört haben. Vor allem treten an die Stelle von Kompromissen Mehrzielentscheidungen, welche es gestatten, die Interessen beider Parteien zu optimieren. Solche Optimierungsstrategie beteiligt alle. Alle können von dem Anspruch der optimalen Problemlösung entweder gewinnen oder verlieren. Die Methoden der Dialektik wurden zu diesem Zweck schon im Altertum entwickelt, gingen aber mit der Renaissance verloren. Und so bleibt halt nur der Kampf!

③ Können sie ihre eigenen weniger akzeptablen Eigenschaften (gemeinwohlschädlich, arbeitsplatzvernichtend, machtversessen, egoistisch, politikbestimmend) auf den Feind projizieren und sich als »reine« Helden darstellen.

In der BRD haben sich die Gewerkschaften zudem ein staatsgefährdendes Ziel gesetzt: Niemals von einer »Errungenschaft« zu lassen, selbst wenn sie inzwischen ganz offensichtlich dem Gemeinwohl schadet. Da im Durchschnitt alle zwei Jahre eine neue »Errungenschaft« hinzukommt, werden sie sich früher oder später den Staat, der zur Zeit noch von den Parteien besessen wird, zu eigen machen.
Es ist an der Zeit, daß die Politik diesem Treiben ein Ende bereitet. So könnte der Gesetzgeber bestimmte Grenzen ziehen, die auch nicht durch Tarifverträge durchlöchert werden können (etwa Öffnungsklauseln, wenn ihnen eine Vereinbarung von Unternehmensleitung und Betriebsrat zugrunde liegt).

3. Kapitel

Warum schaffen sich Menschen und Institutionen Feinde?

3

Der römische Komödienschreiber *Plautus* (250–184 v. Chr.) versuchte auf diese Frage eine erste Antwort zu geben: In seiner »Eselskomödie« schreibt er: »Homo homini lupus« (Der Mensch ist dem Menschen ein Wolf). Er vermutet zu Recht, daß wir in uns ein Potential an Aggressivität bergen, das jederzeit durchbrechen und dem anderen schaden kann und will. Unrecht hat er jedoch, wenn er vermutet, wir seien diesen Mächten hilflos ausgeliefert. Sicherlich können wir keine gewaltfreie Welt schafffen, doch wir können in unserem Einflußbereich – und das gilt besonders für uns selbst! – Gewalttätigkeit mindern.

Zudem ist zu bedenken, daß die Ausübung von physischer, psychischer oder sozialer Gewalt nicht selten neurotische Ursachen hat. Doch wie alle neurotischen Störungen hat auch die in der Feindschaft gründende Disposition, Gewalt auszuüben, rationale Gründe. Menschen (und Institutionen) bilden neurotische Symptome aus, um schwereren Schaden von sich abzuwenden. Die Stabilisierung auf einem neurotischen Niveau erlaubt es, eine Stabilisierung auf einem psychotischen Niveau (etwa dem einer Wahnkrankheit) zu vermeiden.

Fragen wir uns daher nach dem Krankheitsgewinn von Feindschaft: Warum stehen viele Menschen unter dem Anspruch eines pathologischen Zwangs, sich Feinde zu schaffen? Einige wichtige Gründe seien hier erwähnt. Häufige Ursachen für die Ausbildung von Feindkonstrukten sind:[24]

---

24 Vgl. zu den ersten fünf der genannten Gründe: Udo Rauchfleisch, Warum braucht der Mensch Feinde?, in: Spektrum der Wissenschaft, Juni 1993, 92–95. Dergl., Allgegenwart von Gewalt, Göttingen (Vandenhoek & Ruprecht) 1992.

- Schwarz-weiß-Denken,
- Projektionen,
- Suche nach Sündenböcken,
- Wunsch, nicht faßbare Gedanken zu konkretisieren,
- Entlastung von Schuldgefühlen,
- Identitätsprobleme,
- mangelnde Selbstakzeptation,
- Mindergefühle.

Im Prinzip wären schon in den ersten beiden Kapiteln alle diese Faktoren mitzubedenken gewesen. Wir haben darauf verzichtet, um zu komplexe Darstellungen zu vermeiden.

I. Schwarz-weiß-Denken

Nachweislich haben schon viele Kinder im Vorschulalter ziemlich klare Vorstellungen davon, wie ein »Feind« beschaffen sein muß: Er muß anders sein als man selbst. Ein Kind im Kindergartenalter bildet gerade aus seinem gewohnten sozialen Umfeld sein »Menschenbild« aus. Alles, was diesem Menschenbild widerspricht, wird als feindlich abgelehnt. Das Anderssein kann das körperliche Aussehen, die Kleidung, die Sprache betreffen. Kinder schaffen sich so ein Instrument, das es ihnen erlaubt, die eigene emotionale Welt zu regulieren und zu stabilisieren. So können sie mit ihren Ängsten und Ohnmachtsgefühlen – meist spielerisch – umgehen und ihnen entgegenwirken. Schwarz-weiß-Zeichnungen helfen meist erfolgreich, die Erfahrung von Unsicherheit, Bedrohung und Ambivalenz zu mindern oder zu meiden. Kinder dieses Alters sind oft unbeirrbar davon überzeugt zu wissen, wer in die Kategorien Freund–Feind einzuordnen ist.[25] Die verwirrende Welt voller differenzierter sozialer Beziehungen wird durch das Entweder-Oder überschaubar gemacht und geordnet. Die komplexe Struktur des Konstrukts »Soziales System« wird so erheblich reduziert, und Unsicherheiten werden vermieden. Es wird überflüssig, das Konstrukt durch eigene Erfahrungen zu bewahren.

Diese Methode der Problemlösung, welche die Welt in Gut und Böse, Feind und Freund einteilt, überlebt in nahezu allen Menschen die kognitive und emotionale Entwicklung und Reifung. Der infantile Mechanismus des Schwarz-Weiß bleibt bei nicht wenigen Menschen ein Strukturelement ihrer Psyche. Die weitaus meisten Erwachsenen neigen dazu, in bestimmten sozialen Erfahrungsbe-

---

25 Vgl. dazu: Petra Hesse und Debra Poklemba vom »Center of Psychological Studies in Nuclear Age«, Cambridge (Mass.) 1992.

reichen in solchen Entweder-oder-Kategorien zu denken. Entweder ist jemand mein Freund, oder er ist mein Feind, entweder ist etwas nützlich, oder es ist schädlich, entweder ist etwas gut oder es ist schlecht, entweder ist etwas wahr, oder es ist falsch, entweder ist etwas sinnvoll, oder es ist sinnlos. Solche vereinfachenden Wertungen gründen in einer unreifen Form der Internalisierung.[26] Wird eine Person, eine Gruppe, eine Institution, eine Ideologie über Freund- oder Feindintrojektion[27] internalisiert, wird diese Form der Internalisierung so lange erhalten bleiben, wie es dem Betroffenen zumutbar zu sein scheint. Wird das Introjekt mit einer Gegenerfahrung konfrontiert, kann es zu einer heftigen Extrajektion, verbunden mit einer entgegengesetzten neuen Introjektion, kommen. Der in dem Raster schwarz-weiß Denkende wird wissen, wo der Feind steht: Jeder, der mit seinen Überzeugungen oder seinen Handlungen die eigene Welt destabilisiert oder auch nur zu destabilisieren droht, wird zum Feind: sei es ein arbeits- oder wohnungssuchender Asylbewerber, ein Homosexueller, ein Strafgefangener, ein Terrorist, ein Streikbrecher, ein Kommunist, ein Redak-

---

26 »Internalisierung« bezeichnet einen psychischen Prozeß, in dessen Verlauf ein Mensch einen anderen, eine Gruppe, eine Institution, eine Ideologie sich verinnerlicht. Unreif ist eine Internalisierung über Introjektion. Das Introjekt wird entweder unkritisch bejaht oder abgelehnt. Die reife Internalisierung, die kritische Identifikation, internalisiert Personen, Gesellschaften, Ideologien kritisch. Er akzeptiert, daß an den Identifikaten nicht alles gut, nützlich, sinnvoll ist.

27 In einer reifen Internalisierung, der Identifikation oder der Gegenidentifikation, wird das Identifikat oder Gegenidentifikat emotional positiv oder negativ besetzt. Das Gegenidentifikat wird in der Regel nicht mit Feindaggressivität, sondern mit Gegneraggressivität abgelehnt oder angegangen. Kann die Identifikation oder Gegenidentifikation nicht mehr aufrechterhalten werden, schlägt sie nicht in ihr Gegenteil um, sondern in Gleichgültigkeit oder Unerheblichkeit. In der reifen Form der Internalisierung gibt es kaum Feindschaften. Der reife Mensch malt nicht in schwarz-weiß, sondern kennt viele Farben und viele Grautöne, die zwischen Schwarz und Weiß liegen. Die meisten Aussagen sind ihm nicht wahr oder falsch, sondern unentscheidbar. Sinn und Unsinn werden nicht prinzipiell, sondern situativ definiert. Wir müssen jedoch bedenken, daß auch psycho-sozial reife Menschen stets noch über mehr oder weniger erhebliche Reste unreifer Internalisierungen verfügen. Wenn wir in den beiden vorhergehenden Kapiteln von Identitätsbegründung über Feindschaft sprachen, war niemals Gegenidentifikation, sondern stets Feindintrojektion gemeint.

teur einer Zeitung, die eine andere Meinung vertritt. Deutlich ist die Grenze zum Feind allemal. Und Feinde darf man hassen – und wenn es nötig sein sollte, auch verfolgen, ja vernichten. Kriege und Todesstrafe sind solche legalen Vernichtungsmechanismen von Feinden. Das Gemeinte sei an einigen Beispielen erläutert.

- Ein »guter Katholik« wurde einmal in der Beichte anscheinend schlecht behandelt. Aus Zorn darüber trat er aus der Kirche aus und glänzte durch Haßtiraden gegen Kirche und Papst. Offensichtlich war die Kirche ihm ursprünglich ein Freundintrojekt. Nach der enttäuschenden Erfahrung wurde sie zum Feindintrojekt. Solche Sprünge sind im Raum religiöser Institutionen keineswegs selten, da sie selbst eher unkritische Introjektion denn kritische Internalisation fördern.
- Irak war lange Jahre ein Freund der USA. Noch im Herbst 1989 lieferten sie ihrem Freund *Saddam Hussein* gefährlichste biologische Waffen (Milzbranderreger) und gewährten ihm bis unmittelbar vor dessen Okkupation Kuwaits (am 2. August 1990) Milliardenkredite. »Feinde meiner Feinde [des Iran] sind meine Freunde« lautete die ebenso törichte wie gefährliche Maxime. Mit der Invasion in Kuwait wurde *Saddam Hussein* vom kollektiven Freundintrojekt zum Feindintrojekt. Nichts wünschte sich *George Bush* unversehens sehnlicher als den Tod seines Feindes. Dieses primitive Freund-Feind-Denken bestimmt spätestens seit 1945 die US-amerikanische Politik.
- Es gibt auch Fälle, in denen eine Gegneridentifikation zu einer Feindintrojektion mutieren kann. Solche regressiven Prozesse kann man mitunter in Fußballstadien beobachten. Der gegnerische Verein wird plötzlich zum Feind. Entsprechende Haßgesänge und feindselige Beschimpfungen werden laut. Es kann zu erheblichen Schlägereien, selbst zu solchen mit Todesfolge, kommen.

II. Projektionen

Über diesen Sachverhalt wurde schon in den beiden vorhergehenden Kapiteln gehandelt. Er sei hier etwas gründlicher ausgeführt. Seit *René Descartes* (1596–1650) gehen die meisten Erkenntnistheorien von der Annahme aus, daß wir die Welt durch den Rückschluß des Verstandes auf die Ursachen der Empfindungen erklären (Projektionstheorie). Seit 1894 führte *Sigmund Freud* diesen Begriff in die psychoanalytische Theorie ein: Die Projektion ist »nicht nur für die Abwehr geschaffen, sie kommt auch zustande, wo es keine Konflikte gibt. Die Projektion innerer Wahrnehmung nach außen ist ein primitiver Mechanismus, dem z. B. auch unsere Sinneswahrnehmungen unterliegen.«[28] *Freud* sieht Projektionen als Abwehrmechanismen vor allem im Bereich der Gefühle realisiert: Kommt es zwischen zwei starken Triebregungen zum Konflikt, werden die Anteile, die unbewußt bleiben, als äußere Vorgänge wahrgenommen. So kann ein Mensch seine eigene Aggressivität, seine eigene Homosexualität, seine eigenen Schuldgefühle, seine eigene Eifersucht auf andere Personen übertragen. Diese gefährden ihn nun.[29] Die eigene Triebhaftigkeit wird daher nicht selten auf Homosexuelle, Neger und Sexualverbrecher projiziert, die eigene Aggressivität auf Asylanten und deren Hang zur Gewalttätigkeit. Häufig ist die Projektion mit ambivalenter Beziehungsbesetzung verbunden. Zum einen empfinden Menschen ihr Projekt als angsteinflößend, und andererseits starren sie es wie gebannt an. Ihre soziale Welt kann so weit schrumpfen, daß sie

---

28 Totem und Tabu, in GW 1, 9.

29 Das unbewußte Gefühl, von dem »man nichts weiß und auch nichts wissen will, wird aus der inneren Wahrnehmung in die Außenwelt geworfen, dabei von der eigenen Person gelöst und der anderen zugeschoben« (Totem und Tabu, a.a.O., Seite 79)

nur noch aus Fremden und Projekten besteht. Das Denken kreist dann fast ausschließlich um die Projekte. Ein Beispiel solch beschränkten Denkens bot die deutsche Politik, als sie im Mai 1993 den Asylartikel des Grundgesetzes änderte. Ihr Denken und Trachten wurde gänzlich von dem Problem des »Asylmißbrauchs« gefangengenommen. Die personale Freiheit kann durch projektives Fühlen und Denken so sehr eingeschränkt werden, daß es zu Reaktionen kommt, die der eigenen Werteinstellung widersprechen. Insoweit sind Projektionen den neurotischen Störungen zuzurechnen. Der psychische Gewinn einer solchen Projektion liegt in der Befreiung von eigenen peinlichen oder gar inakzeptablen Wünschen, Emotionen, Bedürfnissen, Erwartungen, Einstellungen.

Vor allem Menschen, die sich selbst für groß und bedeutend halten, müssen – wenn sie mit sich selbst leben wollen – alles Schwache und Minderwertige aus sich heraus verbannen. »Wer seine eigene Schwäche nicht tragen kann, der muß sie anderen zuteilen, sie ihm als etwas Äußeres vorführen, was er an sich oder in sich selbst um keinen Preis wahrnehmen will«,[30] etwa fremder Hilfe bedürftig zu sein oder Schwächen zu haben. Dieser (mitunter latente) Narzißmus macht Menschen gottähnlich. Sie glauben, es gäbe nichts Größeres über ihnen. Wer keinen Gott hat, will selbst Gott sein. Auch dieser Sachverhalt sei an einigen Beispielen erläutert:

- In meiner therapeutischen Praxis begegnen mir nicht selten Menschen, die ihre eigene Eifersucht auf ihren Partner projizieren. Sie unterstellen seinen Handlungen Eifersuchtsmotive – und leiden darunter. Der scheinbar eifersüchtige Partner wird feindschaftlich abgelehnt, da er doch keinerlei Gründe habe, eifersüchtig zu sein.

---

30 Horst E. Richter, Sich der Krise stellen, Rowohlt, Reinbek 1981, Seite 26. »Denn die Unterdrückung der eigenen Schwäche gelingt auf die Dauer nie ohne die äußeren Repräsentanten, die das austragen, was die Unterdrücker in sich nicht integrieren können. Die mit dieser Verdrängung einhergehende Selbstverblendung erklärt die hergebrachten törichten biologischen und soziologischen Vorurteile von der angeblichen natürlichen Dominanz eines Geschlechts, einer Nation, einer Rasse, einer Zivilisation usw.« (ibd., 27).

- Ein anderer klassischer Fall von Projektionen manifestiert sich im Helfersyndrom. Ich kenne nicht wenige Manager, die darunter litten. Sie sind die geborenen Helfer. Sie erzeugen um sich herum eine Welt voller hilfsbedürftiger Menschen, denen sie – im Rahmen des Zumutbaren – zu helfen versuchen. Niemals aber würden sie Hilfe gegen sich gelten lassen. Nein, hilflos sind sie um keinen Preis. Die eigene Hilflosigkeit wird auf andere projiziert, und denen wird dann, wenn sie sich das gefallen lassen, geholfen. Und welcher Nicht-Narzißt läßt sich nicht gerne helfen?
- Auch der Rassenwahn[31] der nationalsozialistischen Führungsspitze dürfte auf Projektionen beruhen. *Hitler, Himmler, Goebbels, Göring* waren alles andere als »germanische Lichtgestalten«. Die eigene »rassische Minderwertigkeit« projizierten sie auf Juden, Zigeuner und Slawen.

31 Diese merkwürdige Theorie von der natürlichen Überlegenheit der Arier hat vermutlich ihren Ursprung im Denken Arthur Gobineaus, der 1853–1856 seinen »Essai sur l'inégalité des races humaines« veröffentlichte. Das Werk fand besondere Beachtung bei den Südstaatlern der USA. Einen neuen Höhepunkt fand es in A. Hitlers »Mein Kampf« und A. Rosenbergs »Der Mythos des 20. Jahrhunderts«.

III. Die Suche nach Sündenböcken

Der jüdische Hohepriester jagt (nach dem Sündenbekenntnis des Volkes und einem Tieropfer) am Jom Kippur einen Bock, dem er zum Zeichen der Übertragung der Sünden des Volkes die Hände auflegte, in die Wüste zum Gott Asasel. So wurde das Volk seiner Sünden ledig (Lev. 16.10). Solche Sündenböcke gibt es auch unter uns.

Kann ein Mensch seine Aggressivität nicht realisieren, weil das Aggressionsobjekt etwa stärker, mächtiger, einflußreicher ist oder religiöse Hemmungen ihn daran hindern, versucht er, sie risikolos gegen Schwächere, Ohnmächtige, Einflußlose, religiöse Feinde auszuleben. Kränkungen, Ohnmachtsgefühle, Ungerechtigkeiten, Ängste können so durch brutales oder rücksichtsloses Verhalten gegenüber Schwächeren, von denen keine Bestrafung zu erwarten steht, verdeckt oder abgewehrt werden. Ist das soziale Umfeld günstig, können so Menschen, die ansonsten keineswegs gewalttätig sind, andere Menschen zu zerstören versuchen – und kommen sich schließlich, bei Erfolg, als Helden vor. Man muß ihnen nur vermitteln, die Ausübung von Gewalt gegen diese Menschen sei berechtigt. So werden Menschen zu Soldaten, zu KZ-Wächtern und zu kollektiven Säuberern. Der Aggressor wähnt sich als Beschützer oder gar als Retter seiner Gesellschaft. Besonders wenn sich fundamentalistische Religiosität oder Moralität mit politischer Gewalt verbinden, können die abscheulichsten Gewalttaten ohne jede Skrupel begangen werden. Nicht selten werden ehemalige Freundprojekte zu solchen Sündenböcken. Auch dieses Syndrom will ich an einigen Beispielen erläutern:

- *George Bush* machte *Saddam Hussein* zum Sündenbock. Er war die Ursache für die Verfolgung der Kurden. Er war die Ursache beider Golfkriege. Er plante die Vernichtung Israels. Er war ein »zweiter Hitler«.

- Die deutschsprachigen Massenmedien machten die Serben zum Sündenbock der Ereignisse im bosnischen Bürgerkrieg. Sie vergewaltigten systematisch muslimisch-bosnische Frauen. Sie hielten sich an keine Absprache. Sie bedrohten die UN-Blauhelme. Sie wollten ein großserbisches Reich errichten. Ganz dieselben Vorwürfe hätten auch – mutatis mutandis – die Kroaten treffen müssen. Aber die sind doch – wie jedermann weiß – seit Hitlers Zeiten unsere Freunde. Zudem gehörten sie auch noch zur k. u. k. Monarchie.
- *Horst E. Richter* beklagt, daß auch die Ärzte langsam, aber sicher in die Sündenbockrolle gedrängt würden, da sie den Erwartungen ihrer Patienten nicht gerecht werden könnten. Die verbreitete Überzeugung, prinzipiell müßte alles Übel, vom Altern bis zu Aids, behebbar sein, machte sie zu »Versagern«. »Es muß Schluß damit sein, sich dem Tod als einem natürlichen Schicksal zu ergeben. Es gibt nur noch den Tod als vermeidbares Übel, verschuldet durch Ursachen, die im Grund ein Noch-nicht-Können der Medizin bedeuten . . . Als Versager im Kampf gegen den unvermeidlichen Tod verwandeln wir Ärzte uns zur Zeit von bewunderten Drachentötern selbst allmählich in die Sündenböcke, deren Bekämpfung uns draußen auferlegt worden war.«[32]
- Die CDU/CSU und die REP machten in den Wahlkämpfen von 1992 die SPD zum Sündenbock. Allein an ihr liege es, wenn Deutschland von Fremden überflutet werde. Nur an ihr liege es, wenn es mit der deutschen Einheit nicht so recht weiterginge. Nur an ihr liege es, wenn wir Deutschen nicht unsere Soldaten wieder an die Fronten vieler Kriege schicken dürften.

32 Horst E. Richter, Sich der Krise stellen, a.a.O., Seite 28.

IV. Der Wunsch, nicht-faßbare Gefahren zu thematisieren

Mit *Søren Kierkegaard, Martin Heidegger* und *Karl Jaspers* unterscheiden wir Furcht von Angst. Angst ist ein Gefühl, das sich seine Gegenstände sucht. Wenn der eine entfällt, sucht sie sich einen anderen. Furcht dagegen richtet sich immer auf einen konkreten, wohldefinierten Sachverhalt (etwa Furcht vor Dunkelheit, vor Spinnen, vor Examina, vor Naturkatastrophen, vor Krankheit und Tod). Solange in der Antike die Idee des geordneten und vom Guten getragenen Kosmos das Denken bestimmte, solange das Christentum in *Jesus von Nazareth* den sah, welcher der religiösen Angst ihre Gründe nahm,[33] solange in der Renaissance über die Aufklärung bis hin zu *Georg Wilhelm Friedrich Hegels* Weltvernunft das Vertrauen in Ordnung und Fortschritt das Denken beherrschte, war das Thema »Weltangst« von der Philosophie unbesetzt.

Das soll nicht heißen, daß nicht Menschen Angst hatten – aber sie blieb individuell und erreichte nicht das Allgemeine Bewußtsein. Für *Jacob Böhme* ist das Angsthaben zugleich ein sehnsüchtiges Begehren der Freiheit. Um ewiges Leben zu erlangen und den Tod zu überwinden, ist es nötig, sie zu besiegen.

33 »In der Welt habt ihr Angst, aber seid getrost, ich habe die Welt überwunden« (Joh. 16,33). Dieses Wort unterstellt schon nicht mehr die völlige Freiheit von Weltangst, wie sie der Antike, die sich in der Idee des Guten geborgen wußte, zu eigen war. Im Römischen Reich verlieren Menschen immer mehr diese Urgeborgenheit. Sichtbare Ordnungen müssen geschaffen werden, um Vertrauen zu stabilisieren. Der Kosmos ist nicht mehr an sich gut, sondern – nach dem Johannesevangelium – ist »dieser Kosmos« böse und gefährlich. So übernehmen Kirche und Staat stellvertretend die Repräsentanz der Idee des Guten. Wer sich diesen Mächten anvertraut, muß keine Angst haben. Heute verschwand diese Funktion der Institutionen. Nicht der Glaube an ihren Schutz, sondern die Überzeugung, daß sie personales Leben eher begrenzen und beschränken, wurde zum Inhalt des Allgemeinen Bewußtseins.

Erst *Friedrich Wilhelm von Schelling* bezweifelt die Existenz einer Angst überwindenden Ordnung: Alles Leben gründe im Schrecklichen, im über den Menschen hereinbrechenden Chaos. Von *Søren Kierkegaard* werden Angst und Freiheit in eine dialektische Beziehung genommen. Freiheit ist nur zu haben um den Preis der Angst.[34] Für *Martin Heidegger* ist das Thema der Angst das »In-der-Welt-Sein«.[35]

Neben diesen existentialistischen Interpretationen von Angst treten die psychopathologischen. Angst ist ein Symptom vieler psychischer Erkrankungen. Sie mag in der Erfahrung gründen, der personale Existenzgrund habe sich aufgelöst, sei vielleicht niemals vorhanden gewesen. Es gibt aber auch eine nicht-pathologische Angst. Sie reproduziert zumeist unbewußt (etwa aus Angst, etwas zu verlieren) Trennungssituationen. Die Geburtsangst kann sich zur Angst vor dem Leben weiten. Weitere Trennungen sind alle Ent-Täuschungen (die lebenswichtige Fortnahme von Täuschungen). Hierher gehört die der Erfahrung, daß nicht alles in der Welt gut ist, die Erfahrung eigener und fremder Grenzen, die Erfahrung des unausweichlichen Todes.

Wir Menschen sind immer existentiell gefährdet. Manche Gefahren kennen wir. Wir können versuchen, Abwehrstrategien zu ent-

---

34 Søren Kierkegaard, Der Begriff Angst (1844), Rowohlt Klassiker 71, Reinbek 1960. »Die Angst ist die Möglichkeit der Freiheit, nur diese Angst ist durch den Glauben absolut bildend, indem sie alle Endlichkeiten verzehrt, alle ihre Täuschungen aufdeckt. Und kein Großinquisitor hat so entsetzliche Folterungen in Bereitschaft wie die Angst, und kein Spion weiß so listig den Verdächtigen gerade in dem Augenblick anzugreifen, da er am schwächsten ist . . . Wer durch die Angst gebildet wurde, der wurde durch die Möglichkeit gebildet, und erst der, der durch die Möglichkeit gebildet wurde, wurde gebildet nach seiner Unendlichkeit« (ibd., 141).

35 Martin Heidegger, Sein und Zeit, Max Niemeyer Verlag, Tübingen 1986. »Das Für-wahr-Halten des Todes – Tod ist je nur eigener – zeigt eine andere Art und ist ursprünglicher als jede Gewißheit bezüglich eines innerweltlich begegnenden Seienden oder der formalen Gegenstände; denn es ist des In-der-Welt-Seins gewiß . . . Die Angst ängstet sich um das Seinkönnen des so bestimmten Seienden und erschließt so die äußerste Möglichkeit. Weil das Vorlaufen das Dasein schlechthin vereinzelt und es in dieser Vereinzelung seiner selbst der Ganzheit seines Seinkönnens gewiß werden läßt, gehört zu diesem Sichverstehen des Daseins aus seinem Grunde die Grundbefindlichkeit der Angst« (ibd., 265 f.).

wickeln. Anderen Gefahren sind wir hilflos ausgeliefert, und wieder andere können wir nicht konkretisieren. Es gibt Gefahren, die niemand meistern kann. Hierher gehört die Gefahr der wirtschaftlichen Rezession, der Massenarbeitslosigkeit, die Gefahr zu erkranken, die Gefahr einer Umweltverschmutzung, die menschliches Leben gefährdet, die Gefahr, keinen sinnerfüllenden Beruf ausüben zu können, die Gefahr vor politisch-unbewältigbaren Situationen (etwa der durch die beginnende Völkerwanderung von Süd nach Nord und von Ost nach West). Solange wir in festen Freund-Feind-Verhältnissen lebten, solange wir Geborgenheit in gesicherten Familienstrukturen fanden, solange wir über ein tragendes religiöses oder weltanschauliches Fundament verfügten, konnten wir solche Gefahren erkennen und versuchen, sie rational zu bewältigen. Nun aber sind wir, da die ordnenden Strukturen zerbrachen, hilflos dem Chaos in uns und um uns herum ausgeliefert. Die Furcht wich der Angst. Nicht mehr wir beherrschen die von uns geschaffene Technik, die von uns geschaffenen Institutionen, die von uns geschaffenen, durch Massenmedien verbreiteten allgemeinen Überzeugungen, sondern sie beherrschen uns. Alle Sicherheiten um uns herum zerbrachen. »Wir müssen lernen, mit einer neuen gewaltigen Weltangst zu leben.«[36]

In dieser Situation bietet sich ein Ausweg an: Wir geben unserer Angst ein Thema: die Angst vor dem Feind. Wir verwandeln die frustrierenden Ängste in aggressives Potential: Es gilt, sich Feinde zu schaffen, denn Feindschaften bilden eine – wenn zwar schon pathologische, doch immerhin eine – Ordnungsstruktur. Und es gibt Menschen und Institutionen, die sich hervorragend eignen, unsere Feinde zu werden: Menschen, die anders sind als wir, die anders denken als wir, müssen herhalten. Die sich in Haß oder in anderen Formen der Ablehnung (etwa durch Gesetze) artikulierende Feindschaft kennt ihre Feinde: Ausländer, Krüppel, Behinderte, Terroristen, REPs sind durchaus geeignete Feindpersonen. Als Feindinstitutionen bieten sich alle an, die uns in unseren legiti-

---

36 Horst E. Richter, Sich der Krise stellen, a.a.O., Seite 137. »Es breitet sich das Gefühl aus, in einem Zug zu sitzen, der geradewegs in die Irre fährt und den man kaum noch aufhalten zu können glaubt« (ibd., 138).

men Freiheitsansprüchen zu begrenzen versuchen: Kirchen und Staaten, Entwicklungsländer und Finanzämter bringen wieder Ordnung ins Chaos, da sie es uns erlauben, Gut von Böse zu unterscheiden.

Wie Feindschaft hilft, unthematisierte Ängste zu thematisieren und sie damit scheinbar beherrschbar zu machen, soll wieder an einigen Beispielen erläutert werden:

- Ein junger Mann kam in meine Sprechstunde und klagte über Ängste. Meine Frage, wovor er sich denn ängstigte, beantwortete er mit dem Hinweis, daß ihm nahezu alles angst mache. Sein vorbehandelnder Arzt hatte ihm Tavor verordnet. Nun hatte er gelesen, daß ebendieses Medikament *Uwe Barschels* Psyche ruiniert habe. Er setzte das Medikament, das ihm mehr schlecht als recht geholfen hatte, selbständig ab. Die Folge waren schwere aggressive Ausbrüche des eher introvertiert wirkenden Menschen gegenüber seinen Eltern, seinen Freunden, seinem Vorgesetzten. Erst nach einer mehrjährigen Therapie konnte die Ursache seiner Aggressivität – seine Angstneurose – geheilt werden.
- Besorgte Eltern sprachen bei mir vor, weil ihr inzwischen 16jähriger Sohn ungewöhnlich aggressiv auf Ausländer reagierte. Der Schulpsychologe verwies sie an mich. Nach einigen Gesprächen wurde mir und ihm deutlich, daß seine Aggressionen eine Abfuhr seiner Xenophobie[37] (seine Fremdenangst) waren. Als wir gemeinsam nach Gründen für seine ausgeprägte Xenophobie suchten, fanden wir heraus, daß er auf der Grundschule von zwei rußlanddeutschen Mitschülern wochenlang erheblich gekränkt

---

37 Die Xenophobie ist eine Angstform, die in uns Menschen offenbar genetisch grundgelegt ist. Manche Menschen verlernen diese Angst schon im Kindesalter, indem sie immer wieder erfahren, daß sie unbegründet ist. Nicht wenigen Menschen bleibt sie aber zeitlebens erhalten. Immer, wenn sie einem fremden Menschen oder einer »fremden Horde« begegnen, der sie sich, obschon sie sich auf sie einlassen müssen, emotional nicht sicher sein können, reagieren sie mit Angst. Die Rednerangst ist hier ebenso zu nennen wie die Angst vor Ausländern. Der angeborene Mechanismus fordert in diesen Situationen Flucht, Angriff oder Verstecken. Ist keine dieser Reaktionen möglich, stellt sich Angst ein.

worden war: Sie zogen ihm eine Art Zaumzeug an, sprachen zu ihm wie zu einem Pferd und ließen sich von ihm ziehen. Zudem versuchten sie, ihn vor seinen Mitschülern als Feigling herabzusetzen und als Schwächling zu verhöhnen. Der aufgeweckte junge Mann erkannte und akzeptierte seine ausgeprägte Fremdenangst. Wir versuchten gemeinsam, sie ihn akzeptieren zu lernen. Die Begegnung mit dem Fremden macht ihm zwar immer noch angst – aber die Angst wird nicht mehr aggressiv abgeführt.

- Nicht unähnlich war der Fall eines Mitschülers gelagert. Er war ein ausgesprochener Schulversager und hatte sich einer Skinhead-Gruppe angeschlossen, die verschiedentlich ausländische Jugendliche angegriffen hatte. In einem Fall plünderte die Bande einen jungen Türken aus. Sie stahl ihm seine Turnschuhe (von einer unter den Schülern als Nobelmarke gewerteten Art). Polizei und Staatsanwaltschaft wurden tätig. Noch vor dem Gerichtstermin kam er auf Anraten des Schulpsychologen zu mir. Nach einigen Gesprächen fanden wir den wichtigsten Grund für sein Schulversagen: Er wollte seine Eltern strafen, die ihn nicht so akzeptierten, wie er sei, sondern ihn ausschließlich von seinen schulischen Leistungen her beurteilten. Noch vor der Verhandlung verließ er die Skinheads. Ob es mir gelang, die Eltern von ihrer Fehleinstellung zu therapieren, ist mir unbekannt, denn sie brachen schon nach zwei Gesprächen die Elterntherapie ab.

Wer die zunehmende destruktive Aggressivität mancher Jugendlicher auf einen latenten Faschismus oder Rechtsradikalismus zurückführt, greift zu kurz. Es geht jungen Menschen vor allem darum, sich eine Lebensorientierung zu schaffen – und mag sie uns noch so problematisch erscheinen. Verzweiflung, Hoffnungslosigkeit und Wut schaffen und finden ein bestimmtes Ziel und werden so scheinbar beherrscht und überwunden.

V. Entlastung von Schuldgefühlen

Schuldgefühle haben mit Schuld nichts zu tun. Schuldgefühle stellen sich ein, wenn wir gegen eine moralische Norm verstoßen, vorausgesetzt, wir internalisierten diese Norm. Schuldgefühle stellen sich ein, wenn ein Mensch eine Norm – etwa des moralischen Gewissens[38] – verletzt. So können sich Menschen schuldig fühlen, wenn sie gelogen haben, wenn sie sich vor Verantwortung drückten, wenn sie untreu waren. Schuld dagegen liegt vor, wenn ein Mensch entweder keinen verantwortet erarbeiteten Lebensentwurf fertigte oder sich dem Anspruch eines solchen Entwurfs versagte. Der verantwortet erarbeitete Lebensentwurf gibt dem Leben Sinn. Er beantwortet die Frage: Was will ich mit meinem Leben erreichen? Wie muß ich mich orientieren, damit ich am Ende meines Lebens sagen kann, es ist mir gelungen? Der Lebensentwurf schließt bestimmte oberste handlungs- und entscheidungsleitende Werte ein. Handele ich vorsätzlich oder leichtfertig gegen diese Wertordnung, werde ich (vor mir und vor niemand anderem) schuldig. Im folgenden handeln wir nur über Schuldgefühle.

Schuldgefühle folgen also einer Fehlreaktion, einer Pflichtverletzung oder einem Fehlverhalten. Schuldgefühle können bewußt oder unbewußt sein. Unbewußte Schuldgefühle können nach *Rollo May* etwa entstehen, wenn Chancen nicht genutzt wurden, wenn

---

38 Das moralische Gewissen konserviert keineswegs nur die Normen des moralisch-wertenden Über-Ich, sondern auch andere, später erworbene Normen, wenn sie internalisiert wurden. So kann ein Mensch einer bestimmten Institution beitreten und deren Sozialverträglichkeit sichernde Normen sich zu eigen machen (internalisieren). So könnte etwa eine Verletzung bestimmter Regeln, die Umwelt nicht zu belasten, durch den Beitritt zu einer Umweltschutzorganisation internalisiert und so zu einer Norm des moralischen Gewissens werden. Eine vorsätzliche oder auch nur fahrlässige verbotene Umweltbelastung könnte dann Schuldgefühle auslösen.

die Introjektion des Partners nicht gelingt, wenn Abhängigkeiten entstehen. Noch häufiger aber sind unbewußte Schuldgefühle die Folge einer scheinbaren Entleerung des moralischen Gewissens. Das in der Jugend noch mit Schuldgefühlen sanktionierte Verbot zu lügen kann durch häufiges Übertreten scheinbar verschwinden. Das Schuldgefühl als Strafe für die Übertretung wird dann nicht mehr zum Bewußtsein zugelassen.

Das Problem der unbewußten Schuldgefühle ist ein wichtiges Thema der Psychopathologie. Ohne es zu wissen, versuchen Menschen, diese Schuldgefühle zu überwinden, indem sie sich selbst bestrafen. Die wichtigsten Methoden der Selbstbestrafung sind:

- lebensmindernde Abhängigkeiten (etwa von Alkohol, von Konsum, von Arbeit, von Nikotin, von Koffein, von zu schnellem Autofahren oder Herstellen anderer gefährlicher Situationen),
- die Flucht in lebensmindernde Krankheiten (etwa in parathyme, neurotische, soziopathische, depressive Störungen[39]),

---

39 Zu den parathymen Störungen gehören emotionale Übersteigerungen (erethische Störungen) ebenso wie emotionale Lähmungen (torpide Störungen, wie sie etwa Alexithymiker, Mißmutige, Spielverderber, stets Gekränkte, Hypochonder zeigen).
Zu den neurotischen Störungen zählt man gewöhnlich die Phobien (gekennzeichnet durch irreale Angstreaktionen, bei denen Merkmale wie Panikerlebnisse, Schweißausbrüche, Übelkeit, Schwächegefühle, Fluchtstarre auftreten), der Anankasmus (gekennzeichnet durch den Patienten schädigende Denk- und/oder Reaktionszwänge, die sich etwa als Ordnungszwang, als Kleptomanie, als Pyromanie, als unbegründete Eifersucht vorstellen können), Hysterie (gekennzeichnet durch emotionale Labilität, exaltierte Gefühlsübersteigerung, intrigantes Verhalten, Konversionen des psychischen Leidens in somatische oder soziale Symptome).
Die soziopathischen Störungen sind gekennzeichnet durch Mißachtung sozialer Verpflichtungen, fehlendes Mitgefühl, maßlose Gewalttätigkeit oder herzloses Unbeteiligtsein (»Zuschauermentalität«).
Zu den depressiven Störungen gehören zahlreiche Krankheitsbilder, denen allen gemeinsam ist, daß die betroffene Person sich dauerhaft erschöpft und niedergeschlagen wahrnimmt, ohne daß ein somatischer Befund diese Stimmung erklären könnte. Depressive Menschen sehen sich selbst, ihre Zukunft und ihre Umwelt negativ. Die Überzeugung der Zwecklosigkeit alles Tuns, der eigenen Unerheblichkeit, der inneren Leere, des ständigen Grübelns, der inneren Versteinerung können die Depression begleiten.

- Zerstörung sozialer Bindungen und Beziehungen oder
- das Begehen von Verbrechen (Zerstörung anderer, um sich nicht selbst zu zerstören).

Unbewußt entwickeln wir Schuldgefühle, wenn wir Menschen begegnen, deren Schicksal auch uns hätte treffen können. Unbewußt finden wir in uns selbt den Grund für deren existenzbedrohende Situation, selbst wenn uns unser Verstand sagt, daß wir daran völlig unschuldig seien. Menschen, deren Existenz gefährdet ist (wie Kriegsflüchtlinge, Armutsflüchtlinge, Umweltflüchtlinge, politisch Verfolgte), halten uns den Spiegel unserer eigenen Gefährdung auf Grund eigenen Versagens vor. In dem Umfange, als wir uns (in der Regel unbewußt) mitschuldig fühlen an deren Elend, versuchen wir unsere Schuld abzuwenden. Wir versuchen, solche Menschen nicht in unsere Nähe kommen zu lassen, um nicht wieder das larvierte Schuldgefühl, das sich zumeist in der Form einer aggressiven Ablehnung vorstellt, zu aktivieren.
Wie Feindschaft hilft, von Schuldgefühlen zu entlasten, soll an einigen Beispielen erläutert werden:

- Zahllose Menschen flüchteten in die Bundesrepublik und nach Österreich, um hier ein besseres und von Verfolgung freieres Leben leben zu können. Um sich das zu ermöglichen, benutzten sie die jeweiligen nationalen Gesetzgebungen und baten um Asyl. Diese Menschen hatten ihre Heimat verlassen, weil sie dem Elend und/oder der Verfolgung entgehen wollten. Da wir nichts taten, um das Elend und die Verfolgung in ihren Heimatländern zu beenden, fühlten wir uns (ob zu Recht oder Unrecht, ist in dieser Sache völlig belanglos) schuldig. Menschen, die uns solche Schuldgefühle einflößen, versuchen wir möglichst feindschaftlich auszuweichen. Eine andere Möglichkeit des feindschaftlichen Ausweichens fand der deutsche Gesetzgeber in der »Ergänzung« des Art. 16 GG. Eine gewisse Chance, als Asylbewerber anerkannt zu werden, haben nur die illegal Eingereisten ohne Reisedokumente oder auf Flughäfen mit Reisedokumenten Einreisende. Auf diese Weise wurden wir Hunderttausende von Menschen los, deren Anblick uns Schuldgefühle machte oder hätte machen können (etwa weil es uns unverdient um soviel bessergeht). Die veränderte Gesetzgebung ist nichts anderes als ein feindseliger Akt gegen jene Menschen, die uns, sei es aus extremer Not, sei es, weil sie verfolgt wurden, um menschliche Hilfe und Verständnis baten oder hätten bitten können. Diese kollektive Unmenschlichkeit konnte nur deshalb gelingen, weil die Rechtsparteien (CDU, CSU und REP) mit Erfolg ein individuelles oder kollektives Feindbild gegen jene Störenfriede unserer psychischen Harmonie aufbauten. Daß diese Methode neurotisch ist, das heißt, uns nicht tatsächlich von unseren Schuldgefühlen befreit, ist offensichtlich.

- Ein Ehepartner hielt es mit der ehelichen Treue nicht so genau, obschon er sehr christlich erzogen wurde. Seine anfänglichen Schuldgefühle hatte er im Lauf der Jahre »verlernt«. Daß sein Partner unter seinen Seitensprüngen litt, tat er mit dem Hinweis ab, daß es doch alle so machten. Nicht er sei schuld am Leiden des Partners, sondern dieser selbst. Hier begegnen sich bewußte (das Leiden des Partners betreffende) und unbewußte (das Fremdgehen betreffende) Schuldgefühle. Der Fremdgänger machte sich seinen Ehepartner (um seine offenen Schuldgefühle loszuwerden) und sich selbst (um sich von seinen unbewußten zu befreien) zum Feind. Er wurde zum Alkoholiker und versuchte sich in lebensgefährlichen Sportarten.

VI. Identitätsprobleme

Die Tatsache, daß ein Mensch im Regelfall um sich selbst weiß (also über Selbstbewußtsein verfügt), ist unbestritten. Da wir nicht das reine Da des Selbst erkennen (das immer nur eine nulldimensionale und damit eine für uns unerkennbare Mannigfaltigkeit bezeichnet), sondern stets auch ein So des Selbst und aus dem So des Selbst auf sein Da schließen, erkennen wir immer auch unser Eigensein zusammen mit eigenen Eigenschaften, die anders sind als die anderer. »Ich-Identität«[40] oder einfacher »Identität« bezeichnet nun eben das Wissen um sein eigenes Eigensein. Wir werden im 11. Kapitel erkennen, daß es sich um eine Leistung des »Inneren Beobachters« unseres kognitiven Systems handelt. Wie aber kommt solche Identität zustande?

Daß Feindschaften helfen können, Identitätsprobleme zu lösen, wurde schon in den beiden ersten Kapiteln deutlich. Indem ich das Anderssein des Anderen erkenne, erkenne ich mich im Entgegen zum Anderssein. Diese Form der Identitätsfindung hat zwei mögliche Ausgänge: einen konstruktiven (Toleranz) und einen destrukti-

---

40 Es ist schon merkwürdig, daß das Problem der Ich-Identität (also der personalen Identität des Menschen) in der Philosophiegeschichte kaum jemals behandelt wurde. Erich H. Erikson, ein Psychologe, definiert die Ich-Identität als die »Überzeugung . . ., daß das Ich wesentliche Schritte in Richtung auf eine greifbare kollektive Zukunft zu machen lernt und sich zu einem definierten Ich innerhalb einer sozialen Realität entwickelt« (Identität und Lebenszyklus 1970, 17). Diese Definition hat den Vorteil, daß sie Identität nicht auf Individualität reduziert, sondern den Aspekt der Sozialität und der Historizität in der Identitätsdefinition zur Geltung bringt. Nach G. H. Mead bezeichnet »Identität« (»Self«) die reflexive Fähigkeit eines Subjekts, sich zu sich selbst wie zu einem anderen Subjekt zu verhalten. Das ist die Voraussetzung jeder sozialen Handlung, in der interagierende Subjekte die Einstellung des jeweiligen Partners akzeptieren und sich selbst aus dessen Perspektive wahrnehmen (Mind, self and society, 1965, 211).

ven (Feindschaft). Toleranz ist gerade die Akzeptation des Andersseins des Anderen, während Feindschaft die Nicht-Akzeptanz des Anderen bedeutet.

Wie kommt es nun dazu, daß manche Menschen den ersten Weg gehen, die meisten aber den zweiten? Vermutlich wird die Disposition, diesen oder jenen Weg zu gehen, in früher Kindheit grundgelegt. Wird das Anderssein der Mutter liebevoll erfahren, wird ein Mensch kaum jemals seine Selbstdefinition über Feindschaft suchen. Wird sie jedoch leidvoll und als schmerzliche Trennung erfahren (etwa weil die Mutter in ihrer Rückspiegelungsarbeit dem Kind nicht sein eigenes Anderssein deutlich und liebenswert machte), wird eine hohe Disposition aufgebaut werden, die Selbstdefinition über Feindschaft zu suchen. Feindschaft ermöglicht es Menschen, ihr Eigensein über das Anderssein im Entgegen zu bestimmen. Das »Feindkonstrukt« ist ein Gegenbild zum Selbstkonstrukt. Es ist gleichsam sein Schatten: So individuell das Selbstkonstrukt, so auch die Rahmenbedingungen und Strukturen des Feindkonstruktes.

Personale Identität stiftende Feindschaften können sowohl Personen wie Institutionen betreffen. Auch die Kollektive Identität einer Institution (Corporate Identity) kann sowohl durch Feindschaft gegen Personen wie gegen andere Institutionen begründet werden. Darüber wurde im 1. Kapitel schon ausführlich gehandelt.

Ein Mensch oder ein Sozialgebilde, das einen Feind braucht, um sich selbst über Abgrenzungen zu finden und erkennen zu können, wird aus dem Pool möglicher Feinde alle die heraussuchen, die nicht die eigenen Wertvorstellungen, die eigenen Maximen, die eigenen Sichtweisen teilen. Für einen Nazi (und den Nationalsozialismus) waren Kommunisten und Juden die »geborenen Feinde«, für den Kommunisten (und den Kommunismus) sind es die Liberalen und die Kapitalisten, für die US-Amerikaner (und die USA) die Kommunisten, für den Christen (und die Kirchen) sind es die Ketzer . . . Eine ihrer selbst unsichere Gesellschaft benötigt – ähnlich einem sich selbst unsicheren Menschen – Feinde, um sich selbst im Entgegen zu definieren.

Einige weitere Beispiele sollen den Fall der identitätsstiftenden Feindschaft erläutern:

- Als die UdSSR zusammenbrach, verloren Deutschland und die USA, die beide vor allem ihre Identität in Feindschaft gegen die Sowjetunion und/oder den Kommunismus (was auch immer sie darunter verstanden haben mögen) gründeten, ihre Identität. Identitätsverlustig treiben sie nun gelähmt durch die Weltgeschichte.
- Mir ist der Fall von zwei Vorständen bekannt, die sich herzlichst haßten und niemals miteinander sprachen, sondern viel Zeit darauf verwandten, dem anderen zu schaden (vor allem sein Ansehen und seinen Einfluß zu mindern). Als einer der beiden Feinde mit 63 Jahren einem Herzinfarkt erlag, entwickelte der andere schwere psychosomatische Symptome. Es war vergleichsweise leicht auszumachen, daß eine durch den Feindverlust ausgelöste Identitätskrise der Grund für die Krankheit war. Da solche Menschen zumeist nicht sonderlich ich-stark sind und an einem unreifen Narzißmus leiden, blieb dem Therapeuten, der sich nicht auf die jahrelange Therapie eines 62jährigen einlassen wollte, nichts anderes übrig, als für seinen Patienten einen neuen Feind zu finden, der möglichst sozial unschädlich gehaßt, verachtet, denunziert werden konnte. Die Suche war erfolgreich, und die Symptome verschwanden.

Eine besondere Form der Feindschaft aus dem Entgegen ist der Neid. *Aristoteles* betont, daß es dem Neidischen weniger darauf ankomme, selbst in den Genuß der Dinge, Fähigkeiten, Beziehungen zu kommen, als er vielmehr wünsche, der andere habe sie nicht.[41] *Thomas von Aquin* meint, der Neidische »empfindet Schmerz über das, worüber man sich freuen sollte, nämlich über das Gut des Nächsten«. *Thomas* kennt fünf Neidreaktionen: Mißgunst, Ehrabschneidung, Schadenfreude, Haß und Ohrenbläserei.[42] Der Neider gesteht sich selbst, vor allem aber anderen niemals seinen Neid ein, selbst wenn er sich unschwer seinen Haß eingestehen würde. Neid ist ein klassisches Symptom eines unreifen Narzißmus (nicht selten bei Psychiatern und Psychotherapeuten,

41 Rhet. 1387 b.
42 Summa theol., II/II 36, 2.

Geistlichen, Ärzten und/oder ich-schwachen Menschen). Mir begegnete selten ein Facharzt, der mit einem anderen konkurrierte und ihn nicht für einen Scharlatan hielt. Die »Invidia clericalis« (der Neid unter Geistlichen) ist sogar sprichwörtlich geworden. Und weil es in unserer Wettbewerbsgesellschaft so viele Narzißten und ich-schwache Menschen gibt, ist es verständlich, daß für *Helmut Schoeck* der Neid zu einer universellen sozialen Emotion wird. Die Vorstellung einer von Neid freien Gesellschaft sei bare Utopie.[43]

Daß auch der feindschaftliche Neid Identität stiften kann, will ich mit zwei Beispielen belegen:

- Ein junger, weit überdurchschnittlich begabter Facharzt für Innere Medizin beneidete einen erheblich erfolgreicheren, etwa zehn Jahre älteren Kollegen. Endlich gelang es ihm, diesem einen Patienten abspenstig zu machen. Unschwer konnte er feststellen, daß sein Kollege eine keineswegs dramatische Fehldiagnose gestellt hatte. Um diesen einmaligen Sachverhalt herum baute er eine Fülle von Intrigen auf, die alle das Ziel verfolgten, den Konkurrenten als Scharlatan zu entlarven. Er selbst gab sich seinen Neid nicht zu, sondern sprach von seiner Pflicht, »dem Pfuscher das Handwerk zu legen«. Mit dieser zwangsneurotischen Einstellung schuf er sich eine Menge Feinde – nicht nur im Kollegenkreis. Er selbst aber fand seine Identität in der Rolle eines Kämpfers gegen ärztliche Kunstfehler.
- Eine Studentin, die sich intellektuell den meisten anderen für weit überlegen hielt, hatte dennoch nur geringe Examenserfolge. Sie begann, anderen ihren Erfolg zu neiden. Um ihren Konkurrenten ihre Überlegenheit zu beweisen, versuchte sie erfolgreich, mit einem ihrer Professoren ein erotisches Verhältnis aufzunehmen. Sie war der Ansicht, die anderen müßten sie nun beneiden. Sie interpretierte sich fast zwei Jahre von diesem Erfolgserlebnis her. Da sie über längere Zeit keine Examina mehr machte (»Habe ich doch nicht nötig!«) wurde sie zwangsexmatrikuliert. Dennoch war sie sich wahrhaft sicher: Ich habe

43 H. Schoeck, Der Neid. Eine Theorie der Gesellschaft, 1966.

als Partnerin eines Professors bewiesen, daß ich intelligenter bin als die anderen. Von hierher bezog sie lange Jahre ihre Selbstdefinition – bis die Beziehung, über deren Qualität und Intensität sie sich stets täuschte, in die Brüche ging. Der Identitätsverlust stürzte sie in eine behandlungsbedürftige Lebenskrise.

VII. Mangelnde Selbstakzeptation

Das Selbst eines Menschen entsteht in der Rückspiegelungsarbeit der primären Bezugsperson[44] seiner ersten Lebensmonate. Das Kind bildet sein Selbst aus im Gegensatz zu dem der Mutter. Es internalisiert, wenigstens der Struktur nach, das Bild, das sich seine Mutter von ihm macht. Im idealen Fall spiegelt die Mutter die tatsächlichen Merkmale ihrem Kind wider und verstärkt sie so, objektiviert sie, macht sie begreiflich. In dem Bild, das sich die Mutter von ihrem Kind macht, sind eine Fülle von Hoffnungen, Plänen, Wünschen, Sorgen und Ängsten enthalten. Somit ist das Selbst nicht etwa eine mehr oder minder konsistente Menge von Bildern, die Realität nachzeichnen. Es ist immer auch mit »fremden Emotionen« besetzt.

»Selbst« bezeichnet also eine mehr oder minder konsistente Menge der Bilder, die sich ein Mensch von sich macht. Es handelt sich somit um ein Konstrukt. Es gibt nun eine Vielzahl von Störungen bei der Ausbildung und Entwicklung des Selbst, die dazu führen können, daß der Mensch sein eigenes Selbst nicht akzeptiert:

- Die wichtigste ist eine fehlende oder unzureichende Rückspiegelung durch numerisch eine Bezugsperson. Das kann geschehen, weil es nicht zur Ausbildung einer Mutter-Kind-Symbiose kommt, da sich wechselnde Personen um das Kind kümmern.[45]

---

44 Diese primäre Bezugsperson nennt man in der Psychoanalyse »Selbstobjekt«. Durch die Internalisierung (über Inkorporation) dieses Selbstobjekts bildet sich das Selbst. Da dieses Selbstobjekt im Regelfall die physische Mutter ist, nennen wir es »Mutter«.

45 Dem Staufferkaiser Friedrich II. wird nachgesagt, er habe moslemische Kinder von stets wechselnden Ammen versorgen lassen, denen er zudem noch die Zunge habe herausschneiden lassen (war doch der Zweck des »Experi-

Das kann aber auch geschehen, wenn die Mutter unfähig zur Empathie (Einfühlung) ist. Es kommt dann zu keiner Selbst-Bildung. So gestörte Menschen können, wenn sie schon physisch überleben, kaum sinnvolle soziale Beziehungen aufnehmen, weil dem potentiellen Partner keine soziale Instanz gegenübersteht.

- Mitunter wird eine Art Selbst gebildet in der Anpassung an die mütterlichen Bedürfnisse. Einem Menschen mit einem so gebildeten Selbst bleibt sein Selbst zeitlebens fremd. Es nimmt keine Beziehung zu ihm auf, da es nicht mit den Bedürfnissen, Erwartungen, Interessen des Ichs übereinkommt. Bei Heranwachsenden stellt sich ein Gefühl der Sinn- und Heimatlosigkeit ein, denn es wird nicht das eigene Selbst (dieses existiert nicht), sondern ein fremdes mit Erlebnissen erfüllt.[46] Das Selbst bleibt schwach. Die Abgrenzung gegenüber anderen Personen, aber auch gegenüber Ideologien, Institutionen, Gruppen gelingt oft nicht in wünschenswerter Weise. Mitunter wird ein »grandioses Selbst« aufgebaut, das dann zeitlebens seinem Narzißmus frönt. Bei solchen Menschen ist die Trauer, das eigene Selbst auf dem Altar mütterlicher Wünsche, Bedürfnisse, Erwartungen geopfert zu haben, durchaus unbewußt vorhanden.
- Mitunter sind die Bilder inkonsistent, welche die Mutter dem Kind rückspiegelt. Die Inkonsistenz kann in verschiedenen Stimmungen der Mutter begründet sein (etwa einmal Angst, das andere Mal Freude), aber auch darin, daß einmal die Mutter ihre eigenen Bedürfnisse und Erwartungen in das Kind hineinliest, das andere Mal aber dessen Erwartungen und Bedürfnisse zutreffend erkennt und zurückspiegelt. Wir sprechen dann von einem inkonsistenten Selbst.

---

ments« herauszufinden, welche Sprache die Kinder im Umgang miteinander entwickeln würden; Friedrich vermutete, es sei das Hebräische, die Ursprache aller Menschen, weil sich Gott dieser Sprache bedient habe). Alle Kinder sollen bald gestorben sein.

46 R. Fetscher spricht hier vom »falschen Selbst«. Vgl. R. Fetscher, Das Selbst und das Ich, in: Psyche 35 (1981), Seiten 616–641, 632.

In diesen drei Fällen wird ein Mensch sein Selbst kaum akzeptieren können. Die mangelnde Selbstakzeptation ist in der Regel unschwer auszumachen. Ein Mensch, der sich aber nicht selbst akzeptiert, hat meist auch Schwierigkeiten, seine Grenzen zu akzeptieren. Er erfuhr in seinem Leben, oft schon in früher Kindheit, daß das Grenzen-Haben etwas Negatives sei. Nicht wenige Eltern strafen ihre Kinder für deren Grenzen: wenn sie etwa schlecht essen, einnässen, unrichtige Sätze bilden, aggressiv reagieren. Grenzhaftigkeit wird nicht mit Menschlichkeit, sondern mit Ungenügen, ja mit Menschenunwürdigkeit assoziiert. Wir Menschen leben ganz wesentlich innerhalb bestimmter Grenzen. Diese Grenzen bestimmen unser Menschsein.[47] Die Grenzerfahrungen der Ohnmacht wie die der Krise gehören ebenso unverzichtbar zum Menschenleben dazu wie die Erfahrung emotionaler, sozialer, intellektueller, musischer, physischer Grenzen – einschließlich der Akzeptation der letzten Grenze: der des Sterbens.
Nicht wenige Menschen haben Schwierigkeiten, sich selbst mit ihren Grenzen zu akzeptieren. Das kann sehr verschiedene Gründe haben:

- Manche Menschen leben in einem narzißtischen Allmachtsgefühl, das sie Grenzen nicht akzeptieren läßt.
- Andere sind so ich-schwach, daß sie sich selbst in der Erfahrung ihrer Grenzen zu verlieren fürchten.
- Wieder andere sind vom Leben so gebeutelt worden, daß sie jeder möglichen Erschütterung ängstlich aus dem Wege gehen.
- Einige schämen sich vor anderen, wenn sie Grenzen zeigen. Sie vermuten, Schwachsein und Grenzenzeigen seien dasselbe. Und Schwächen zeigen, so wurden sie gelehrt, bedeutet sozialer Abstieg, weil die Umwelt es als Minderwertigkeit interpretiere.

---

47 Auf die Grenzhaftigkeit als ein menschliches Existential habe ich in dem Buch: Wie man sinnvoll miteinander umgeht, ECON, Düsseldorf 1992, Seiten 245–290, hingewiesen.

Wir handeln im folgenden nur über die beiden erstgenannten Fälle, denn nur sie beruhen auf fehlerhafter oder mangelnder Selbstakzeptation. Der Narzißt akzeptiert nicht sich selbst, sondern identifiziert sich mit einem allmächtigen Alleskönner, den er als sein Selbst akzeptiert. Der ich-schwache Mensch akzeptiert sich nicht selbst, weil er sich für minderwertig hält.

In beiden Fällen kennt das neurotische polarisierende Denken nur ein Unten und Oben. Entweder schafft man sich eine Welt, in der man oben ist, oder findet sich ab, in einer Welt zu leben, in der man unten ist. In beiden Fällen wird kaum etwas mehr gefürchtet als eine offenbar werdende Unterlegenheitsposition. Sie gilt es mit allen kämpferischen Mitteln, bewußt oder unbewußt, mittelbar oder unmittelbar, zu vermeiden oder abzuwehren.

Alles Mißlingen erschüttert die Selbstachtung, stellt sie zumindest in Frage. Ist ein Mensch ich-schwach und sind seine Begabungen, sich flexibel, verstehend und geschickt an neue Situationen anzupassen, gering, um so häufiger wird er sich ärgern. Ärger ist eine emotionale Stimmung, die sowohl Verstimmung wie Angriffsbereitschaft in sich birgt. Der verunsicherte Mensch ist empfindlich wie eine Mimose und wehrt alles heftig ab, was ihn seine (reale oder vermeintliche) Ohnmacht erfahren lassen könnte.[48]

Fühlt ein ich-schwacher Mensch sich in seiner Selbstachtung bedroht, kann er

---

48 Wilhelm Keller schreibt dazu: »Durch innere Verstrickungen, durch Mißverhältnisse in der Antriebsbasis und durch die Schwäche der Selbstbestimmungskraft in der adäquaten Erfüllung der Selbstrealisierungstendenzen und des Selbstwertstrebens gehemmt und behindert und dennoch in Anspruch genommen . . ., kehrt sich hier das Dasein in einer sprungbereiten Empfindlichkeit und Aggressivität gegen die Mitwelt. Im Gefühl seines Sollens und im Bewußtsein seines gleichzeitigen Versagens läßt es sie seine Unzufriedenheit mit sich selbst entgelten. Es behandelt sie, als ob sie für sein Unglück verantwortlich wäre . . . Je unerträglicher das Ungenügen am eigenen Selbst isst, um so schroffer wehrt der Betroffene alle fremden Ansprüche ab, und er tut das um so mehr schon vorgreifend. Er tut es gar in aggressiver Ausfälligkeit, wohl wissend, daß die beste Verteidigung der Angriff ist« (Das Selbstwertstreben, München 1963, Seiten 153 f.).

- sich entweder autoaggressiv auf sich selbst zurückziehen,
- vor der Situation, der Person, der Aufgabe, der er sich nicht gewachsen fühlt, fliehen oder
- versuchen, die Situation, die Person, die Aufgabe, an der er zu scheitern droht, durch eine »Flucht nach vorne« zu zerstören.

Er wird nicht einen der beiden Wege gehen, die sich einem zureichend ich-starken Menschen anbieten: Er wird weder akzeptieren, daß eine Aufgabe objektiv seine Möglichkeiten überschreitet, und die Finger davon lassen, noch es erneut versuchen, weil er seine Grenzen testen möchte. In ihrer Selbstachtung gestörte oder verunsicherte Menschen können nicht verlieren. So lassen sie sich selbst kaum auf Spiele (Schach, Tennis, Wettkämpfe) ein, bei denen die Wahrscheinlichkeit besteht, sie auf Grund eigener Fehler oder eigener Schwächen zu verlieren.

Die Furcht, das Sich-immer-von-irgend-etwas-bedroht-Fühlen, ist die grundlegende Stimmung des Menschen, der sich selbst nicht akzeptiert. Was aber die eigene Selbstachtung in Frage stellt, wird aggressiv angegangen. Sei es das eigene Wissen, seien es Situationen, Menschen, Aufgaben. Im ersten Fall kommt es zu erheblichen autoaggressiven Reaktionen – bis hin zur Selbstverachtung. Im zweiten kommt es zu sozial-aggressiven Reaktionen bis hin zum offenen Haß (also dem Willen, ein Objekt zu zerstören). Ein Mensch, der sich selbst nicht angenommen hat, lebt in einer Welt voller Feinde. Das geht so weit, daß er sein eigener Feind wird.

Ein Mensch mit geminderter Selbstachtung wird meist nur lockere soziale Beziehungen aufnehmen. Geht er enge Beziehungen ein, dann mit der egoistischen Absicht, sie emotional, sozial, finanziell auszubeuten – in beiden Fällen ist das Grundmuster asozial.

Aber auch das Umgekehrte gilt: Asoziale Menschen leiden unter geminderter Selbstachtung, die bis hin zur Selbstverachtung gehen kann. Um in dieser Welt bestehen zu können, entwickeln nicht wenige der sich selbst gering Achtenden ein ganzes Repertoire von asozialen Strategien: List, Verschlagenheit, Untreue, Lüge, Täuschung bis hin zu Gewalttätigkeit und Grausamkeit. Die weitaus meisten Verbrecher (als einer radikalen Form der

Asozialität) akzeptieren sich nicht selbst, wie sie sind.[49] Die Lüge ist der Versuch, sich der Erfahrung der eigenen Grenze zu entziehen. Auch der Diebstahl scheint seltener aus Not geboren denn aus dem Versuch, sich zu rächen: Nur der stiehlt, der sich selbst bestohlen glaubt. Es dürfte empirisch zureichend belegt sein, daß die meisten jugendlichen Straftäter, die ihre aggressiven Handlungen und Worte gegen Ausländer, Behinderte, Obdachlose richten, sich selbst nicht akzeptieren und in einer Art Allmachtswahn glauben, gegen Menschen, die von ihrem Standard abweichen, feindschaftlich vorgehen zu dürfen (zu sollen, zu müssen).[50]

Vermutlich sind Menschen mit geschädigter Selbstakzeptanz besonders geeignet, »gute« Soldaten zu werden. Die militärische Disziplin ersetzt die Selbstakzeptanz. Die institutionell angelegte Erniedrigung von Menschen entspricht der Selbstverachtung.[51]

Gelegentlich hat die fehlende Selbstakzeptation auch religiöse Gründe. Die Lehre von der Erbsünde, vom Bösen in uns allen, läßt einen Menschen sich nicht lieben, weil er das, in dem Böses wohnt, nicht lieben kann (nicht lieben darf). Andererseits kann der eigene

---

49 »Der Allmachts- und Gottähnlichkeitswahn, der in allen psychopathischen Zustandsbildern die verborgene Triebkraft darstellt, ist im Leben und Verhalten des Verbrechers oft mit den Händen zu greifen. Im Diebstahl, im Gewaltverbrechen, im asozialen Gebaren kommt die Linie der Überlegenheit zum Ausdruck, die mit den Mitteln der Beeinträchtigung anderer eine primitive Selbstidolatrie zum Ziele hat.« J. Rattner, Aggression und menschliche Natur, Berlin (Fischer TB) 1972.

50 »Das eigene Zukurzgekommensein, die lädierte Menschlichkeit kann nur durch die nationale Selbstglorifikation ... annähernd kompensiert werden. Persönliche Lebensangst muß durch den chauvinistischen Hochmut zum Schweigen gebracht werden. Je verstümmelter die Persönlichkeiten sind, um so heftiger greifen sie zu einer derartigen Kompensationsmöglichkeit« (J. Rattner, a.a.O., Seite 193).

51 »Psychologisch gesehen ist die militärische Ausbildung eine Perfektionierung der Erziehung zum Masochismus. Alle Selbstachtung soll durch eiserne Disziplin unterminiert werden. Oft werden die Soldaten mit tausendfältigen Mitteln erniedrigt, buchstäblich in den Staub gezwungen. Der persönliche Stolz wird durch sadistische Vorgesetzte systematisch zermürbt. Es kann eine solch oft qualvolle Auslöschung alles persönlichen Fühlens und Wollens nicht ohne reaktive Haßentstehung vor sich gehen; dieser Haß wendet sich jedoch in der Regel nicht gegen die eigentlichen Quälgeister, sondern gegen den ›Feind‹« (J. Rattner, a.a.O., Seiten 159 f.).

Mangel behoben werden durch göttliches Tun (Gnade). Es kommt dann zur Akzeptation eines Selbst, dessen Boshaftigkeit durch Gnade kompensiert wird. Das Gottesbild eines solchen Menschen wird in der Regel hochgradig pathogen sein. Um nicht »aus der Gnade zu fallen«, wird er alles tun, von dem Menschen behaupten, es sei von Gott gewollt, oder alles unterlassen, von dem behauptet wird, es sei von Gott verboten. Das Bild des strafenden Gottes wird stets einen Zustand der religiösen Dauerangst (vor der »Hölle« etwa) erzeugen, um deren Preis sich ein Mensch akzeptiert. Doch was ist das für ein Torso von einem Menschen, der da akzeptiert wird?

Die Unfähigkeit, sich selbst zu akzeptieren, ist eng verbunden mit der Unfähigkeit, andere Menschen zu akzeptieren. Wer sich nicht selbst liebt, wird kaum andere lieben. Wer sich nicht selbst achtet, wird kaum andere achten. Ein Mensch, der weder sich noch einen anderen Menschen, so wie er ist, akzeptiert, wird zum Misanthropen.

Nun wäre es falsch anzunehmen, ein solch Feinde schaffendes Defizit an Selbstakzeptation gelte nur für Personen. Auch Institutionen können ein »Selbst« entwickeln, das sie entweder akzeptieren oder nicht.

Ähnlich dem Selbst einer Person repräsentiert sich das Selbst eines Unternehmens in der mehr oder minder konsistenten Menge von Bildern, die sich die in der Institution tätigen oder in ihr lebenden Menschen von ihr machen. Es gibt sicherlich Institutionen, denen kein Selbst entspricht. Im Allgemeinen Bewußtsein der Inneren Umwelt der Institution kommt kein kollektives Image der Institution vor, wennschon jeder, der mit der Institution in Beziehung steht, sich auch ein Bild von ihr macht. Ich vermute, daß das Allgemeine Bewußtsein der Deutschen zumindest 1993 keine konsistente Bildfolge über Deutschland hergibt. Deutschland ist also vermutlich ein selbst-loses Land. Ganz Ähnliches dürfte heute für die katholische Kirche gelten. Dagegen ist es vielen Unternehmen gelungen, eine bestimmte Unternehmenskultur aufzubauen, die es den im Unternehmen Tätigen erlaubt, sich recht ähnliche Bilder des Unternehmens zu machen. Solche Unternehmen besitzen also ein Selbst. Da die Ausbildung einer Unternehmenskultur nicht etwa geplant werden kann, sondern Folge einer chaotischen Entwicklung ist, steht auch das Selbst des Unternehmens, das seine Identität schafft, nicht zur Disposition einer strategischen Planung. In welchem Umfang man jedoch den evolutiven Trend der Entwicklung zu einem Unternehmens-Selbst steuern kann, habe ich anderswo ausgeführt.[52]

Auch diesen Fall, daß sich ein Mensch oder eine Institution Feinde schaffen, weil sie sich nicht selbst und darum auch andere nicht akzeptiert oder akzeptieren kann, will ich an einigen Beispielen erläutern:

- In meine Praxis kam vor vielen Jahren ein Manager, der klagte, er sei häufig niedergeschlagen und alle Menschen gingen ihm auf die Nerven. Er leide unter seinen Mitarbeitern. Sie seien unzuverlässig und oft schwer von Begriff. Am besten würde er alles selbst machen – wenn der Tag 48 Stunden hätte. In der Anamnese stellte sich heraus, daß er als Baby ständig mit zwei primären Bezugspersonen (Mutter und Oma) leben mußte. Seine Mutter sei berufstätig gewesen und habe sich seit seinem dritten Lebensmonat nur an den Wochenenden um ihn kümmern können. Nach mehreren Sitzungen wurde uns deutlich, daß er sich selbst verachtete. Als Gründe gab er an, er käme nicht mit Menschen aus, habe erhebliche Charakterfehler, seine beruflichen Erfolge seien durch Speichellecken zustande gekommen. Da durchaus bestimmte realistische Strukturen vorhanden waren (offensichtlich hatten Oma und Mutter ihm sehr ähnliche Bilder zurückgespiegelt), konnte das gestörte Urvertrauen, das die Voraussetzung jeder gelingenden Selbst- und Fremdakzeptation ist, in einer fast vierjährigen Therapie wiederhergestellt werden.
- Ich beriet einmal ein Unternehmen, das in der Branche als »schwarzes Schaf« galt. Tatsächlich war das Binnen-Image (das Bild, das die im Unternehmen Tätigen vom Unternehmen hatten) nicht wesentlich besser als sein Außen-Image. Es war also durchaus ein Selbst vorhanden, doch dieses war inakzeptabel. Über die Mechanismen einer »selffulfilling prophecy« verfiel

52 Vgl. R. Lay, Über die Kultur des Unternehmens, ECON, Düsseldorf 1992.

das Unternehmensimage immer weiter, weil sich das Unternehmen image-gerecht verhielt. Das Verhältnis zu Kunden, Lieferanten und Banken verschlechterte sich durch erhebliche Interaktionskosten so, daß in absehbarer Zeit der Unternehmensbestand gefährdet war. Dennoch war schnelle Hilfe nicht möglich. Zunächst einmal mußten einige weniger befähigte Manager ausgetauscht werden (unter anderem die für Ein- und Verkauf und Personales zuständigen Vorstände). Dann setzte eine langfristige Planung ein. Sie lief über die Personalpolitik. Chancen, im Unternehmen aufzusteigen oder einen festen Anstellungsvertrag zu erhalten, hatten nur leitende Angestellte, die einem bestimmten Persönlichkeitsprofil gehorchten und fähig waren, die Ideale einer von mir ausgearbeiteten Unternehmensphilosophie in die Werte einer Unternehmenskultur zu übersetzen. Da auch die meist neuen Vorstände durch ihr gutes Beispiel erfolgreich bei dieser Transferarbeit mithalfen, ergab eine nach gut fünf Jahren durchgeführte Mitarbeiterbefragung ein völlig gewandeltes Binnen-Image, das durchaus in der Nähe der Ideale der Unternehmensphilosophie lag. Auch das Außen-Image hatte sich inzwischen geändert. Die Rolle des »schwarzen Branchen-Schafes« übernahm ein Wettbewerber. Da sich durch geeignete Personalpolitik auch das Verhältnis zu Kunden, Lieferanten, Banken grundlegend änderte, konnte das Unternehmen 1992, trotz aller Rezession, ein hervorragendes Betriebsergebnis vorlegen.

VIII. Mindergefühle

Mindergefühle[53] sind die Folge gescheiterter Gemeinschaftsgefühle. Wir Menschen sind ganz wesentlich sozial-bezogen. Soziale Beziehungen, nach Art und Intensität, ließen uns – sieht man einmal von genetischen Vorgaben ab – zu dem werden, der wir sind. Im Zusammen mit der Mutter lernt das Kind den Wert (oder Unwert) von Gemeinschaft erkennen. In den Interaktionen mit ihr erlernt es wesentliche Muster des menschlichen Miteinanders. Leidet die Mutter selbst an sozialer Schwäche (Mutlosigkeit, Kontaktunsicherheit, Frustration), wird sie dem Kind kaum die Chancen geben, soziales Leben voll zu entfalten. Hat das Kind gelernt, mit der Mutter zu koexistieren und zu kooperieren (zwei fundamentale soziale Begabungen), sollte das Kind bald weitere Bezugspersonen (vor allem den Vater) in sein Leben integrieren. Im Rahmen von Kindergarten und Schule werden Freundschaft und Kameradschaft eingeübt. Dabei lernt das Kind, die Bedürfnisse, Erwartungen,

53 Alfred Adler betont, daß es ein dem Menschen unvermeidbar mitgegebenes Minderwertigkeitsgefühl gäbe. Wir Menschen seien aller natürlichen Waffen gegenüber unseren Feinden beraubt. Diese körperliche Unzulänglichkeit sei der Grund gewesen, daß wir uns eine eigene Welt, die Kulturwelt, schufen, die wir – im Gegensatz zur Naturwelt – zu beherrschen glauben. »Wer kann ernstlich daran zweifeln, daß dem von Natur so stiefmütterlich bedachten menschlichen Individuum als Segen ein starkes Minderwertigkeitsgefühl mitgegeben ist, das nach einer Plussituation drängt, nach Sicherung, Überwindung? ... Ich habe vor langer Zeit hervorgehoben, daß Mensch sein heißt: sich minderwertig fühlen ... Das Minderwertigkeitsgefühl beherrscht das Seelenleben und läßt sich leicht aus dem Gefühl der Unvollkommenheit, der Unvollendung und aus dem ununterbrochenen Streben der Menschen und der Menschheit verstehen« (Der Sinn des Lebens [Fischer TB 6179], Frankfurt 1933, Seiten 65–67). Wir handeln in diesem Abschnitt nicht über diese kollektiven Mindergefühle (wenn es sie denn schon geben sollte), sondern über individuelle, im persönlichen Lebensgeschick begründete.

Interessen anderer ernst zu nehmen und sie mit den eigenen abzugleichen.
Scheitert die Entwicklung des Gemeinschaftsgefühls, glaubt (meist unbewußt) ein Mensch sich um einen wesentlichen Teil seiner Existenz betrogen. Seine Sozialität reduziert sich auf irgendwelche Kümmerformen (wie Machtsucht, Anerkennungszwänge, Durchsetzungswille, emotionale, soziale, finanzielle Ausbeutung anderer). Die behinderte Sozialität versucht, andere Menschen von sich abhängig zu machen, sie zu beherrschen, sie auszubeuten. Alles dieses ist Ausdruck einer fundamentalen Lebensangst, eines Urmißtrauens in sich, in andere, in Situationen. Sie soll durch die Ausdrucksformen behinderter Sozialität zum Schweigen gebracht werden.
Diese Strategie ist insoweit neurotisch, als sie notwendig erfolglos ist. Kollektivieren sich solche sozial-verkümmerten Menschen, kann es zu Formen gesellschaftlicher Neurosenbildung kommen. Einige der Symptome dieser Kollektivneurosen seien hier angeführt:

- Die Verehrung militärischer Erfolge, wie etwa die des arroganten, jähzornigen »Kriegshelden Norman Schwarzkopf«, des »Siegers« des 2. Golfkrieges (1991). Warum wirken Menschen, die so offensichtlich Phallussymbole mit sich herumtragen wie Soldaten (Pistolen, Gewehre, Geschütze ...), nicht lächerlich?
- Der ökonomische Egoismus, der nur den eigenen Nutzen (der eigenen Person, des eigenen Unternehmens, der eigenen Volkswirtschaft) sucht, selbst wenn er mit fremdem Schaden erkauft wird.
- Die Androkratie, welche die Welt der Männer über die der Frauen herrschen läßt. Im Männlichkeitsidol verdichten sich Egoismus, Kampfbereitschaft, Siegzwänge und Gewalt.

Vermutlich sind diese aggressiven Ausdrucksformen des »Willens zur Macht« nicht im genetischen Erbe der Menschen angelegt, sondern Folgen eines oft großflächig-regional erkrankten Allgemeinen Bewußtseins. Konsequent dürfen wir auf eine kollektive Erfahrung kollektiver oder kollektivierter Mindergefühle schließen.

Eine auf Machtwillen und Machtbewunderung ausgerichtete Gesellschaft ist krank. Die Irritation von Gesellschaft und Personen bedingen sich wechselseitig. In einer gesunden Gesellschaft würden individuelle Mindergefühle nicht in einer so dramatischen Häufung entwickelt wie in der unseren. Irritierte Menschen sind ebenso wie irritierte Gesellschaften hochdisponiert, sich sowohl Feinde zu schaffen wie zu Feinden zu werden. Autoritäre Persönlichkeiten dürften Geschöpfe einer faschistoiden Gesellschaft (seien es Paarbeziehungen, Familien, Unternehmen, Staaten) sein. Andererseits schaffen sie faschistoide Gesellschaften. Über die gesellschaftlichen Strukturen, die prä-faschistisch-orientierte Menschen (wobei die faschistoiden Züge ausgebildet werden, um Mindergefühle zu kompensieren) hervorbringen, ist auf Grund der Anregung des »American Jewish Committee« gründlich geforscht worden. Eine autoritäre präfaschistische Persönlichkeit erfüllt wenigstens sieben von folgenden zehn Merkmalen:[54]

- Sie ist emotional an die jeweiligen, als allgemein geltenden Überzeugungen und Werte gebunden. Sie ist überzeugt, daß diese anderen überlegen seien.
- Sie hält sich streng an die als allgemein-geltend angenommenen Normen und Konventionen.
- Sie neigt dazu, auch von anderen solche Konformität zu verlangen oder doch zu erwarten.
- Die politische Orientierung ist konservativ.
- Die Welt erscheint eher als gefährlich und unfreundlich.
- Menschen werden eingeteilt in Starke und Schwache.
- In Fragen der Sittlichkeit (vor allem der Sexualität) wird ein hohes Maß an Selbstgerechtigkeit entwickelt.
- Die Neigung, die eigenen Schwächen auf andere zu projizieren, ist ausgeprägt.
- Das Denken ist wenig kreativ, sondern eher starr.
- Die Eltern boten wenig Gefühlswärme und forderten oft strengen Gehorsam.

---

54 Peter R. Hofstätter, Einführung in die Sozialpsychologie, Stuttgart 1963, Seite 391.

Mindergefühle können sehr verschiedene Ursachen haben. Die weitaus meisten beruhen auf Verletzungen im späten Vorschulalter und dem frühen Schulalter (also aus unverarbeiteten traumatischen Erlebnissen zwischen dem dritten und elften Lebensjahr). Gemeinhin unterscheidet man drei Typen von Mindergefühlen:

- *Minderwertgefühle:* Das Selbstwertgefühl eines Kindes wurde – unaufgearbeitet – verletzt. Es wurde von ihm wichtigen Bezugspersonen als physisch, psychisch, sozial, intellektuell, moralisch minderwertig abgestempelt:
  - Die Gefühle physischer Minderwertigkeit beruhen zumeist auf physischen Versagenserfahrungen: Kinder, die wegen ihrer Schwäche von anderen verprügelt wurden, Kinder, die im Sport nicht mithalten konnten, Kinder, die sich als körperlich behindert vorkommen (Häßlichkeit, Rothaarigkeit, Kurzsichtigkeit, Linkshändigkeit), Buben, die – ohne daß sie den Grund verstanden (etwa eine Phimose) – beschnitten wurden und sich deshalb für sexuell unvollständig wahrnahmen.
  - Die soziale Minderwertigkeit beruft sich nicht selten auf ein soziales Ausgestoßenwerden aus Kinderspielgruppen, aus Vereinsamung im Schulkindalter, auf eine wenig geachtete soziale Herkunft (in manchen Regionen Deutschlands sind »uneheliche Kinder« noch »Hurenkinder« – und werden so beschimpft).
  - Die Erfahrung intellektueller Minderwertigkeit gründet meist im Schulversagen oder einem Schulabschluß, der nicht mit dem Selbstwert verträglich ist.
  - Die meist unbewußte Überzeugung moralischer Minderwertigkeit wird nicht selten erworben, wenn Erzieher an das kindliche Verhalten moralische Normen der Erwachsenenwelt anlegen. Das kreativ-phantasierende Kind wird zum Lügner, das sich eine scheinbar herrenlose Sache aneignende Kind zum Dieb.

Älter geworden, wird das Kind nicht nur aggressiv reagieren, sondern wird zudem noch versuchen, sich und der Welt zu beweisen, daß es nicht minderwertig ist. Nicht selten zielt der Überlegenheitsbeweis in eben die Richtung, in welcher die Minderwertigkeit erfahren wurde. Aus einem moralisch geminderten Kind wird ein moralischer Rigorist. Ein Schulversager will sich und der übrigen Welt beweisen, daß er intellektuell den meisten Akademikern überlegen ist. Ein oft verprügeltes Kind wird aller Welt beweisen, daß es wenigstens ebenso erfolgreich seine Aggressivität praktizieren kann wie die, die es einst verprügelten.

- *Minderleistungsgefühle:* Das Leistungsgefühl eines Kindes wurde verletzt, ohne daß eine Aufarbeitung möglich war. Ein Kind möchte etwas leisten, damit es ebensoviel kann wie ein Erwachsener. Das bezieht sich auf körperliche Leistungen, auf Wettkampfleistungen ebenso wie auf intellektuelle (etwa schulische) Leistungen. Wird diese Leistung nicht erfahren, etwa weil sie von der sozialen Umwelt als Selbstverständlichkeit angesehen wird, entwickeln sich Minderleistungsgefühle (»Ich kann weniger als . . . !«). Auch solche Mindergefühle werden meist (über-) kompensiert. Mit nahezu allen Methoden wird der Erwachsene später versuchen, sich und anderen zu beweisen, daß er anerkanntermaßen mehr kann als andere oder Besseres leistet als andere.

- *Minderanerkennungsgefühle:* Der Anerkennungswunsch des Kindes wurde nachhaltig nicht zur Kenntnis genommen. Kinder wollen in allem, was sie selbst für gelungen halten, anerkannt werden. Da der primäre Narzißmus noch nicht völlig überwunden wurde, halten sie viele ihrer Leistungen für anerkennenswert. Anerkannt werden müssen körperliche wie schulische, handwerkliche wie Ordnungsleistungen, kurzum alles, auf was das Kind – zu Recht oder Unrecht, ist völlig unerheblich – stolz ist. Wird nicht anerkannt, daß es zu Recht auf eine Leistung, ein Verhalten, ein Unterlassen stolz sein kann, wird es früher oder später aggressiv resignieren oder mit allen Mitteln (selbst unlauteren) Anerkennung suchen.

Je unglücklicher und verunsicherter ein Kind ist, um so höher hängt es sein Selbst-Ideal auf und mobilisiert seinen Ehrgeiz, es zu erreichen. Da das aber unerreichbar ist, entstehen neue Mindergefühle – die wieder durch ein noch vollendeteres Selbst-Ideal kompensiert werden. Und so dreht sich die Spirale der Hoffnungslosigkeit bis zu ihrem Ende: Diese Menschen gleichen einem Dackel, dem man an einer Stange eine Wurst 20 Zentimeter vor seiner Nase befestigt. Sie rasen und schuften, ohne jemals ihr Ziel erreichen zu können. Sobald sie die grundsätzliche Erfolglosigkeit ihres Mühens erkennen, verwandelt sich Hoffnungslosigkeit in aggressives Potential. Aggressives Denken, Sprechen und Handeln lenkt ab von der Erfahrung eigener Unzulänglichkeit. Das Wissen um den eigenen Unwert bringt nicht wenige dazu, sich Feinde zu schaffen, um sich für den eigenen Unwert zu bestrafen. Meist ist ihr Wunsch, andere zu mindern, um mit der eigenen Minderwertigkeit umgehen zu können, unbewußt, weil mit dem phantastischen Selbst-Ideal unverträglich. Strategien wie Rechthaberei, Unduldsamkeit, Starrheit, Intoleranz schaffen nicht nur Feinde, sondern dienen zugleich dazu, das Gefühl der eigenen Minderung zu überwinden. Wer sich im Besitz ewiger Wahrheit wähnt und deshalb rechthaberisch, unduldsam und starr ist, fühlt sich zwar anderen überlegen, erkennt aber selten den Grund der paranoiden Annahme, im nicht-trivialen Bereich über ewige und endgültige Wahrheit zu verfügen: Es ist der Versuch, die eigene Minderwertigkeit zu kompensieren.

Die Methoden, andere und anderes klein zu machen, sind Ausdruck einer erheblichen emotionalen Verarmung. Die Beziehungsmöglichkeiten schrumpfen. Vermutlich ist eine gelingende primäre Sozialisation – ein wichtiges Ziel jeder vorschulischen und frühschulischen Erziehung – kaum möglich, ohne daß ein Kind in seinem Selbstwertgefühl gemindert wird. Vor allem vier- und fünfjährige Kinder halten sich Erwachsenen gegenüber für prinzipiell gleichberechtigt. Wenn diese Gleichberechtigungsannahme gestört wird – und solche Störungen dürften nahezu unvermeidbar sein –, fühlt sich ein Kind in seinem Selbstwertgefühl gemindert. Hier ist dem Erzieher die unvergleichlich wichtige Aufgabe gestellt, dem Kind zu helfen und Verletzungen sinnvoll aufzuarbeiten. Die »antiautoritäre Erziehung« war ein Versuch, ohne solche Minderung Kinder zu erziehen. Jedoch gelang die Sozialisation in der

Regel nur unvollständig – erhebliche psycho-soziale Störungen waren die Folge. Sie wird daher heute kaum noch vertreten.
Das »urtümliche Sozialinteresse« *(J. Rattner)* des Kindes kann durch solche mindernden Erfahrungen verschüttet oder doch stark beeinträchtigt werden. Mindergefühle können sich aus dem Gesamtbild, das ein Mensch von sich hat, entlassen und so zu einem »Minderkomplex«[55] werden. Die Gefahr einer solchen komplexhaften Abspaltung aus dem Bewußtsein ist immer dann gegeben, wenn ein Mensch ein Idealbild von sich konstruierte, in dem Minderungen keinen Raum haben. Haben sie sich einmal ins Unbewußte verflüchtigt, ist eine bewußte Aufarbeitung ohne therapeutische Hilfe selten möglich. Das aggressive Streben nach Macht, Geltung, Überlegenheit, Anerkennung und Erfolg, aggressive Siegzwänge und zwanghaft angelegte Techniken, Minderungen zu vermeiden, bezeugen die Existenz eines Minderkomplexes. Nicht wenige Politiker – aber auch Manager – leiden unter diesem Komplex. Ihre offen oder versteckt gewählten aggressiven Methoden, Macht und Einfluß zu gewinnen, entlarven unschwer ihre psychische Störung.
Aggressives Verhalten hat nicht selten das Ziel, Mindergefühle zu kompensieren. Diese Mindergefühle (erst recht, wenn sie komplexhaft abgespalten wurden) verhindern zudem die soziale und emotionale Reifung eines Menschen. Das Kind wächst nicht mehr harmonisch in seine menschliche Mitwelt ein, sondern entwickelt eine eigentümliche Distanz zu anderen. Diese Distanz ist nicht selten von sich wechselseitig bedingenden Ängsten und aggressiven Emotionen bestimmt. Die Distanz wird so groß gehalten, daß die Kompensationen (wie Geltungsstreben, der Wille zur Macht, die Herrschsucht) nicht gefährdet werden können oder aber, wenn sie ausbleiben, die Erfahrung des Versagens nicht als Minderung der eigenen Größe in fremden Augen wahrgenommen wird. So zeigen Jugendliche, die sich minderwertig fühlen, nicht selten ein über-

---

55 »Komplex« bezeichnet in der Psychologie eine kohärente Gruppe von Vorstellungen, die unangenehme (etwa peinliche) Emotionen wachrufen. Werden sie aus dem Bewußtsein verdrängt (oder anders abgewehrt, etwa über Projektion), bilden sie eine Grundlage für die Ausbildung neurotischer Symptome.

kompensiertes »Männlichkeitsgebaren«, das durchaus aggressive Elemente einschließt. Daß jugendliche Delinquenz signifikant korreliert mit Mindergefühlen, dürfte heute kaum mehr bezweifelt werden können.
Auch dieser Versuch, die Überzeugung von der eigenen Minderwertigkeit durch das Schaffen von Feinden zu überwinden, soll an einigen Beispielen erläutert werden:

- Einer meiner Patienten war im Vorschulalter wegen eines Hodenbruchs operiert worden. Bis zu seiner Pubertät war er der Meinung, er sei jetzt kein rechter Junge mehr. Wegen seiner körperlichen Schwäche war er im Sport immer letzter und wurde schon in der Grundschule von vielen seiner Mitschüler deswegen gehänselt und verspottet. Zu richtigen Freundschaften reichten seine psychischen und sozialen Kräfte nicht aus. Von den Eltern wurde er, soweit er sich erinnern konnte, nicht ein einziges Mal wegen schulischer Leistungen gelobt. Seine Schwester, obschon ein ausgesprochener Schulversager, aber ein kontaktstarkes und eher extravertiertes Kind, wurde von den Eltern erfahrbar bevorzugt. Endlich fiel er zweimal durchs Abitur. Zwar versuchte er seine Mindergefühle durch erhebliche Studienleistungen, die ihm gar einen Lehrstuhl einbrachten, zu kompensieren, doch blieb er unfähig, stabile Kontakte einzugehen. Er suchte therapeutische Hilfe wegen erheblicher Schlafstörungen, die er seit über 20 Jahren nur durch erhebliche Dosen von Diazepanen (Librium, Valium, Rohypnol), verbunden mit Alkoholkonsum, abfangen konnte. Dabei war die Kenntnis der eigenen Mindergefühle, deren Ursachen und Folgen dem Patienten sehr wohl bewußt. Ins Unbewußte abgewehrt wurden nur die mit den Mindergefühlen verbundenen Ängste. So war er sich selbst zum Feind geworden. Da er schon zu alt für eine große Analyse zu sein schien, beschränkte ich mich auf eine analytische Therapie, mit dem Ziel, die Ängste (der eigentliche Grund seiner Schlafstörungen) bewußt und aufarbeitbar zu machen und so die Medikamentenabhängigkeit zu mindern. Die Therapie hatte nach etwa zwei Jahren Erfolg. Der Patient wurde fähig, seine Erlebniswelt zu kultivieren. Er konnte ohne Alkohol schlafen.

Nur gelegentlich griff er noch zu chemischen Schlafhilfen. Die Ansicht, Mindergefühle seien in der Regel verhaltenstherapeutisch zu beheben, scheint mir in einigen Fällen unrichtig zu sein. Im vorliegenden Fall konnte das Wissen um die Minderung nicht behoben werden, doch wurde es dem Patienten deutlich, daß nahezu alle Menschen ähnliche traumatisierende Erfahrungen gemacht haben. Sein Problem war es, daß er sie nicht mit seinen Eltern aufarbeiten konnte. Seine religiöse Einstellung verbot es ihm, seine Eltern dafür zu hassen. Auch diese religiös-begründete Einstellung mußte erst überwunden werden. Warum darf ein Sohn seine Eltern, die ihn psycho-sozial verkümmern ließen, nicht hassen dürfen? Erst jenseits des Hasses beginnt in solchen Konstellationen eine reife Elternbeziehung.

- Der folgende Fall soll deutlich machen, daß die Unfähigkeit oder Unmöglichkeit, Minderungserlebnisse aufzuarbeiten, schon lange vor der Erfahrung der Minderung liegen kann: Eine junge Frau war als Mädchen ein richtiges Pummelchen. Deshalb wurde sie von ihren Brüdern und ihren Mitschülern geneckt. Sie wurde sich selbst zum Feind. Zwar erreichte sie problemlos das Abitur, wurde dann aber, inzwischen zu einer schlanken jungen Frau herangereift, zu einem ausgesprochenen Studienversager. Sie begann drei Studiengänge und beendete sie ohne jeden Abschluß. Versuche, einen Beruf zu ergreifen, scheiterten an sachlicher Unzuverlässigkeit und der Unfähigkeit, sich an eine Aufgabe zu binden. Ihre heftigen Eifersuchtswahnvorstellungen schreckten jeden Mann ab, mit ihr eine feste Beziehung einzugehen. Sie entwickelte ausgesprochen elitäres Verhalten, als sei sie etwas »Besseres«. Ihr Eifersuchtswahn, ihre mangelnde Zuverlässigkeit und ihr elitäres Verhalten führten dazu, daß sie von nahezu allen Menschen früher oder später feindschaftlich abgelehnt wurde. Ein kurzer Aufenthalt in einer Klinik kam zu der Diagnose »Frühe Störung« (in diesem Fall eine freundliche Umschreibung eines »Borderline-Syndroms«).
- Ein junger Mann (Einzelkind) wurde sehr streng (faschistoid) erzogen. Schon mit zwölf Monaten sei er »sauber« gewesen und mit vierzehn habe er mit Messer und Gabel gegessen. In den Kindergarten durfte er nicht gehen, da er dort nur Schlechtes ler-

ne. Schon auf der Grundschule fiel er durch ungewöhnlich aggressives Verhalten auf. Die pubertären Ängste und Einsamkeiten konnte er mit niemandem besprechen. Als junger Erwachsener tötete er aufs Grausamste zwei kleine Jungen. Das Gericht sah in ihm einen Triebtäter. Der eigentliche Grund: Eine durch eine harte Erziehung vermittelte Erfahrung der eigenen Minderwertigkeit, die damit verborgenen Ängste, diese könnte sich immer wieder bestätigen und sich öffentlich machen, verbunden mit der Unmöglichkeit, seine Nöte mit einem anderen Menschen zu besprechen, ließen die Angst in Aggression konvertieren. Das Aggressionsobjekt waren Buben in einem Alter, in dem ihm, wie er glaubte, Unrecht geschehen war.

4. Kapitel

Wie schaffen sich Menschen und Institutionen Feinde? 4

»Jeder ist seines Feindes Schmied.« (Herfried Münkler)

Es ist schon merkwürdig zu sehen, welche Mühen manche Menschen und nicht wenige Institutionen, seien es Staaten, Parteien oder Unternehmen, auf sich nehmen, um sich Feinde zu schaffen. Sollte etwa *Ludwig Feuerbach* recht haben, wenn er vermutet, daß Selbsterhaltungstrieb und Zerstörungstrieb untrennbar miteinander verbunden sind?[56] Auch *Friedrich Nietzsche* postuliert in seinem Werk »Der Wille zur Macht« für alle schwachen Menschen einen Zerstörungstrieb. Er richte sich gegen die Mächtigen und mache sie so zu Todfeinden der Schwachen. Letztlich habe er jedoch nur Selbstzerstörung der Schwachen zur Folge.[57] *Sigmund Freud* versteht den Aggressionstrieb als Destruktionstrieb. Er ist ein Produkt des primär auf den eigenen Untergang gerichteten Todestriebes. Die spätere empirische Forschung kann eine gewisse Korrelation zwischen Frustration (Vergeblichkeitserfahrung) und Aggressivität ausmachen. Dennoch bleibt es ein Geheimnis, welche Mühen, Entbehrungen und Nöte Menschen und Institutionen auf sich nehmen, um sich Feinde zu schaffen. Die Gründe, die wir in den vorhergehenden Kapiteln aufzählten, stehen nur dann in einem sinnvollen Verhältnis zum aggressiven Aufwand, wenn der Eigennutzen den Eigenschaden übersteigt. Das aber ist keineswegs die Regel. Wir verzichten vorläufig darauf zu entscheiden, ob Aggression ein Triebgeschehen darstellt (es also einen Aggressionstrieb gibt) oder ob menschliche Aggressivität auf Erfahrungen in den Sozialisationen zurückgeht. Ferner verzichten wir darauf, die

---

56 Ludwig Feuerbach, WW3 (1847), Seite 37.
57 Friedrich Nietzsche, Der Wille zur Macht, Musarion-Ausgabe 18, Seite 48.

Aggressivität als das sogenannte Böse zu verteufeln. Über diese Fragen handelt das 10. Kapitel.

Einige Grundzüge einer diesem Buch zugrundeliegenden Theorie der Feindaggressivität seien hier knapp vorgestellt. Sie können deutlich machen, daß wir Menschen große Anstrengungen auf uns nehmen können, um den Feind im Außen zu suchen, im Außen zu schaffen.

Feinde werden erzeugt durch die Bilder, die sich Menschen von ihnen machen. Wer aber konturiert sie? Sicherlich erhalten viele dieser Bilder ihre Konturen durch die Aktivierung von in Konstrukten gespeicherten Lebenserfahrungen. Nicht selten aber geschieht die Strukturierung auch von außen. Sie kommt in sozialen Systemen zu sich, wird von ihnen besorgt. Das Feindbild etwa ist stets das Komplement zum Eigenbild. Eigenbilder sind nur möglich, wenn auch ihr Anders möglich ist. Und das Andere ist, wenn es das eigene bedroht, der Feind.

Doch hier gilt es eine Erscheinung zu bedenken, die auf den ersten Blick paradox zu sein scheint: Im Inneren des Eigenen wohnt stets das Andere, im Selbstbild der Schatten des Feindes. Das Selbst muß den Feind ins Außen exkommunizieren, um sich selbst kohärent und konsistent, sowie an den eigenen idealen Vorgaben organisiert, zu schaffen. Den Feind nicht zu exkommunizieren bedeutet ein Leben im Chaos. Den Feind zuzulassen bedeutet die Relativierung eigener Wertigkeiten. Beides, Chaos und Relativierung, sind keineswegs von Übel, doch nur wenige Menschen können in und mit ihnen leben.

Nicht selten jedoch entstehen Feindbilder in Kontexten, die Chaos als Anarchie und Relativierung als Relativismus abtun: Es sind das Personen, die sich im Besitz von Wahrheit und Gutheit wissen, und mehr oder minder wohlgeordnete und wohlfunktionierende Institutionen (Familien, Unternehmen, Kirchen, Staaten). Sie müssen – um ihres Bestandes willen – den Feind in sich exkommunizieren, indem sie sich äußere Feinde schaffen. Es gilt also, das endogene aggressive Potential ins Außen abzuleiten.

Wir wollen, nachdem wir im vorigen Kapitel die Frage bedachten, warum sich Menschen und Institutionen Feinde schaffen, darüber nachdenken, welche Strategien sie wählen, um zum Ziel zu kommen. Es bieten sich uns hier eine Fülle von Möglichkeiten an, die nur deshalb als gerechtfertigt erscheinen und als »normal« gewertet werden, weil das Phänomen »Feindschaft« weit verbreitet ist. Feinde zu haben gilt ebensowenig als ehrenrührig oder gar als pathologisches Symptom, wie sich Feinde zu schaffen – wenn es nur nicht zu viele sind. Einige der gebräuchlichsten Methoden seien hier erwähnt:

① Die Methode, einen politischen Feind zu generieren: Von politischer Feindschaft sprechen wir, wenn sich Menschen elitäre Eigenschaften zusprechen. Der politische Feind ist also immer ein Feind auf Grund eigener Entscheidung (vor allem der Entscheidung, zu einer Wert-Elite zu gehören). Politische Feinde wollen wir also nur solche Feinde nennen, die durch eigenen Entschluß zu Feinden werden, sich also selbst »freiwillig« zum Feind machen. Hierher gehören alle, die sich dem Wettkampf um eine Position aussetzen, in dem sie als Sieger hervorgehen (wollen) – vorausgesetzt, im sozialen Feld ist genug feindaggressives Potential vorrätig. Es geht hier nicht um den Wettkampf über die bessere Leistung. Politische Feinde dürften in Parteien und Unternehmen, in Kirchen und Familien häufig vorkommen. Selbst sportlich orientierte soziale Felder mit sportlichen Eliten (etwa den Verbandsvertretern) sind relativ häufig voller destruktiver Aggressivität, während Sportler selbst, wenn sie nicht zu Stars stilisiert werden und damit elitäres Bewußtsein entwickeln, meist potentielle Feindaggressivität zu Gegneraggressivität sublimieren. Bei Verbandsvertretern (wie unschwer anläßlich Olympischer Spiele auszumachen ist) zählt kaum die erbrachte Leistung, sondern das Bewußtsein, einer Elite anzugehören.

② Methoden, strukturelle Feindschaft zu erzeugen: Strukturelle Feindschaft entsteht ohne freiwillige Setzung von Menschen aus der Struktur von Institutionen oder Personen. Hier werden wir nur über das Wie und die Erscheinungen struktureller Feindschaft in und zwischen Institutionen handeln. Struktureller Feindschaft, die in der personalen Struktur von Menschen gründet, werden wir im folgenden Kapitel nachgehen.

I. Der »politische« Feind

Da politische Feindschaften eng mit Elitebewußtsein zusammenhängen (oder mit dem Streben, zur Elite zu zählen), sei hier zunächst der Begriff »Elite« erläutert. Sinnvoll ist – zumindest im deutschen Sprachraum – die Unterscheidung von Leistungs- und Wertelite. Im englischen Sprachraum setzten sich die wertfreien, rein soziologisch konzipierten Elitevorstellungen *Vilfredo Paretos*[58] durch. Zur Leistungselite gehören alle »Inhaber von Spitzenfunktionen in einer Gruppe, Organisation oder Institution, die auf Grund einer sich wesentlich am persönlichen Leistungswillen orientierenden Auslese in diese Positionen gelangt sind und die kraft ihrer Positionsrolle die Macht oder den Einfluß haben, über ihre Gruppenbelange hinaus zur Erhaltung oder zur Veränderung der Sozialstruktur und der sie tragenden Normen unmittelbar beizutragen, oder die auf Grund ihres Prestiges eine Vorbildrolle spielen können, die über ihre Gruppe hinaus das Verhalten anderer normativ mitbestimmt«.[59] Wir handeln im folgenden nicht über Leistungs-, sondern über Werteliten. Diese entstehen nicht durch Leistung, sondern durch Überzeugung, einer bevorzugten Gruppe, Gesellschaft, Institution anzugehören. Diese Feindschaft durch eigenen Entschluß nennt *Herfried Münkler* »politische Feindschaft«.[60]

Es ist ein Zustand denkbar, in dem niemand beansprucht, Elite zu sein oder Herrschaft auszuüben. Es ist also eine Situation denkbar,

---

58 V. Pareto, Trattato di sociol. generale, Florenz 1916. Amerik.: Mind and Society, New York 1935.

59 H. P. Dreitzel, Elitebegriff und Sozialstruktur, in: Göttinger Abhandlungen Soziologie 6 (1961), 71.

60 Herfried Münkler, Schroff gezeichnet, schwarz gemalt und rasch verkauft: Das Feindbild, in: FAZ-Magazin vom 16. 4. 1993.

in der politische Feinde fremd sind. Es gibt zwar ein Feindbild (»Elite«, »Herrscher«), aber keinen Feind. Solche Feindbilder bezeichnen eine leere Menge. Wenn jemand jedoch beansprucht, innerhalb einer Institution zur Wertelite zu gehören und/oder Herrschaft auszuüben, entschließt er sich selbst, anderen innerhalb der Institution (der Nicht-Elite) zum Feind zu werden und sich und der Institution, wenn eben möglich, Feinde im Außen zu schaffen. Ein Feindbild wird weder aus den Räumen der vor-politischen Vorurteile oder Erfahrungen übernommen, noch entsteht es notwendig mit der Einrichtung einer politischen Ordnung. Das Feindbild wird also nicht ausgelöst durch die Erfahrung besonderer Charaktermerkmale und Eigenschaften (wie etwa unerträglicher Dummheit, einfältiger Arroganz, bornierten Besserwissens – obschon diese drei Merkmale nicht selten bei Politikern anzutreffen sind). Es ist vielmehr Resultat eines politischen Entschlusses, anderen Feind zu sein.

Feind der Bürger sind sie, weil sich Politiker in einfältiger Arroganz, bornierter Besserwisserei und unerträglicher Dummheit anmaßen, besser zu wissen, was den Menschen in ihren Institutionen, seien es Familien, Unternehmen, Kirchen oder Staaten, nutzt und frommt, als es diese selbst vermögen. Diese Anmaßung ist der Grund eines exzessiven Bedürfnisses, möglichst alle institutionstypischen Interaktionen zu regeln. Sie bildet sich ein, sie könne nicht nur Schaden vom Gemeinwohl wenden, sondern, im Gegenteil, gar das Gemeinwohl mehren. Feind ist sie aber auch den Mitgliedern anderer konkurrierender Institutionen, weil diese die Erlangung von Macht be- oder verhindern können. Das Mitglied einer Wertelite strebt zwingend danach, Macht auszuüben. Da das Streben nach Macht und Einfluß existentiell ist (und Macht ein Element der Selbstdefinition eines Mitglieds einer Wertelite ist), wird der andere nicht nur zum Gegner, sondern gar zum Feind, dem man schaden möchte – und schadet, wenn sich dazu auch nur der geringste Anlaß bietet.

Elitäres Bewußtsein oder ein Streben, zur Elite zu gehören, hat also sehr viel mit Feindschaft zu tun. Die Ausbildung von Eliten spaltet in Institutionen stets die Eliten von Nicht-Eliten ab. Elitebildung bedeutet also Abgrenzung zur Nicht-Elite. Die Nicht-

Elite fühlt sich von den Vertretern der Werteliten bedroht, gemindert, dominiert. Vertreter von Werteliten gelten den Nicht-Dazugehörenden als arrogant, da sie ihr elitäres Bewußtsein durch nichts legitimieren können. So wird feindaggressives Potential freigesetzt.
Andererseits sind jedoch auch Werteliten auf exogene Feindbilder angewiesen. Exogen werden Feindbilder geschafffen, wenn sie nicht aus dem Allgemeinen Bewußtsein einer sozialen Einheit emergieren, sondern mehr oder minder bewußt dieser Einheit von ihren Eliten vorgestellt werden. Um von der Nicht-Elite ertragen zu werden, müssen sie Feinde erzeugen, die auch von der Nicht-Elite als Feinde akzeptiert werden. Werteliten versuchen stets, sich der Massenmedien zu bemächtigen, um dieses Ziel zu erreichen. So schuf sich die deutsche militärische Elite in der Kaiserzeit Frankreich zum Feind – und es gelang ihr, diese Feindschaft im Allgemeinen Bewußtsein zu verankern, so daß zahllose deutsche Soldaten 1914 begeistert in den Krieg gegen Frankreich zogen.
Feinde schaffen sich politische, kirchliche, ökonomische, militärische Eliten. Die Methoden, das eigene Feindschaftsdenken ins Allgemeine Bewußtsein zu transportieren, gehören zum Herrschaftswissen nahezu aller Institutionen. Fällt ein Feind fort, wird ein anderer geschaffen, weil nur so Eliten ihre Identität und ihre Berechtigung sichern können. Gelingt es ihnen, das Allgemeine Bewußtsein entsprechend zu orientieren, lenken sie das aggressive Potential, das sich naturgemäß gegen Eliten richtet, ins Außen. Mißlingt die Affektion des Allgemeinen Bewußtseins, kommt es zu »horizontalen Schismata«.[61] Hierfür gibt es gute Beispiele:

- Als der katholischen Kirche noch die anderen christlichen Kirchen Feinde waren, bestimmte die ekklesiale Elite (Papst und

61 Werteliten bilden sich – im Gegensatz zu Leistungseliten – stets nur an der Peripherie eines Sozialgebildes. Andererseits begreifen sie sich selbst als dessen Zentrum. Dieses Paradoxon der Werteliten führt, wenn es ihnen nicht gelingt, ihre Feindschaften ins Allgemeine Bewußtsein zu transportieren, in der Regel zur Ausbildung horizontaler Schismata. Die Elite bleibt unter sich, sie vereinsamt und verliert den Kontakt zur Basis (der eigentlichen Mitte sozialer Gebilde). Gemeinsame Feinde zu haben schafft Gemeinsamkeiten,

Bischöfe) noch nahezu unangefochten katholisch-kirchliches Sein und Bewußtsein. Nachdem das 2. Vatikanische Konzil jedoch den absoluten Vorrang der katholischen Kirche gegenüber den übrigen christlichen Kirchen relativierte,[62] entstand ein horizontales Schisma: auf der einen Seite der Papst und die ihm hörigen Bischöfe, auf der anderen Seite die übrigen Bischöfe, Ordensleute, Kleriker, Laien. Die letzteren interessierte denkbar wenig, was »die da oben« dekretierten. Und je ohnmächtiger sie wurden, um so mehr vergrößerte sich ihr Bemühen, möglichst alles zu dekretieren. Die Elite wurde der Basis zum Feind. Die Elite fand den Feind im eigenen Lager – und begann ihn zu bekämpfen.

- Als der Bundesrepublik die DDR feind war, konnte die BRD-Politik noch real gesellschaftliches Sein und Bewußtsein beeinflussen. Es fiel vor allem den Politikern des Westens nicht schwer, den Westbürgern einzureden, sie seien etwas Besseres als die im Osten. Seit aber der äußere Feind verschwand, begann eine Epoche der politischen Orientierungslosigkeit, obschon den Westlern ihr elitäres Bewußtsein nicht abhanden kam – sehr zum Leidwesen der Ostler. Anders ging es der politischen Führung. Lange Jahre hatte sie sich erfolgreich eingeredet, sie sei – verglichen mit der politischen Führung der DDR – Elite. Nun verschwand plötzlich die politische Führung des Ostens. Da sich Eliten immer nur im Entgegensatz zu Nicht-Eliten verstehen, wurde die politische Führung des Westens orientierungslos. Die politischen Akteure schienen merkwürdig gelähmt, da sich

die allein den elitären Anspruch akzeptieren lassen. Solange der Feind groß und mächtig und seine Bedrohung real zu sein scheint, werden horizontale Spaltungen vermieden. Diese sind die eigentliche Bedrohung jeder Elite: Sie wird nicht mehr akzeptiert, ja zum Feind der Nicht-Elite. Ihre Aktivitäten bleiben wirkungslos. Ihr Einfluß auf das Allgemeine gesellschaftliche Sein und Bewußtsein schwindet.

62 Man sollte sich diese Relativierung nicht als sehr dramatisch vorstellen. Im »Dekret über den Ökonomismus« heißt es: »Denn wer an Christus glaubt und in der rechten Weise die Taufe empfangen hat, steht dadurch in einer gewissen, wenn auch nicht vollkommenen Gemeinschaft mit der katholischen Kirche« (Nr. 3). Nicht die Kirche relativiert sich, sondern der Begriff der »Gemeinschaft mit der Kirche«.

selbst die eigenen Bürger weigerten, der politischen Führung zuzugestehen, sie erhebe zu Recht irgendeinen elitären Anspruch. Im Gegenteil: Politik war ein schmutziges Geschäft geworden. Wer denkt da nicht an Auerbachs Keller in Leipzig, in dem *Goethe* den Studenten Frosch ein »garstig Lied« singen ließ?:

»Das liebe Heil'ge Röm'sche Reiche,
Wie hält's nur noch zusammen.«

Es kam zur »Politikverdrossenheit der Bürger«. Diese ist ein Symptom einer horizontalen Spaltung. Nachdem sich der Eliteanspruch ausschließlich aus der Akzeptation dieses Anspruchs durch die eigenen Bürger (und nicht mehr durch die Abwehr eines gemeinsamen Feindes) herleiten ließ, die Bürger sich aber weigerten, den Eliteanspruch zu akzeptieren, schuf sich die Elite, die sich nur noch durch ein keineswegs mehr anerkanntes elitäres Bewußtsein am Leben hielt, die Bürger zum Feind. Vor allem aber galt es, sich (unbewußt) an denen zu rächen, die durch ihre Aktionen die Wiedervereinigung ermöglicht hatten, und damit dem Eliteanspruch die Basis nahmen, angefangen vom Staatsratsvorsitzenden bis hin zum letzten Bauern der ehemaligen DDR. So verwandelte die Politik des Westens den Osten in eine Industrie- und Landwirtschaftsbrache. Da auch der Westbürger seines elitären Anspruchs, er sei wegen des Wirtschaftswunders, des persönlichen Reichtums, der Möglichkeit, Autos zu kaufen, Reisen zu machen, etwas Besseres als der Ostbürger, wenigstens zum Teil verlustig ging, wurden die Transferzahlungen von etwa zwei Billionen DM von West nach Ost als unzumutbare Belastung empfunden und verhinderten jede Solidarisierung von West und Ost. Almosengeber und Almosenempfänger werden selten Freunde.

1. Beispiel einer politischen Feindschaft: der Parteifreund

Politiker rechnen sich selbst einer Wertelite zu. Damit schaffen sie sich notwendig Feinde im Innen und Außen der politischen Institutionen, denen sie zugehören. Wir wollen hier das Thema des Binnenfeindes vorstellen, dem gegenüber elitäre Ansprüche geltend gemacht werden. Das klassische Beispiel eines solchen politischen Feindes ist der »Parteifreund«. Er ist der Feind innerhalb der eigenen Partei, insofern er den eigenen elitären Anspruch in Frage stellt. Grund für die Parteifeindschaft ist der Kampf um Macht, Einfluß und Ansehen zunächst innerhalb einer Partei, dann aber auch – wenn die Partei zureichenden Außeneinfluß hat – in das Parteiaußen. Es geht um die Besetzung von Parteiposten, um die Aufstellung der zur Wahl vorgestellten Kandidaten und um innerparteilichen Einfluß. Feindschaften innerhalb von Parteien scheinen um so heftiger und erbarmungsloser abzulaufen, als die innerparteiliche Demokratie nicht (mehr) funktioniert. Wenn zwei oder mehr potentielle Anwärter auf ein politisches Mandat um die Gunst des Parteivorsitzenden buhlen und der ausgewählt wird, der solche Buhlerei am besten beherrscht, kommen völlig undemokratische Fraktionen zustande, die nichts anderes tun, als ihrem Bonzen zu applaudieren. Es kommt zu erbitterten Grabenkämpfen. Mit nahezu allen Mitteln wird versucht, die Mitbewerber aus dem Rennen zu werfen. Man denke nur an die Methoden, die *Dr. Helmut Kohl* wählte, um alle Mitglieder der CDU, die ihn in seinem Machtanspruch hätten gefährden können (etwa *Lothar Späth, Kurt Biedenkopf, Heiner Geißler, Rita Süssmuth*) abzuservieren.

2. Beispiel einer politischen Feindschaft: der »Erbfeind«

Die folgenden Beispiele politischer Feindschaften beziehen sich auf Werteliten, die durch die natürliche oder freiwillige Zugehörigkeit zu einer bestimmten »Kultur«, »Rasse«, Ethnie, Glaubensgemeinschaft oder eines bestimmten Volkes entstehen. Menschen, die einer bestimmten Gruppe, Gesellschaft, Institution zugehören, halten sich anderen auf Grund dieser Zugehörigkeit für elitär überlegen. So schaffen sich

- Juden Feinde, weil sie sich für das einzige von Gott auserwählte Volk halten,

- Deutsche Feinde, weil sie sich für fleißiger, tüchtiger, sauberer halten als alle anderen,
- Rechtsradikale Feinde, weil sie sich für die besseren Deutschen, Franzosen, US-Amerikaner ... halten,
- Europäer Feinde, weil sie sich anderen für kulturell überlegen halten,
- Katholiken Feinde, weil sie von sich behaupten, allein im vollen Besitz der religiösen Wahrheit zu sein,
- Nazis Feinde,weil sie sich als »Arier« allen anderen für rassisch überlegen hielten.

Wie schon gezeigt, kann man die eigene Identität nur finden, sichern und ausbauen, wenn man sich gegen das Anderssein anderer abgrenzt. Schon ein zweijähriges Kind findet sein Selbst in der Abgrenzung gegen andere Menschen. Wie diese Abgrenzung erfolgt, ist prägend für alle Abgrenzungen des späteren Lebens. Abgrenzung kann libidinös (freundschaftlich) oder aggressiv (feindschaftlich) erfolgen. Nicht selten werden im Abgrenzungsbemühen schon im Kindesalter Stereotypen (etwa über Freunde und Feinde) geschaffen. Wird dieser Zustand nicht überwunden, bleibt die Abgrenzung über Stereotype erhalten. Es kommt zu Urteilen wie: Alle Deutschen sind fleißig, alle Zigeuner stehlen, alle Moslems sind fanatisch, alle US-Amerikaner sind arrogant. Hierbei handelt es sich um »vorpolitische Feinde«, denn feindschaftliche Stereotype schaffen nicht Feinde durch eigenen Entschluß, sondern durch Vorurteile.
Erst in einem zweiten Schritt wird solchen vorpolitischen Stereotypen »eine politische Bedeutsamkeit beigemessen, die sie zur Grundlage für die Attribution von Freundschaft und Feindschaft werden läßt« (*H. Münkler*). Wie bei allen Vorurteilen wird versucht, durch Beispiele die Berechtigung des Vorurteils zu beweisen. Grund elitärer Vorurteilsbildung sind sehr oft Unterlegenheitsgefühle, Neid, Deklassierungsängste, Ohnmachtserfahrungen, aber auch Größenwahn (etwa die Wahnvorstellung, über ein qualifiziertes Mehr an irrtums- und täuschungsfreier Erkenntnis zu verfügen) und Überlegenheitsgefühle. Vermutete zivilisatorische Unterlegenheit wird nicht selten zu einem Charakterfehler um-

interpretiert, den es zu bekämpfen gelte. Die vom Vorwurf zivilisatorischer Unterlegenheit Betroffenen werfen den scheinbar Überlegenen meist moralisches Fehlverhalten vor: Sittenlosigkeit, Wollust, Geldgier, Heimtücke. Die jedoch gilt es ebenfalls zu bekämpfen.

Die entsprechenden Klischees waren/sind also stark mit aggressivem Potential besetzt. So sprach man den lange Jahrhunderte aus französischer Sicht zivilisatorisch minderwertigen Deutschen Aggressionslust und Trunksucht zu; aus diesen beiden Komponenten speise sich auch die mangelnde Friedensfähigkeit der Deutschen. So sprach man lange Jahrhunderte in Deutschland den zivilisatorisch höherwertigen Franzosen den Hang zur Faulheit und zu ausschweifendem Sexualleben (die Syphilis galt als »Franzosenkrankheit«) nach. Nicht einzelne Personen oder Gruppen werden stigmatisiert, sondern nationale Klischees genährt. Es geht also keineswegs nur um Machtfragen, sondern um »Heilsfragen«. Und die Irrationalität solcher Heilsfragen macht es nahezu unmöglich, ihnen mit rationalen Argumenten beizukommen: Der Kampf gegen den Feind wird zu einer Art Religionskrieg. Dem Feind wird oft auch eine genetisch bedingte Verwerflichkeit zugesprochen. Und dagegen hilft nur eins: Ihn zu vernichten oder doch wenigstens seinen Einfluß zu brechen oder zu mindern. Das Phänomen der »Erbfeindschaft« war geboren. Solche Erbfeindschaft führt dazu, dem Feind die absurdesten Eigenschaften zuzusprechen. Nicht selten werden die Merkmale zweier Feinde auf einen übertragen, da es leichter ist, gegen einen denn gegen zwei zu kämpfen. So sprach *Adolf Hitler* vom »Jüdischen Bolschewismus«. *Martin Luther* beschuldigte das Papsttum, der Antichrist zu sein. Viele Deutsche verdächtigten im 17. Jahrhundert den Franzosenkönig *Ludwig XIV.*, Moslem zu sein. Ein solcher Feind ist dann nicht mehr unter bestimmten Bedingungen Feind, sondern er wird zum absoluten Feind, den es unter allen Umständen zu bekämpfen gilt.

Solch apokalyptische Feindbilder werden von den Schwachen entwickelt, um sich gegen den Starken auszugrenzen und in der Schwachheit gut, groß und letztlich mächtig zu sein. Der Kämpfer gegen einen apokalyptischen Feind versteht sich als Retter – mit Gott auf seiner Seite.

3. Beispiel einer politischen Feindschaft: die Kulturfeindschaft

Ein zweites Beispiel politischer Feindschaft ist die Kulturfeindschaft. Kulturfeinde begegnen sich auf Grund scheinbar unvereinbarer kultureller Gegensätze, wobei die eigene einen qualitativ höheren Stellenwert einnimmt als jede andere. So war und ist die »europäische Kultur« (in Wirklichkeit ein Sammelsurium von verschiedenen Kulturen) Feind der Kulturen der Kolonialvölker. Da Kolonialherrschaft aber nur möglich ist, wenn die Bewohner von Kolonien sich in ihren Wertvorstellungen, ihren moralischen Vorstellungen, ihren Rechtsvorstellungen, ihrem ökonomischen Verhalten so weit an die der Kolonialherren anpassen, daß die Kolonien zu prinzipiell verwertbaren »Produktionsfaktoren« werden, mußte also ein Kulturtransfer (meist getragen durch einen Religionstransfer) den Wert der Kolonien sichern. Da die Kultur des Kolonialherrn von den Kolonialisierten als politisch, ökonomisch, sozial und kulturell erfolgreicher erlebt wurde, kam es bei den Unterworfenen zu einem Kulturschock. Dieser Schock führte zum Kollaps der kulturellen, ökonomischen, politischen und sozialen Werte und Traditionen. Deren Stelle nahmen – weil von außen oktroyiert – schlecht funktionierende, traditionslose Nachahmungen der Kulturerrungenschaften des Kolonialherrn ein. An die Stelle der Einmütigkeitsdemokratie tritt die Parteiendemokratie, an die Stelle der Tauschwirtschaft die Marktwirtschaft, an die Stelle der Großfamilie die Kleinfamilie, an die Stelle der Ursprungsreligion das Christentum . . . und all dies in Gestalten, die weder der Kultur der Kolonialherren entsprechen noch denen der Kolonialisierten.
Die Kulturfeindschaft wird also nicht etwa durch den Schock behoben, sondern schwelt im Untergrund weiter. Kulturfeindschaften entstehen nicht dadurch, daß sich Menschen einer bestimmten Kultur zuordnen, sondern daß sie sich dafür entscheiden, die eigene Kultur den anderen, denen sie begegnet, für überlegen zu halten.[63]

---

63 Übrigens sind viele Reaktionen und Prozesse, die in der BRD-Ost beobachtbar sind, unschwer als Folgen eines Kulturschocks zu deuten.

4. Beispiel einer politischen Feindschaft: die Rassenfeindschaft

Die Rassenfeindschaft ähnelt in vielem der Kulturfeindschaft. Zwar werden wir in eine »Rasse« hineingeboren, doch der Grund der Feindschaft ist der Entschluß, die eigene Rasse allen anderen für überlegen zu halten.

Der Rassenegoismus ist weltweit verbreitet. Es stört dabei nicht, daß der Begriff »Rasse« ebenso unscharf ist wie der der »Kultur«. Eine »germanische Rasse« gibt es ebensowenig wie eine jüdische. Dennoch aber ist der Antisemitismus[64] ein typisches Beispiel für Rassenfeindschaft. Versteht sich eine Rasse als Elite, wie etwa die jüdische oder die germanische, erzeugt sie sich über diesen Anspruch Feinde. Alle als nicht-elitär eingestuften Rassen werden die hassen, die sich ihnen als überlegen behaupten.

5. Beispiel einer politischen Feindschaft: die ethnische Feindschaft

Ethnische Feindschaften ähneln in manchem Kultur- oder Rassenfeindschaften. Zumeist können wir uns nicht für die Zugehörigkeit

---

64 Obschon der Begriff »Antisemitismus« erst 1879 von W. Marr geprägt wurde, reicht die Judenfeindschaft bis in die jüdische Diaspora zurück und findet sich bereits im Hellenismus. Er entzündete sich vor allem an der elitären Absonderung der Juden von den Einwohnern des Gastlandes, welche die jüdischen Minderheiten schon vor dem Einbruch des Christentums als sonderbar erscheinen ließen. Die traditionelle Judenfeindlichkeit verlangte von Juden die religiöse und soziale Assimilation, der moderne Antisemitismus verweigert ihnen die rechtliche und gesellschaftliche Gleichstellung. Vor allem waren viele christliche Kirchenväter des endenden 4. Jahrhunderts begeisterte Judenfeinde (so etwa Ambrosius von Mailand und Johannes Chrysostomus). Erst der von Hitler an Juden in Gang gesetzte Völkermord nahm dem Antisemitismus zumindest in Deutschland (nicht aber in Polen, Frankreich, Rußland) seine Salonfähigkeit. Das aber ändert nichts daran, daß nicht nur in Deutschland ein latenter Antisemitismus nachweisbar bleibt, der sich vor allem aus dem völkerrechtswidrigen Verhalten des Staates Israel seine Legitimation holt. Vermutlich wird der Antisemitismus in der Bundesrepublik auch deshalb in den ideologischen Untergrund oder ins Unbewußte abgedrängt, weil er gemäß § 130 f. StGB strafbar sein kann.

zu einer bestimmten Ethnie entscheiden, wird doch die ethnische Einheit durch Abstammung gebildet. Erst die Entscheidung, die eigene Ethnie allen anderen für überlegen zu halten, macht die ethnische Feindschaft zur politischen.
Ethnische Feindschaften bilden sich vor allem dann, wenn, wie etwa in Vielvölkerstaaten, mehrere Ethnien nebeneinander leben und eine Ethnie die andere unterdrückt oder eine Ethnie Anspruch auf einen Teil des Staatsgebietes erhebt, in der eine andere das politische Sagen hat. In besonderer Weise scheint das ethnische Denken dem völkischen verpflichtet zu sein. Diesem Denken aber fühlen sich die meisten Deutschen – obschon Deutschland erst das Geschöpf Bismarcks war – besonders verbunden. So nennt das deutsche Staatsbürgerrecht alle Menschen Deutsche, die Deutsche als Vorfahren hatten – und seien diese auch vor mehr als 300 Jahren nach Rußland, Rumänien oder Ungarn ausgewandert. Das völkische Denken, das im Nationalsozialismus seinen Höhepunkt fand, dürfte immer von der Entscheidung geprägt sein, die eigene Ethnie allen anderen für überlegen zu halten. Obschon durchaus von der Bedeutung seiner Ethnie überzeugt, käme kein Pole auf den verrückten Einfall, die vor dem ersten Weltkrieg in das Ruhrgebiet eingewanderten Polen für Polen zu halten.
Nachdem das ethnische Bewußtsein das nationale zurückzudrängen scheint und völkisches Denken spätestens durch den von Deutschland geförderten Zerfall der Sozialistischen Föderalen Republik Jugoslawien[65] goldene Urständ feiert, sind alle Vielvölkerstaaten gefährdet: Der Zusammenbruch der Russischen Föderation, die Bürgerkriege im Sudan oder der Südafrikanischen Re-

65 In selten einfältiger Politik zerstörte die deutsche Außenpolitik 1991 die relativ stabile politische Nachkriegsordnung. Diese legte fest, daß niemals anders als durch Verhandlungen eine Abspaltung einer Region zu einem eigenen Staat zur politischen Anerkennung führen kann. So wurden die erzwungenen Sezessionen von Biafra (1967), Katanga (1960; von der UNO 1962 gewaltsam beendet), Nordzypern (1975) niemals international anerkannt. Nur die Außenpolitik der Bundesrepublik war der unsäglich dummen und den Weltfrieden gefährdenden Ansicht, man müsse Slowenien und Kroatien politisch anerkennen. An die Stelle des Selbstbestimmungsrechts von Staatsvölkern setzte sie das der ethnischen Völker. Hans-Dietrich Genscher zerstörte sein eigenes Denkmal. Das »völkische Denken« ist eine typisch deutsche Errun-

publik sind nur ein Wetterleuchten, das ein kommendes Gewitter ankündigt.
Es gibt zahllose ethnische Völker, die innerhalb eines von einer anderen Ethnie beherrschten Staatsgebietes leben und für sich einen eigenen Staat fordern. Solche unterdrückten ethnischen Einheiten bilden ein eigenes elitäres Bewußtsein aus, um ihre Identität zu stabilisieren. Treffen zwei Ethnien aufeinander, die sich beide einander für überlegen halten, bestimmt wechselseitiger Haß die Beziehungen: So hassen Kurden Türken, Iraker und Syrer, so hassen Basken Spanier, so hassen Südtiroler Italiener, und so hassen Palästinenser Juden in gegenseitiger Ablehnung. Den ethnischen Haß begründen die »Unterdrückten« meist so: Einem ethnischen Volk stehe auch – wegen des »Selbstbestimmungsrechts der Völker« – ein Staatsgebiet zu, während die »Unterdrücker« sich auf das Selbstbestimmungsrecht von Staatsvölkern berufen.

6. Beispiel einer politischen Feindschaft: die Religionsfeindschaft

Auch die religiöse Feindschaft gründet nicht in Zugehörigkeit zu einer bestimmten religiösen Gemeinschaft, sondern in dem An-

---

genschaft, die im Nationalsozialismus ihren Höhepunkt und ihre deutlichste Ausprägung erreichte – und heute noch offizielles deutsches Denken und deutsche Gesetze bestimmt. Das »völkische Denken« macht nur Sinn, wenn offen oder latent die Vermutung gehegt wird, Deutschsein sei eine hervorragende Eigenschaft. Auch hier begegnen wir wieder dem elitären Denken, das sich seine Feinde (wenn auch im Augenblick mehr seine Zuwanderungsprobleme) schafft. Sicherlich ist das Selbstbestimmungsrecht der Staatsvölker nur dann moralisch zu rechtfertigen, wenn den ethnischen Minderheiten innerhalb eines Staatsvolkes zureichende Autonomie oder doch wenigstens Anerkennung und Schutz zugestanden wird. Diesen Schutz durchzusetzen wäre eine wichtige Aufgabe der UNO und der »internationalen Völkergemeinschaft«. Ein Staat, in dem Minderheiten unterdrückt werden (wie Kurden in der Türkei und im Irak, wie Palästinenser in Israel, wie Schwarze in den USA, wie Katholiken in Nordirland, wie islamische Fundamentalisten in Algerien oder Ägypten, wie Russen in Lettland . . .), müßte international bestraft werden. So könnte etwa seine Mitgliedschaft in der UNO und allen ihren Organisationen für die Dauer der Unterdrückung ruhen.

spruch, die gewählte religiöse Gemeinschaft sei jeder anderen moralisch oder an Wahrheitsbesitz überlegen. Dieser Anspruch macht die Feindschaft zur politischen. Der religiöse Feind ist im Prinzip jeder anders oder anderes Glaubende, wenn er die eigene Religiosität in Frage stellt oder mindert.

Zumeist ist wenigstens einer der Feinde Mitglied einer der drei großen semitischen Religionen (Judentum, Christentum, Islam), weil sich diese drei besonderer elitärer Eigenschaften rühmen. Der religiöse Haß ist keineswegs mit der Aufklärung untergegangen: In Bosnien-Herzegowina bekämpfen sich drei religiöse Gemeinschaften: Katholiken (Kroaten), Orthodoxe (Serben) und Muslime. Daß es sich dabei weder um Rassen- noch um ethnische Feindschaft handelt, wurde spätestens 1943 jedermann deutlich, als die Kroaten, unter dem Anspruch des katholischen Faschismus der Ustascha, einige hunderttausend Serben umbrachten. Sie konnten dem Gemetzel entgehen, wenn sie sich zum Katholizismus bekannten – dann waren sie Kroaten. Auch die Vermutung, nur der Islam neige zu fundamentalistischen Ausprägungen, nicht aber das Christentum, ist Folge einer blind machenden Feindschaft. Der Katholizismus in der Republik Irland ist wenigstens ebenso fundamentalistisch wie der Islam in Algerien. Zudem widerspricht der Fundamentalismus im Islam offensichtlich der Lehre des Koran, nicht aber der der Christen der Bibel.

7. Beispiel einer politischen Feindschaft: der Terrorismus

Einer klassischen Form politischer Feindschaft begegnen wir im Terrorismus. Hier liegt eine Feindschaft auf Grund eines eigenen Entschlusses vor. Der Terrorist will Feind einer politischen Institution (meist eines Staates) sein, die er gewalttätig bekämpft.

Terrorist ist jeder, der die bestehende politische Ordnung gewaltsam stürzen will. Dabei geht es nicht um die Qualität der bestehenden Ordnung. Sie kann denkbar schlecht (etwa faschistisch) sein. Wer sie gewalttätig zu ändern sucht, ist in der Sprache der Konservativ-Nationalen ein Terrorist. Solches Denken grenzt zwar Begriffe wie »Freiheitskämpfer«, »Widerstandskämpfer«, »Guerillero« gegeneinander ab, doch ist solche Abgrenzung willkürlich und geschieht nach der Art politischer Vorlieben. Verzichtet man auf solche semantischen Schönungen, waren auch die Deutschen, die am 20. Juli 1944 das erfolglose Attentat auf Adolf Hitler unternahmen, Terroristen.

Der Terrorismus wendet sich stets reaktiv gegen jede Form von (realem oder vermeintlichem) aktivem, wennschon möglicherweise legalem Staats- und Polizeiterrorismus. Er versteht sich als Gegenterror gegen den Terror des Unrechts. Seit dem 20. Jahrhundert steht der Terrorismus in enger Verbindung mit Befreiungsaktivitäten gegen die Kolonialherren. Über die Psychologie des Terrorismus ist viel geschrieben worden. Der US-Psychiater *Friedrich Hacker* meinte: »Menschen handeln fürchterlich, weil sie sich fürchten und um Furcht zu vermeiden und weil sie lieber gefürchtet werden wollen, als selber fürchten zu müssen.«[66] Terroristen werden durch die herrschenden Eliten zu Feinden. Sie verwenden das exkommunizierende Wort »Terrorist«, um davon abzulenken, daß diese nur die herrschenden Eliten und die sie tragenden politischen Zustände bekämpfen, nicht aber etwa das Staatsvolk.

In der BRD entwickelte sich der Terrorismus aus einem kleinen Teil der studentischen Protestbewegung. Er eiferte unter dem Namen RAF den uruguayischen Tupamaros nach. Wie in jedem anderen Staat, ob Unrechtsstaat oder Rechtsstaat, versuchten und versuchen die politischen BRD-Eliten, mit den Mitteln des Strafgesetzes (»Bildung einer terroristischen Vereinigung«), der Strafprozeßordnung (durch massive Benachteiligung der Strafverteidigung), des Gerichtsverfassungsgesetzes (durch Kontaktsperre), des Waffen- und Sprengstoffrechts und der Bundesrechtsanwaltsordnung den RAF-Terrorismus in die Knie zu zwingen. Wer möchte bei einem solchen Aufwand nicht vermuten, daß die Bundeselite einen Teil der Selbstdefinition aus dem Kampf gegen den Terrorismus herleitet? Als ein Bundestagsabgeordneter meinte, wenn es den Terrorismus nicht gäbe, müsse man ihn erfinden, mußte er dafür einen Tadel einstecken. Doch damit ist noch nicht gesagt, daß er unrecht hatte.

---

66 F. Hacker, Terror: Mythos, Realität und Analyse, Wien 1973.

II. Der strukturelle Feind

Wir erkannten schon, daß sich Institutionen aus drei wichtigen Gründen Feinde schaffen: Es gilt (a) die eigene Identität durch Ausgrenzung zu sichern, (b) aggressives Potential ins Außen abzuleiten und (c) durch Projektionen eigene Schwächen dem Feind zuzuschreiben. Nachdem die Frage nach dem »Warum« abgeklärt wurde, ist jetzt die nach dem »Wie« zu beantworten: Wie wird strukturelle Feindschaft ausgebildet?
Strukturelle Feindschaft entsteht ohne freiwillige Setzung von Menschen aus der Struktur von Institutionen oder von Personen. Hier werden wir nur über das Wie und die Erscheinungen struktureller Feindschaft in und zwischen Institutionen handeln. Der Frage nach dem Wie der Feindschaft, die in der personalen Struktur von Menschen gründet, werden wir im folgenden Kapitel nachgehen.

1. Strukturelle Feindschaft durch Ausgrenzung und als Inhalt des Allgemeinen Bewußtseins

Strukturell werden Feinde (endogen) durch das Allgemeine Bewußtsein einer Gesellschaft erzeugt. Während politische Feinde durch Setzung – also exogen – erzeugt werden, generieren Institutionen ihre Feinde auch endogen durch systemische Prozesse. Strukturelle Feindschaften gründen in der Tatsache, daß Institutionen ihre eigenen Elemente (die nach Regeln und Bedeutungen definierten Interaktionen)[67] immer wieder selbst erzeugen und sich dabei notwendig von anderen Sozialgebilden – mit anderen nach

67 Die Bedeutungen interaktioneller Handlungen und die Regeln, die festlegen, welche interaktionelle Handlung sinnvoll auf die eines Interaktionspartners

Regeln und Bedeutungen festgelegten Interaktionen – unterscheiden. Die ständige Selbsterzeugung der eigenen Elemente und der eigenen Grenzen (Autopoiesis) ist Merkmal jedes sozialen Systems. Seine Elemente und seine Grenzen gehen immer wieder zugrunde und schaffen sich im Zugrundegehen neu. Regeln und Bedeutungen von Interaktionen sind nur so lange aktuell, wie kohärente Folgen interaktioneller Handlungen dauern. Doch ketten sich Interaktionen aneinander an und tradieren so Regeln und Bedeutungen – und mit ihnen die Grenzen des Systems. Neben der unter bestimmten Bedingungen Feindschaft schaffenden systemischen Aus- und Abgrenzung kann Feindschaft selbst ein strukturelles Element eines sozialen Gebildes sein, dann nämlich, wenn Feindschaft gegen ein anderes Subjekt (Person oder Sozialgebilde, sei es vom Typ Institution oder vom Typ Kommunikationsgemeinschaft) ohne jeden Aus- und Abgrenzungszwang das Allgemeine Sein oder das Allgemeine Bewußtsein (die beiden strukturbildenden Organe des Systems) bestimmt.
Zwei Beispiele sollen diese beiden Formen struktureller Feindschaft erläutern:

- Das frühe Christentum und die gleichzeitige jüdisch-religiöse Richtung der Pharisäer waren einander in vielen Glaubensüberzeugungen so ähnlich, daß es zu Abgrenzungsfeindschaften kommen mußte. Das erste christliche Evangelium gibt davon Zeugnis, wenn es Jesus sprechen läßt: »Weh euch, ihr Schriftgelehrten und Pharisäer, ihr Heuchler! Ihr seid wie Gräber, die außen weiß angestrichen sind; innen aber sind sie voll Knochen, Schmutz und Verwesung« (23, 27).

- Zwischen Juden und ihren arabischen Nachbarn gibt es eine strukturelle Feindschaft, die nicht in Ausgrenzungszwängen,

---

folgt, bilden die formale Struktur eines Sprachspiels. Obschon es uns meist nicht bewußt wird, hat jedes Sprachspiel, seien seine Regeln und Bedeutungen institutionalisiert oder nicht, seine charakteristischen, dieses Sprachspiel definierenden Interaktionsmuster. Sprachspiele werden, je nach der Rigidität von Bedeutungen und Regeln, Institutionen oder Kommunikationsgemeinschaften zugeordnet.

sondern in der Weitergabe von Inhalten des Allgemeinen Bewußtseins gründet.

Aber nicht nur die Institutionen, sondern auch das Gegenüber der Institution, das durch Feindschaft Ausgegrenzte, unterliegt autopoietischen Prozessen. Auch der systemische Feind erzeugt sich immer wieder neu. Es wäre töricht anzunehmen, daß das Verhältnis von Christen zu Juden (jahrhundertelang von Christen als »Gottesmörder« denunziert) oder von Deutschen zu Franzosen (jahrhundertelang als »Erbfeind« apostrophiert) entkrampft sei, nur weil die offizielle Lesart es so wahrhaben möchte. Das Allgemeine Bewußtsein, als Strukturelement jeden sozialen Systems, ist – weil in wichtigen Anteilen unbewußt –, zumindest wenn es sich um Institutionen handelt, nicht schnell und nachhaltig durch Einsicht zu korrigieren.

2. Aktive und passive Feindschaftsbildungen

Wir müssen aktive und passive Feindschaftsbildungen unterscheiden. Es gibt Abläufe im Allgemeinen Bewußtsein, die dazu führen, daß diejenigen, die an diesem Bewußtsein partizipieren, zu Feinden werden (aktive Feindschaftsbildung), und solche, die dazu führen, daß andere (Personen oder Institutionen) zu Feinden gemacht werden (passive Feindschaftsbildung).

a. Aktive Feindschaftsbildung

Wichtige Formen aktiver Feindschaftsbildung haben wir schon im Vorhergehenden kennengelernt. Aktiv werden Feinde vor allem durch das elitäre Bewußtsein der Mitglieder einer Institution geschaffen, wobei es nicht selten ebendiesen elitären Anspruch auf andere projiziert und sie so über den passiven Mechanismus zu Feinden macht. Andere Methoden, das Allgemeine Bewußtsein anderer so zu verändern, daß man selbst zum Feind wird (aktive Feindschaftsbildung), sind etwa:

- hohe Aggressionsappetenz,
- Verletzung der Spielregeln,
- soziale Absonderung.

Diese Methoden seien im folgenden etwas ausführlicher beschrieben.

(1) Strukturelle Feindschaft durch hohe Aggressionsappetenz
Es gibt Institutionen, in denen strukturell bedingt ein hohes Aggressionspotential angelegt ist. Insofern sich Nachbarn, Wettbewerber, Konkurrenten dadurch bedroht fühlen, machen sie sich diese Institutionen zum Feind. Es seien einige Beispiele so erzeugter Feindschaften erwähnt:

- Das 2. und 3. Deutsche Reich bargen ein hohes aggressives Potential in sich. Auf geringfügige Anlässe wurde aggressiv reagiert. Von der Ausrufung des Deutschen Kaiserreichs auf dem Territorium des besiegten Frankreichs (am 18. Januar 1871 im Spiegelsaal des Schlosses zu Versailles) über den »Panthersprung nach Agadir«[68] bis hin zu den Geiselerschießungen gegen Ende des 2. Weltkrieges.
- Ebenfalls reagiert das 2. Israel übermäßig aggressiv auf verhältnismäßig kleine Übergriffe seiner Gegner. Es inszenierte seinen 2. Libanonkrieg[69] Anfang August 1993, weil Mitglieder der »Hisb Allah« völkerrechtswidrig im Südlibanon stationierte israelische Soldaten angegriffen hatten. Israel beschoß daraufhin zahlreiche libanesische Dörfer nördlich des »Sicherheitsstreifens«.

---

68 Im Sommer 1911 sandte die deutsche Reichsregierung im Verlauf der 2. Marokkokrise zur Demonstration deutscher Ansprüche auf Marokko das Kanonenboot »Panther« nach Agadir. Das hatte zur Folge, daß die britische Regierung zur Eindämmung der deutschen »Weltpolitik« die »Entente cordiale« mit Frankreich intensivierte.

69 Den 1. Libanonkrieg führte Israel von 1982 bis 1985. Es war Israels Vietnam. Damals wurde zwar die PLO als Ordnungsmacht aus dem Libanon verjagt, doch der Rest war Chaos und ständige Gefahr. Der damalige Ministerpräsident, Schimon Perez, und sein Verteidigungsminister, Jizschak Rabin, beschlossen, nicht das ganze eroberte Gebiet zu räumen, sondern im Süden einen »Sicherheitsstreifen« einzurichten. Bis zum Libanonkrieg war die schiitische Bevölkerung im Südlibanon machtlos. Im Kriegsverlauf wurde sie zu einem entscheidenden Israel-feindlichen Faktor. Ein schiitischer Guerillakrieg zwang Israel am Ende, den größten Teil des Libanon wieder zu räumen. Die extreme »Hisb Allah« konnte sich als Kämpfer gegen das Land bewähren, das sich weigerte, entgegen einer Resolution des UN-Sicherheitsrats, den ganzen Libanon zu räumen.

Darauf feuerte die »Hisb Allah« einige Raketen auf Nordisrael ab, die keinerlei Schaden anrichteten. Zur Vergeltung und zur Abschreckung vertrieben eine Woche lang die israelische Luftwaffe und Artillerie eine halbe Million Libanesen aus ihren Dörfern. Etwa 100 wurden zerstört. Nur eine Intervention der USA konnte verhindern, daß Israel dieses feindaggressive Spiel weitertreiben konnte.

- Ebenfalls übermäßig aggressiv reagierten die USA etwa auf irakische Stellungen, wenn ihre Flugzeuge ins Radar der irakischen Armee gerieten. Diese völlig normale und keineswegs kriegerische Aktion der Iraker wurde regelmäßig mit der Bombardierung der Anlagen beantwortet.

Und so kann es kaum wunder nehmen, daß Israel und die USA kaum Freunde haben auf dieser Welt. Sie scheinen kaum friedensfähig zu sein.

(2) Strukturelle Feindschaft wegen Verletzung der Spielregeln

Das internationale Zusammenleben der Völker, aber auch das Miteinander von Institutionen wird durch eine Fülle von nationalen und internationalen Gesetzen und Verträgen geordnet. Diese Gesetze und Verträge enthalten die Spielregeln des Miteinander-Umgehens. Wer diese Spielregeln verletzt, wird feindschaftlich abgelehnt. Auch dieser Sachverhalt sei wieder an zwei Beispielen erläutert:

- Als Beispiel verletzter Spielregeln sei die gewalttätige Sezession Sloweniens aus dem jugoslawischen Staatsverband 1990/91 angeführt. Diese Geschichte liest sich so: Mit 58 Prozent der Stimmen wurde am 22. April 1990 der Reformkommunist Milan Kucan zum Präsidenten der jugoslawischen Teilrepublik Slowenien gewählt. Am 16. Mai wurde der 43jährige Christdemokrat Lojze Peterle als Ministerpräsident vereidigt. Mitte September signalisierte Bonn der slowenischen Regierung, daß es eine Sezession aus dem jugoslawischen Bundesstaat unterstützen würde. Daraufhin zeigten sich in Slowenien offen (etwa in der Presse) sezessionistische Tendenzen. Am 4. Oktober setzte das Parlament in Ljubljana für die Teilrepublik Slowenien – ohne Verhandlungen mit Belgrad – völkerrechtswidrig 27 wichtige

Bundesgesetze ganz oder teilweise außer Kraft. Daraufhin besetzten am Folgetag legal Militärpolizisten der Zentralregierung das Hauptquartier der slowenischen »Territorialen Verteidigung« in Ljubljana. Am 25. Juni erklärt Slowenien seine Unabhängigkeit. Das Zentralparlament erklärt – völkerrechtlich einwandfrei – diese Beschlüsse für ungültig und beginnt mit der Vorbereitung militärischer Maßnahmen, um die einseitige Sezession rückgängig zu machen. Ein offener Bürgerkrieg bricht aus. Panzer der Bundesarmee rücken am 27. Juni auf die Grenzübergänge, die Slowenien mit Österreich und Ungarn verbinden, vor. Die illegale slowenische Bürgerwehr erschießt einen Soldaten der Bundesarmee. Der Flughafen von Ljubljana und ein Grenzübergang nach Österreich werden von der Luftwaffe der Bundesarmee bombardiert. Am 28. Juni erklärt der jugoslawische Ministerpräsident, Ante Markovic, Waffenruhe. Dennoch weist am 30. Juni das slowenische Parlament die Aufforderung der Zentralregierung ab, alle Angriffe auf die Zentralarmee einzustellen und die Grenzposten friedlich zu übergeben. Schon am 2. Juli liefern sich die slowenische Bürgerwehr und die Bundesarmee schwere Kämpfe. Am 19. Juli beginnt die Bundesarmee, sich aus Slowenien zurückzuziehen. Ohne jeden Grund verstehen die Slowenen das als Akzeptation ihrer gewalttätigen Sezession. Am 6. Dezember erkennt die BRD Slowenien als Staat an, nachdem sie schon Monate zuvor eine »Botschaft« in Ljubljana errichtet hatte. Die moralische und politische Schuld für alle Kriege, die den Zerfall der Bundesrepublik Jugoslawien begleiteten, trägt somit die deutsche Außenpolitik mit ihrem völkischen Denken. Wäre den Slowenen klar gewesen, daß das Völkerrecht nur eine Selbstbestimmung für Staatsvölker, nicht aber für ethnische kennt und daher nur eine Sezession auf vertraglicher Basis zur völkerrechtlichen Anerkennung führen würde, wären alle diese Kriege nie geführt worden. Die Politik der BRD verletzte damit aufs gröbste die internationalen Spielregeln und wurde damit zum Hauptfeind der seit 1945 bestehenden Weltordnung. Sie wird einmal dafür gehaßt werden, mehr noch als die Serben, als Aggressoren denunziert, zur Zeit in der BRD gehaßt werden.

- Ein durchaus auch auf unternehmerisches Verhalten anwendbares Beispiel: Ein Junge von etwa zehn Jahren war beim Spiel ein schlechter Verlierer. Er versuchte, mit allen, auch regelwidrigen, Tricks zu gewinnen. Half selbst das nichts, änderte er die Regeln. Bald darauf wollte kaum noch ein anderes Kind mit ihm spielen. Er schuf sich so durch die Nicht-Beachtung von Spielregeln und durch seine Unfairneß eine Menge von Feinden.

(3) Strukturelle Feindschaft wegen sozialer Absonderung
Das horizontale Schisma ist ein typischer Fall sozialer Absonderung im Innen von Institutionen. Die Elite steht in feindschaftlicher Verbundenheit gegen die Nicht-Elite und wird von dieser aggressiv abgelehnt. Horizontalen Schismen begegnen wir in unserer institutionskritischen Zeit auf Schritt und Tritt:

- Unternehmen, die nur noch funktionieren, weil niemand auf die Worte des Vorstandes hört,
- Kirchen, die nur noch existieren, weil niemand die hierarchische Spitze ernst nimmt,
- Familien, die nur noch bestehen, weil sich die Werteordnungen der Eltern von denen der Kinder abkoppelten ...

Ein etwas differenzierteres Bild eines horizontalen Schismas stellt der Verlauf der Gesetzgebung in der Bundesrepublik dar:
Jedes politische System sondert sich gegen andere ab. Durch die Absonderung erhält es seine Eigenart. Eine demokratische Ordnung wird errichtet gegen oligarchische, monarchische, diktatorische. Wer innerhalb einer Demokratie eine nicht-demokratische Ordnung herstellen will, ist Verfassungs-, ja Staatsfeind. Er entläßt sich aus dem Sozialgebilde, wird zum Spielverderber. Selbstbild und Feindbild sind also komplementär aneinander gebunden. Das eine ist die Möglichkeitsbedingung für das andere. In einer gesunden Demokratie wird alles argwöhnisch beobachtet, was oligarchische, monarchische oder diktatorische Züge zeigt. So hat sich etwa das Gesetzgebungsverfahren in Deutschland, in dem die meisten Gesetze von der Ministerialbürokratie vorbereitet und durch die Koalitionsspitzen erlassen werden (so daß die Bundesregierung

und der Bundestag nur noch zustimmend zu nicken haben), aus dem sozialen Kontext abgelöst und wird als oligarchisches Gebaren abgelehnt. Leider fällt in diesem Zusammenhang noch nicht das diese undemokratische Methode verteufelnde Wort vom »Verfassungsfeind«. Tatsächlich sind – wenn deutsches demokratisches Bewußtsein noch gesund wäre – die tatsächlich als Gesetzgeber agierenden Fraktionsspitzen Staatsfeinde, die es zu bekämpfen gilt.

Die folgenden Beispiele sind bewußt nicht aus dem Bereich der Institutionen genommen, weil sie (obschon für Institutionen ganz analoge Situationen gelten können) am persönlichen Schicksal eher erläutert werden können: Wenn sich ein Mensch von anderen Menschen oder vom Allgemeinen Bewußtsein als werthaft akzeptierten Institutionen (wenn es denn so etwas heute noch geben sollte) absondert, wenn er sich nicht in das soziale Gefüge von Helfen und Helfen-Lassen, von Richten und Schuldig-Werden, von Lernen und Belehren, von Erfolg und Versagen, von Wissen und Unwissen einbindet oder einbinden läßt, wird er in der Regel feindschaftlich besetzt. Die meisten Menschen sind der Ansicht, daß nur der, der sich sozial einpaßt, dazugehöre. Alle anderen seien »Außenseiter«, »Eigenbrötler« oder »Menschenverächter«. Daß es Menschen gibt, die ein großes Maß des Alleinseins benötigen, um mit sich und anderen leben zu können, wird nicht akzeptiert. Die friedliche Nicht-Teilnahme am gesellschaftlichen Leben wird mit feindschaftlicher Ablehnung geahndet. Diese Situation soll an zwei Beispielen erläutert werden:

- Ein klassischer Fall solcher (hier scheinbarer) sozialen Verweigerung betrifft Menschen, die an Wahnkrankheiten leiden. Da vielen Menschen fremder Wahnsinn Angst bereitet (weil sie sich panisch ängstigen vor den eigenen wahnhaften Anteilen in ihrer Vernünftigkeit), gehen sie auf feindschaftliche Distanz zum Kranken. Er wird isoliert. Da man sich aber diese Isolierung nicht zugeben möchte, wird projektiv unterstellt, der Kranke isoliere sich selbst. Diese Selbstisolation, die ihn nicht mehr (oder nur beschränkt) am sozialen Leben teilnehmen läßt, wird ihm angekreidet. Einer meiner Studenten litt an einer schweren paranoiden Störung. Obschon unsere Hochschule zu seiner geistigen und emotionalen Heimat geworden war, sprach sich die Mehrheit der Professoren dafür aus, ihn von der Hochschule zu verweisen.

- Nicht selten ist soziale Isolierung die Folge von sozialer Überforderung. Ein Mitglied eines katholischen Ordens übernahm Funktionen, die ihn täglich mit bis zu zwölf Stunden beruflicher Sozialkontakte belastete. In seinem Ordenshaus suchte er vor allem Erholung vor solch sozialer Überforderung und nahm an den üblichen Gemeinschaftsveranstaltungen nicht mehr teil. Das wurde ihm sehr übelgenommen. Nicht wenige seiner Kollegen begegneten ihm mit feindlicher Ablehnung.

b) Passive Feindschaftsbildung

Was sind nun die wichtigsten Methoden, die Institutionen anwenden, das Allgemeine Bewußtsein der in den Institutionen Lebenden so zu beeinflussen, daß andere Institutionen oder Personen zu Feinden werden (passive Feindschaftsbildung)?

- Die Ablehnung erhöhter aggressiver Appetenz,
- kommunikative Phantombildung,
- Verhetzung.

(1) Die Ablehnung erhöhter aggressiver Appetenz

Ähnlich wie die hohe Eigenaggressivität zur Ausbildung von Feindschaften führen kann, so auch die hohe Fremdaggressivität. Man kann die zu diesem Sachverhalt oben angeführten Beispiele auch spiegelbildlich lesen. Die Fremdaggressivität der Deutschen des 2. und 3. Reiches, die Israels und der USA erzeugten bei vielen anderen Ängste, die sich feind-aggressiv transformierten. So waren Frankreich und Großbritannien Feinde des 2. und 3. Reiches. So sind nahezu alle arabischen Staaten Feinde Israels, und die USA erfahren eher eine aus Furcht geborene Achtung als irgendeine Form emotionaler Zuwendung.

(2) Die kommunikative Phantombildung

Einem typischen Beispiel der Begründung einer strukturell-passiven Feindschaft begegnen wir in der kommunikativen Phantombildung. Wird in Abwesenheit einer Person, die wenigstens einigen

der Interagierenden bekannt ist, längere Zeit und wiederholt über sie, ihre Eigenschaften, ihren Charakter, ihre Begabungen gesprochen, wird ein kollektives Konstrukt erzeugt. Es hat mit den tatsächlichen Eigenschaften, dem tatsächlichen Charakter, den tatsächlichen Begabungen des Betroffenen kaum mehr etwas zu tun. So erzeugte kollektive Konstrukte nennt man auch »kommunikative Phantombilder«. In aller Regel weichen diese Phantome negativ von den Individualerfahrungen, die einzelne in der Begegnung mit dem Betroffenen gemacht haben, ab. In seltenen Fällen entstehen auch positive Idealisierungen. Das gilt etwa für Religionsstifter (Buddha, Jesus, Muhammed) oder nationale Identifikationsfiguren (Staatsgründer, siegreiche Feldherren).
Das Gemeinte sei an zwei Beispielen erläutert:

- Die (deutsche) Fast-food-Kette McDonald's erhielt unter Erwachsenen durch Herumgerede einen schlechten Ruf. Weil sie nun schon einmal im schlechten Ruf stand, wurde ihr alles erdenklich Böse angedichtet: Sie hielte es mit der Hygiene nicht so genau. Das von ihr verarbeitete Rindfleisch stamme aus Brasilien. Um es zu erzeugen, würden die Amazonaswälder gerodet. Sie beute ihre Angestellten aus. Die von ihr vertriebenen Speisen seien ungesund ... Alle diese Behauptungen sind nachweislich falsch. Kinder und Jugendliche fanden in den von Erwachsenen schlecht-geredeten Lokalen ihre »kulinarische Heimat« – und das nicht nur, weil sie (mehr als andere und besser als andere) es verstanden, sich auf den Geschmack dieser Zielgruppe einzurichten.
- Die Aldi-Kette wurde einst durch ähnliches Gerede schlechtgemacht. Ihre Waren seien minderwertig. Die Angestellten würden ausgebeutet. Sie erspare sich Lagerkosten, weil sie, mehr als branchenüblich, ihre »Lager auf der Straße« (in Waren anliefernden Lastwagen) hielte ... Auch diese Behauptungen sind nachweislich falsch. Meiner Erfahrung nach sind es nahezu ausschließlich die Aldi-Laster, die auf Landstraßen mit erheblichem Gegenverkehr, der StVO gemäß, rechts anhielten, um die sich hinter ihnen gebildete Schlange vorbeifahren zu lassen. Eine solche Unternehmenskultur wäre auch anderen Unternehmen anzuraten.

(3) Die Verhetzung

Verhetzen meint einen – wahrheitswidrig oder nicht – Angriff auf fremde Menschenwürde, der den öffentlichen Frieden stört. Das kann geschehen, indem der Verhetzende zum Haß gegen Menschen oder Institutionen auffordert, sie böswillig verächtlich macht, andere auffordert, gegen sie Gewalt anzuwenden. Strafrechtlich verfolgt wird zwar nur der, der durch seine Hetze die Menschenwürde von in der BRD Lebenden angreift und so hier den öffentlichen Frieden stört (§ 130 StGB), doch ist diese Methode, Feinde zu schaffen, recht verbreitet. Einige Beispiele mögen das belegen:

- Schmierereien, die sich gegen Ausländer richten, die in der BRD leben, sind nahezu in allen Städten auszumachen. In Unterführungen, auf öffentlichen Toiletten, in den Umkleidekabinen von Badeanstalten, an abgelegenen Stellen in U-Bahnhöfen haben sie inzwischen die früher eher pornographischen Texte und Zeichnungen verdrängt.
- Während des 2. Golfkrieges strotzte die deutschsprachige Presse mit Haß- und Hetztiraden gegen *Saddam Hussein*, die zweifellos den Straftatbestand des § 103 StGB erfüllten, insofern ein ausländisches Staatsoberhaupt beleidigt wurde. Dennoch fand sich kein Staatsanwalt, der ein Strafverfahren einleitete. Die Hetze war so erfolgreich, daß *Saddam Hussein* gegen Ende des 2. Golfkrieges der in der BRD meistgehaßte Mensch war.

5. Kapitel

Wie Personen Feindschaft schaffen

5

Feindschaft kann man auf eine doppelte Weise schaffen: Es gibt Menschen, die hochdisponiert sind, sich Feinde zu schaffen (aktive Feindschaft). Und es gibt Menschen, die hochdisponiert sind, zu Feinden zu werden (passive Feindschaft). Welche Eigenschaften müssen Menschen haben, die sie besonders qualifizieren, daß andere sie sich zu ihren Feinden machen (passive Feindschaft)? Welche Eigenschaften müssen Menschen haben, die sie in besonderer Weise disponiert, sich andere zu Feinden zu machen?
Begeben wir uns zunächst auf die Suche nach solchen Merkmalen, Eigenschaften, Verhaltensweisen. Dabei ist sehr darauf zu achten, daß Menschen nicht in allen Situationen dieselben Merkmale, Verhaltensweisen, Eigenschaften zeigen. So kann ein Mensch etwa im Berufsfeld manipulieren, privat aber spontan und hilfsbereit sein.

I. Passive Feindschaft

Wir wollen zunächst über die Menschen handeln, die auf Grund besonderer Eigenschaften, Merkmale, Verhaltensweisen von anderen bevorzugt zu Feinden gemacht werden. Zählen wir einige dieser Merkmalsbereiche auf. Fast alle sind Ausprägungen des Merkmals »Egozentrik«:[70]

1. Der Manipulator

Manche Menschen bemühen sich intensiv, das soziale Feld, in dem sie sich bewegen, zu kontrollieren, um es zu beeinflussen. Zwar tun wir Menschen, wenigstens wenn wir nicht starken Emotionen ausgesetzt sind, unbewußt ganz dasselbe, aber das ist hier nicht gemeint. Gemeint ist die bewußte, vorsätzliche Manipulation von Menschen oder sozialen Gebilden. Derartige Manipulatoren verfügen meist über eine Vielzahl von Techniken, ihr Ziel zu errei-

70 Wir kennen zwar das polare Paar: Egoismus (den eigenen Nutzen suchend) und Altruismus (fremden Nutzen suchend). Von dem polaren Paar Egozentrik (an seinen eigenen Interessen, Bedürfnissen, Erwartungen und Werteinstellungen im Handeln und Entscheiden orientiert) und Alterozentrik (an den Interessen, Bedürfnissen, Erwartungen und Werteinstellungen des oder der anderen im Handeln und Entscheiden orientiert) ist uns jedoch – vermutlich im 17. Jahrhundert – der Pol »Alterozentrik« verlorengegangen, obschon der Begriff »Egozentrik« nur Sinn macht, wenn auch der andere Pol bekannt ist. Am sichersten läßt sich Alterozentrik diagnostizieren, wenn man die Zuhörgewohnheiten eines Menschen beobachtet: Ist das fremde Sprechen für ihn nur die Vorbereitung auf das eigene, oder hat das fremde Sprechen seine eigene Wertigkeit? Menschliches Leben sollte sich zwischen den Polen Egoismus–Altruismus und Egozentrik–Alterozentrik organisieren. Die mangelnde Beherrschung alterozentrischer Einstellungen ist einer der Gründe, sich Feinde zu schaffen.

chen, angefangen vom imponierenden Gehabe bis hin zu Denunziationen und/oder Demonstrationen von Hilfsbedürftigkeit und Schwäche. Es gibt dümmliche Seminarveranstalter, die unter dem Namen »Dialektik«[71] die »Kunst vermitteln, einen anderen Menschen derart zur Übernahme der eigenen Meinung zu bringen, daß er der Ansicht ist, er habe sie selbst entwickelt«. Sie verwechseln Dialektik mit Manipulation und sind ihr Geld nicht wert. »Manipulation« bezeichnet den Versuch und den Erfolg des Versuchs, fremde Handlungen, Einstellungen, Interessen, Erwartungen, Wertungen zum eigenen Nutzen zu verändern.
Manipulatoren sind unfähig zu eigentlicher Kameradschaft, Freundschaft und Liebe, weil diese sozialen Felder keine manipulierende soziale Kontrolle erlauben, sondern auf einem unmittelbaren, emotional positiv-gestimmten Begegnen beruhen. Nicht selten wird dagegen die manipulatorisch-soziale Kontrolle durch nicht-verbale Zeichen der Billigung oder Mißbilligung, der Dominanz oder der Unterwerfung ausgedrückt. Das Gemeinte will ich an drei Beispielen erläutern:

- Der Personalchef eines großen deutschen Unternehmens hatte offensichtlich die falschen Seminare besucht. Nun ist schon verständlich, daß gerade eine solche Position dazu verführt, permanent das berufliche Feld in allen seinen Dimensionen zu kontrollieren, um es zu eigenen Gunsten beeinflussen zu können. Er besorgte jedoch nicht die Kontrolle durch offene und kritische Mitarbeitergespräche, die ihm gewisse Anhaltspunkte über seine Rolle und Akzeptanz im sozialen Feld hätten geben können, sondern versuchte – was, wenn man es richtig gelernt hat, durchaus möglich ist – aus der Art und Weise, welche Interaktionsangebote er erhielt und wie man mit den seinen umging, seine Stellung im sozialen Feld ausfindig zu machen. So weit, so gut. Nun

71 Es handelt sich dabei zweifelsfrei um Scharlatane. Dialektik ist – seit der Antike – die Kunst, durch gemeinsamen Erkenntnisfortschritt eine gemeinsam akzeptierte Lösung einer Aufgabe, eines Problems (als Synthese) zu finden, die der Lösung, über die beide vor Beginn des dialektischen Prozesses verfügten (These und Antithese), qualitativ überlegen ist. Dialektik und Manipulation schließen also einander aus.

aber beging er den Fehler, ohne zureichende psychologische Ausbildung fremde Bedürfnisse zu seinen Gunsten ändern zu wollen. Einen Mitarbeiter etwa, der in eine andere Abteilung versetzt werden wollte, beließ er in der seinen, weil er diesem eine Reihe von Arbeiten aufladen konnte, die er nicht selbst erledigte. Er versuchte, den Widerstand seines Mitarbeiters durch »Motivation« zu brechen, ohne den Widerstandsgrund zu kennen. So erhielt dieser eine Einkommensverbesserung, auf die er aber nicht ansprang. Er fühlte sich manipuliert. Ebendiese Neigung seines Chefs, seine Mitmenschen unter dem Schein von Motivation zu manipulieren, war der Grund seines Trennungsbegehrens. Als ihm nicht stattgegeben wurde, verließ er das Unternehmen. Der erwähnte Personalchef machte einen klassischen Fehler: Er glaubte über eine Motivationstheorie zu verfügen, nach der nahezu alle Menschen zu nahezu allem zu motivieren sind. Daß solche Theorien völlig unbrauchbar sind (also kaum Anwendungsfälle kennen), wollte er nicht wahrhaben. Daß alle klassischen Motivationstheorien (etwa die von *A. Maslow*) inzwischen falsifiziert worden waren, war ihm unbekannt. Die weitaus meisten Menschen lehnen jede Fremdmotivation, die sie als solche erkennen, als Manipulation ab. An die Stelle der Motivation wird bei zureichend ich-starken Menschen die Unterstützung der Selbstmotivation treten.

- Eine Frau mittleren Alters unterzog ihre Umwelt permanent irgendwelchen »Experimenten«, um ihre Felddominanz festzustellen. So erlaubte sie ihrem Freund jahrelang nicht, ihr Wohnzimmer zu betreten. Sexuelle Begegnungen fanden im Flur statt. Er habe erst eine bestimmte – ihm unbekannte – Leistung zu erbringen, ehe sich ihm die Zimmertüren öffneten. Sie äußerte ihre Bedürfnisse, Erwartungen und Interessen nicht, reagierte aber erheblich enttäuscht, wenn ihr Partner sie nicht erfüllte: »Wenn du mich lieben würdest, dann wüßtest du, was ich wollte!« Die Partnerschaft litt ganz erheblich unter diesen manipulatorischen (zum Teil sicherlich pathologischen) Techniken. Nach einiger Zeit wurden die Interaktionen zunehmend von Feindschaft bestimmt – bis sie endlich abgebrochen wurden.
- In meine Partnerschaftssprechstunde kam vor einigen Jahren

ein Paar, das seine Interaktionen nahezu nur noch auf gegenseitige Schuldzuweiseungen beschränkte. Die Frau konnte vermeintlich nicht darauf verzichten, weil sie ihr die einzige Möglichkeit boten, wenigstens zweitweilig dominant zu sein. Schuldzuweisende Du-Anreden waren ihre wichtigste Strategie: »Warum hast du . . . ?«, »Du hast mal wieder . . . «, »Wann wirst du endlich . . ?« Die Schuldzuweisungen des Mannes waren anderer Art. Er reagierte, indem er sich gekränkt auf sein Zimmer zurückzog. Bei aller gelegentlichen Liebe waren doch die regelmäßigen Interaktionen feindlicher Art. Die Frau schuf sich durch ihre ständigen Schuldzuweisungen ihren eigenen Mann als Feind. Doch wäre es falsch, ihr die alleinige Schuld an dieser Entwicklung zuzuschreiben. Vielmehr waren es zunächst die feldregulierenden Dominanzansprüche des Mannes, welche die Frau dazu brachten, zu solchen verzweifelten Mitteln wie Schuldzuweisungen zu greifen, um sich wenigstens gelegentlich gegen seine Dominanz zu wehren. Nicht wenige Ehen scheitern an solchen ungeklärten Dominanzansprüchen und den daraus folgenden Kämpfen.

2. Der Sieger

Menschen, die sich ständig als Sieger präsentieren, reizen andere dazu, sie als Verlierer zu sehen. Siegern gelingt es, ein ausgesprochenes Antipathiefeld voller Zweifler und Neider aufzubauen. In der Regel sind Sieger zwangskrank. Sie müssen siegen, können nicht einmal Zweiter sein. Selbst in der äußeren Darstellung versuchen sie nicht selten durch besonders aufrechten Gang, zurückgenommene Schultern, angehobenes Kinn ihren Dominanzanspruch anzumelden. Sie beherrschen ausschließlich dominante Kommunikation. Unterstützende Kommunikation,[72] die dem Kommunika-

72 Es wäre jedoch falsch anzunehmen, daß nicht auch unterstützende Kommunikation zum Herrschaftsinstrument werden könnte. Der über die Methode der unterstützenden Kommunikation Siegende siegt jedoch in aller Regel durch offene oder verborgene Schuldzuweisungen.

tionspartner in seinen kommunikativen Bedürfnissen helfen will, ist ihnen fremd. Sie erwarten sie allenfalls von anderen.
Nicht wenige Sieger demonstrieren ihre Dominanz sprachlich. Gelegentlich eignen sie sich ein elitäres Sprachverhalten an. Nicht selten wird jedoch die Sprache verwandt, um die Ausübung der Siegerdominanz zu verschleiern. Siegerdominanz kann sich verbergen hinter Äußerungen der Zuneigung, der Abneigung, der Überraschung, des Lobes, der Bitte um Rat und Hilfe. Sie kann sich verstecken hinter Witzen, Geistreicheleien, die einen Gesprächsablauf beenden. Manche Sieger beherrschen eine Vielzahl von »Killerphrasen«[73] – es wäre ihnen unerträglich, nicht das letzte Wort zu haben. Droht eine soziale Situation, in der sie als Verlierer demaskiert werden könnten, beenden sie die Interaktion – nicht selten durch eine solche Killerphrase. Sie sind meist ungeduldig und fallen anderen ins Wort, wenn sie selbst sprechen wollen, da sie der sicheren Überzeugung sind, daß das, was der andere sagen will, bei weitem nicht so bedeutend ist wie das, was sie zu sagen haben.
Nicht wenige »Sieger« verwenden die Technik des »Spiele-Spie-

---

73 Einige solcher interaktionstötenden Sprüche seien hier (zur Erheiterung der Leser?) zitiert:

- Was viele für Berufserfahrung halten, ist das überholte Wissen von gestern.
- Meckern ist wichtig, nett sein kann jeder!
- Stil ist, wenn man sich für nichts zu schade und zu blöde ist, aber für das allermeiste bei weitem zu gut.
- Zu allem fähig – aber zu nichts zu gebrauchen.
- Immer wieder muß man mit Menschen rechnen, auf die man nicht zählen kann.
- Schwärme von deinen Fehlern. Du wirst Fans finden.
- Warum soll das Glück an den Haaren herbeigezogen werden? – Auch Pechsträhnen müssen gekämmt werden.
- Ein Freund ist ein Mensch, der viel von dir weiß und dich trotzdem mag.
- Wir neigen dazu, uns mit Menschen zu solidarisieren, die zwar auch nicht wissen, wovon sie reden, aber wenigstens die gleichen Worte verwenden.
- Die meisten Menschen wollen nicht wissen, wie man effektiver arbeitet, sondern wie man intensiver das Gefühl genießt, man hätte es getan.
- Jemand ist nicht deswegen intelligent, weil er unsere Meinung bestätigt.
- Die stärkste Identitätsbedrohung ist die erkannte Konsequenz auf Grund neu erworbenen Wissens.
- Zuhören bedeutet für nicht wenige: Wenn ich was höre, bin ich zu.
- Die Qualität einer Aussage ist unter anderem durch Länge zerstörbar.

lens«.[74] Unter dem Anschein gleichberechtigter Kommunikation wählen sie Spiel-Strategien, die den anderen verlieren lassen. Einige dieser Strategien seien hier vorgestellt:

- Wer die Last des Denkens auf den Empfänger abwälzt, will, daß andere begreifen, was er nicht verstanden hat.
- Auf böse Menschen ist Verlaß. Sie ändern sich nicht.
- Ist die Informationsdichte in einem sozialen System gleich Null, ist der Grad der Spekulation gleich unendlich.
- Viele Bücher sind für das Niveau derer geschrieben, die sie kaufen.
- Cleverneß ist die Fähigkeit, den anderen die eigene Intelligenz nicht spüren zu lassen.
- Sympathie aufbauen ist wichtig, weil es sonst nur noch Menschen gibt, die einen entweder kennen oder mögen.
- Behandle mich nicht so wie die Leute, die du brauchst, um dich bestätigt zu fühlen.
- Mit welcher Selbstverständlichkeit erwarten wir von anderen, daß sie ahnen müssen, was wir nicht erklären können?
- Wer sich selbst nicht mag, wird diejenigen, die ihm ehrliche Sympathie entgegenbringen, verachten, weil sie einen schlechten Geschmack haben.
- So lange ich nicht gezeigt habe, was ich kann, ist die Hoffnung noch nicht zerstört, es könne großartig sein.
- Persönlichkeit ist ein Arbeitsergebnis und nicht das heftige Abwarten auf göttliche Erfahrungsweisheit durch die Anzahl ertragener Lebensjahre.
- Ich bin nicht deswegen ein anständiger Mensch, weil ich nicht lerne, was ich benötige, um meine unanständigen Wünsche zu erfüllen.
- Die Wirkung vieler Ideen darf nicht durch Umsetzung irritiert werden.
- Sich als Mann in die Lage einer Frau versetzen zu wollen, ist ein sinnloses Unterfangen, das niemals aufgegeben werden darf.
- Selbstgespräche garantieren den Dialog mit einem intelligenten Menschen.
- Versuche niemals, jemanden so zu machen, wie du selber bist. Du solltest wissen, daß einer von deiner Sorte genug ist.
- Wer nicht aktiv an die Verwertung seines Unglücks herangeht, ist es nicht wert, vom Schicksal in eine Katastrophe gestürzt worden zu sein.
- Bei allen »Sprüchen« ist zu unterscheiden: Sind sie das Ergebnis des Denkens oder der Ersatz dafür?

Das Problem dieser Sprüche liegt nicht etwa darin, daß sie falsch sind. Nein, das Gegenteil ist der Fall: Sie wirken – zumindest aufs erste – als überraschend stimmig. Und das bringt die anderen zum Schweigen.

74 »Ein Spiel besteht aus einer fortlaufenden Folge verdeckter Komplementärtransaktionen, die zu einem ganz bestimmten, voraussagbaren Ergebnis führen« (Eric Berne, Spiele der Erwachsenen, Reinbek [rororo 6735], 57.) Verdeckt komplementär sind Interaktionen, in denen – in der Sprache der Transaktionsanalyse formuliert – unter dem Schein zweier kommunizierender Erwachsenen-Ichs einer der Interagierenden die Rolle des Eltern-Ichs übernimmt und so den anderen in die des Kind-Ichs nötigt.

- Das »Ja-aber-Spiel«. Es soll immer noch Management-Trainer geben, die dieses dumme Spiel ihren Kursteilnehmern vermitteln. »Sie haben zwar recht, aber wir sollten das nicht mehr ändern!«
- Das »Spiel der unerfüllbaren Wünsche«. In diesem Spiel wünscht sich A etwas von B, wohl wissend, daß B den Wunsch (aus Mangel an Zeit, aus Mangel an Geld, aus Mangel an Interesse ...) nicht erfüllen kann: »Ich wünsche mir so sehr, daß wir endlich einmal in den Ferien auf die Malediven fahren!« – obschon der Wünschende weiß, daß aus finanziellen Gründen die Reise unmöglich ist.
- Das »Frage-Spiel«. Dieses Spiel – obschon von Sokrates kultiviert – hat den Zweck, den anderen durch Fragen, die er nicht beantworten kann, in die Verlierer-Rolle zu drängen. A fragt B: »Liebst du mich?« B antwortet: »Was meinst du mit dem Wort Liebe?«
- Das »Ich-habe-keine-Zeit-Spiel«. Dieses Spiel verfolgt den Zweck, fremde Interessen, Erwartungen, Bedürfnisse abzuweisen, ohne den wahren Grund (andersgeartete Interessen, Erwartungen, Bedürfnisse) zu nennen.
- Das »Lobe-Spiel«. In diesem Spiel lobt A den B für irgendeine Leistung, um ihm dann etwas Unangenehmes sagen zu können.
- Das »Eigentlich-Spiel«. Dieses Spiel ist dominiert vom Wort »eigentlich«. »Eigentlich müßte ich ja noch diesen Brief schreiben, aber ...!«, »Warum bist du eigentlich heute so unfreundlich?«
- Das »Nur-dann-wenn-du-Spiel«. In diesem Spiel wird ein Mensch von einem anderen unter den Anspruch notwendiger Bedingungen gestellt. »Nur wenn du heute nicht nörgelst, gehe ich mir dir morgen ins Kino!«, »Nur wenn du mich jetzt in Ruhe läßt, gehe ich abends mit dir aus!« Das letzte Beispiel mag deutlich machen, daß nicht immer, wenn eine notwendige Bedingung genannt wird, ein Spiel gespielt wird. Wenn keine verdeckte Eltern-Kind-Ich-Beziehung aufgebaut wird, handelt es sich nicht um ein Spiel. So etwa, wenn der Vater zu seinem zehnjährigen Sohn sagt: »Nur wenn du gute Noten bekommst, kaufe ich dir ein Mountainbike.« Hierbei interagiert offen ein Erwachsener mit einem Kind.

Da solche »Spiele der Erwachsenen« alltäglich gespielt werden, ist es überflüssig, das Gemeinte an weiteren Beispielen zu erläutern. Nicht in jedem Fall bauen solche Spiele ein Feind-Aggressionsfeld auf. Sollte jedoch der Siegeranspruch des Spielenden nicht akzeptiert werden, ist sicherlich (oft latente) Feindschaft die Folge.

Einem Sonderfall der Siegerrolle begegnen wir in den in unserem soziokulturellen Bereich standardisierten Verhaltensweisen von Männern gegenüber Frauen. Häufig übernehmen Männer – weil so erzogen – die Rolle des Siegerdominanten.[75] An 15 in 1991 aufeinanderfolgenden dreitägigen Managerseminaren zum Thema »Dialektik« zu je sieben Teilnehmern nahmen nur 16 Frauen teil. Ich wertete die Beiträge der Teilnehmer aus und kam zu folgendem Ergebnis: Jeder der 105 Teilnehmer brachte es im Durchschnitt auf 7,2 Seminar-Beiträge (756 Beiträge standen also zur Analyse an; die Pausen- und Tischbeiträge blieben unberücksichtigt). Geschlechtsspezifisch fiel auf:

- Männer reden 1,7mal häufiger und 1,9mal länger als Frauen, selbst wenn sie nichts Erhebliches zu sagen haben.
- Männer unterbrachen Frauen bei 67 Prozent ihrer Beiträge. Frauen unterbrachen Männer bei 4 Prozent ihrer Beiträge.
- War der Übungsleiter männlich, erhielten Frauen auf Wortmeldung hin nur in 52 Prozent der Fälle Rederecht, Männer aber zu 71 Prozent. Selbst wenn die Übungsleiter weiblich waren, wurden männliche Wortmeldungen häufiger berücksichtigt als weibliche.
- Auf 62 Prozent der Beiträge von Männern wurde ernsthaft eingegangen, aber nur auf 14 Prozent der Beiträge von Frauen.

Da jedoch Frauen in der Regel von Kindesbeinen an gewohnt sind, subdominante Rollen zu spielen, war der Leidensdruck, wenn er überhaupt bewußt wurde, meist gering. Nur eine Frau wehrte sich offen gegen die männlichen Methoden, durch Sprache Herrschaft

---

75 Vgl. zu diesem Problem: Senta Trömel-Plötz (Hrsg.), Gewalt durch Sprache, Frankfurt (Fischer TB 3745) 1984.

auszuüben und so zu siegen. In der privaten Lebenspraxis scheint dieser Prozeß nicht ganz so unproblematisch zu sein, wie eines der folgenden Beispiele belegen mag:

- In meiner Praxis erschien einmal ein Paar, das in eine plötzliche, für beide Partner überraschende Krise geraten war: Der männliche Partner hatte wieder einmal – wie schon öfters und keineswegs vor seiner Frau verborgen – eine neue sexuelle Partnerin erwählt. Diesmal aber verlief die Sache nicht nach dem gewohnten Muster: Die Frau wollte sich trennen. Jahrelang habe sie ihren Mann angebetet und ihm möglichst alle Wünsche von den Augen abgelesen; dabei habe sie versäumt, ihr eigenes Leben zu leben. Der männliche Partner stimmte zu, sagte aber, ihr sexuelles Verhalten sei eher unbefriedigend. Die Partnerschaftskrise kam für beide überraschend: Beide hatten sich zu sehr an die sexuellen Bedürfnisse des Mannes gewöhnt. Die Beziehung wurde vorübergehend feindschaftlich unterbrochen. Der Mann zog aus. Seine Telefonate wurden nicht akzeptiert.
- Einer meiner Seminarteilnehmer hatte die ihn keineswegs sozial stützende Eigenschaft, Gespräche, die nicht den von ihm gewünschten Verlauf hatten, mit einer Geistreichelei zu killen. Menschen, die sich in gruppendynamischen Übungen geistreicher Sprüche bedienen, bringen sich aber oft in eine nicht sehr beneidenswerte soziale Lage.
- Ein Seminarteilnehmer, ganz Siegertyp, Vorstand eines mittelgroßen Unternehmens, groß, trainiert, lächelnd, verstand es, stets auf andere herabzublicken. Den im Seminarverlauf anfallenden logischen Übungen entzog er sich mit der Begründung, eine andere Aufgabe habe ihn sehr beansprucht. Mit der Gruppenleitung beauftragt, versagte er jedoch kläglich: Er ließ – wie vermutlich im Unternehmen gewohnt – alle Interaktionen über sich laufen, indem er jeden Beitrag nachzuformulieren versuchte. Dabei stellte es sich heraus, daß er in so gut wie keinem Fall das vom Sprecher Gemeinte vorstellte. Die Gruppe reagierte aggressiv. In einer Rückspiegelungsübung wurde ihm feindaggressiv – zwar höflich verschönt, aber deutlich – starke Egozentrik und begrenzte Intelligenz vorgestellt.

3. Der Lober

Loben will gelernt sein: Wer lobt, ohne dazu berechtigt zu sein, erhebt sich über den Gelobten. Er bildet sich ein, er sei Richter über das Tun und Lassen eines anderen Menschen. Loben hat eine wichtige Funktion im menschlichen Miteinander. Es reguliert und stabilisiert zwischenmenschliche Beziehungen, wenn der Gelobte dem Lobenden das Recht einräumt, ihn zu loben. Dieses Recht wird in der Regel in zwei Formen interpersonaler Beziehung gegeben:

- Es liegt ein klares, vom Gelobten akzeptiertes soziales Verhältnis vor, in dem das Gelobtwerden als Zuwendung verstanden wird. Auch Subordinationsverhältnisse implizieren meist (keineswegs immer!) das Recht zu loben. Solche Subordinationsverhältnisse bestehen zwischen Eltern und Kindern, zwischen Lehrern und Schülern, zwischen Richtern und Missetätern, zwischen Helfern und Hilflosen, zwischen Starken und Schwachen, zwischen Vorgesetzten und Untergebenen.
- Die Beziehung zwischen dem Lobenden und dem Gelobten ist emotional stark positiv besetzt. So kann das Lob eines Kindes den Vater stolz machen, das Lob eines Freundes den Gelobten glücklich.

In nahezu allen anderen Fällen ist Loben eine kontraproduktive Tätigkeit, weil der Lobende ausdrücklich oder versteckt für sich eine Dominanzrolle beansprucht. Menschen, die in Koordination miteinander umgehen, loben einander, statistisch erhoben, seltener. Sie zeigen ihre »lobende Einstellung« eher durch Worte oder Akte der Akzeptation. Dabei muß die »lobende Anerkennung« des Menschen und die einer Handlung oder Entscheidung zusammengehören. So halte ich es für problematisch,

- wenn ein Verkäufer den Käufer ob seines guten Geschmacks lobt,
- wenn ein Kellner einen Gast ob seines Weinverstandes lobt,
- wenn ein Bankangestellter den Kunden ob seines Anlageverstandes lobt.

Loben darf wie jede andere zwischenmenschliche Beziehung regulierende Sprachhandlung (Verzeihen, Tadeln,[76] Bitten, Fragen ...) nicht zu einem leblosen, entpersönlichten Ritual verkommen, das einzig den Zweck hat, den Gelobten zu manipulieren.

Wie durch unberechtigtes Loben oder falsches Tadeln feindschaftliche Beziehungen entstehen können, will ich wiederum an einigen Beispielen erläutern:

- Ein erfolgreicher Manager, der irgendwann einmal gelernt hatte, daß Loben einen Mitarbeiter motiviere, versuchte, diese Technik auch gegenüber seiner Frau anzuwenden. Für jedes nicht ganz mißlungene Gericht erhielt sie Lob: »Da hast du aber heute wieder gut gekocht.« Auch andere alltägliche Hausfrauenarbeiten wurden mit Lob bedacht. Anfangs gefiel der Hausfrau das Lob des Gatten, doch nach einiger Zeit fiel es ihr zunehmend auf die Nerven, weil sie sich beurteilt vorkam – und sie ihrem Mann keineswegs das Recht zugestehen wollte, den Erfolg ihrer Handlungen wertend zu beurteilen. In der Sprechstunde stellte es sich heraus, daß sie das Loben als eine Herrschaftstechnik ihres Mannes erlebte, als eine Art von Manipulation. Ihr Mann gestand ein, daß er seine Frau so behandelt habe, wie er mit seinen Mitarbeitern umzugehen pflegte: Die erträglichste Weise, Herrschaft auszuüben, ist das Loben. In Zukunft lobte er sie nur, wenn ein erkennbar guter Grund vorhanden war. Statt seine Lobesroutine abzuziehen, nahm er seine Frau häufiger in den Arm und gab ihr einen Kuß.

---

76 Auch das Tadeln ist eine zwischenmenschliche Beziehungen regulierende Tätigkeit. Manche Tadler vermeinen, getadelt würde stets nur ein bestimmtes Verhalten. Das stimmt nicht. Ähnlich wie beim Loben nicht eine besonders gut gelungene Leistung Objekt des Lobens ist, sondern ein Mensch, ist beim Tadeln auch immer ein Mensch betroffen. Zwischen dem Tadelnden und dem Getadelten wird ein soziales Feld aufgebaut. Der Tadelnde übernimmt in diesem Feld eine dominante Rolle. Diese Rolle muß vom Getadelten akzeptiert sein, wenn es nicht zu erheblichen zwischenmenschlichen Spannungen kommen soll. Dennoch ist es in vielen Fällen angebracht, daß beim Lob ausdrücklich der Gelobte angesprochen wird, während beim Tadel ausdrücklich eine suboptimale Leistung genannt wird. Der Tadelnde sollte also nicht den Menschen tadeln.

- Eine Studentin, der ich eine Klausur mit Drei (»befriedigend«) bewertet hatte, kam weinend in meine Sprechstunde: »Sie haben mich nur mit ›befriedigend‹ bewertet, obschon ich doch gerade für Ihr Fach besonders viel gelernt habe!« In diesem Fall wird deutlich, daß viele (vor allem jüngere) Menschen Tadel stets auf sich selbst beziehen und als eine Störung eines interpersonal aufgebauten Feldes verstehen. Ich versuchte, ihr den Unterschied zwischen der Beurteilung einer Leistung und eines Menschen zu verdeutlichen, bin mir aber keineswegs sicher, ob diese Botschaft auch ihr Herz erreichte.
- Einer meiner Freunde ist ein ausgesprochener Gourmet. In einem ganz normalen italienischen Restaurant bestellten wir eine ganz normale Pizza und einen völlig durchschnittlichen italienischen Tischwein. Der Wirt glaubte, uns loben zu müssen: Wir hätten die beste seiner Pizzas gewählt und einen genau dazu passenden Wein. Meinem Freund ging das Gelobe so auf den Nerv, daß er sich weigerte, das Lokal ein weiteres Mal zu betreten.

4 Der ungebetene Ratgeber

Der ungebetene Ratgeber ist ein Mensch, der andere mit seinen Ratschlägen verfolgt. Ihm bleibt der triviale Sachverhalt verborgen, daß sogar Menschen, die ausdrücklich unseren Rat erbitten, oft nichts anderes wollen, als daß wir ihnen aufmerksam zuhören. Selbst sind sie an unserem Rat recht wenig interessiert, weil sie sich in aller Regel schon längst (wenn vielleicht auch unbewußt) entschieden haben. Was sie suchen, ist eine Bestätigung ihres Entschlusses. Der gebetene Ratgeber wird also sehr genau zuhören, denn das Um-Rat-Fragen ist wie das Rat-Geben eine menschliche Beziehungen regulierende Interaktion. Er wird versuchen herauszufinden, welche Lösung dem Fragenden vorschwebt. Kann er sie akzeptieren, wird er sie bestätigen, wenn nicht, wird er dem anderen, etwa durch interessiertes Fragen, eine andere Lösung verständlich machen. Eines aber wird er in der Regel nicht tun: einen Rat geben.

Der ungefragte Ratgeber jedoch gibt auf alle Fälle einen Rat. Hier sind erklärende Beispiele eigentlich überflüssig, da alle Leser dieses Buches sicher aus eigener Lebenserfahrung solche Ratgeber kennen: Sie wissen, wie man am besten Erdbeeren zieht, wo man das beste Brot erhält, wie man am besten mit einem etwas problematischen Nachbarn umgeht, was in einer beruflichen oder partnerschaftlichen Krise zu tun ist, welche Form der Kindererziehung die allein richtige ist, wie man am besten sein Geld anlegt . . . Dennoch will ich an zwei Beispielen zeigen, daß ein solches Verhalten nicht nur nervtötend ist, sondern auch zu gründlichen Feindschaften ausarten kann:

- Einer meiner Seminarteilnehmer glaubte, ein Fachmann in der Kunst zu sein, Kinder zu erziehen. Da während der Seminarpausen einige Teilnehmer auch über ihre Kinder sprachen, konnte er, obschon selbst kinderlos, nicht an sich halten. Er war der Ansicht, alle modernen Eltern erzögen falsch: Prügel sei ein durchaus probates Mittel, unerwünschte Verhaltensmuster zu blockieren. Ferner habe es sich bewährt, bei kindlichem Schulversagen die Lehrer fertigzumachen: die würden dann schon bessere Noten schreiben. Und so ging es weiter. Widerspruch wurde nicht zugelassen. Nach drei Tagen hatte er die Seminarteilnehmer so gegen sich aufgebracht, daß sie ihm durchaus feindselige Rückspiegelungen gaben.
- Einer meiner früheren Nachbarn, von Beruf Hauptschullehrer, behauptete, ein Fachmann für Kapitalanlagen zu sein. Einem unerfahrenen, aber gutgläubigen zweiten Nachbarn riet er 1992, statt sein Geld als Festgeld anzulegen, regelmäßig neu emittierte Aktien zu zeichnen, um sie dann nach wenigen Wochen wieder zu verkaufen. Der Beratene verlor, dem unerbetenen Rat folgend, in gut einem Jahr mehr als 20000 DM. Eine herzliche Feindschaft war die Folge.

5. Der Schmeichler

Schmeichler haben die üble Angewohnheit, die sozialen Felder, in denen sie sich bewegen, zu kontrollieren und zu ihren Gunsten zu beeinflussen, indem sie möglichst viele Menschen übertrieben loben, um so deren Selbstwertgefühl zu heben. Schmeichler bilden eine kommunikative Gefahr, da sie es Menschen unmöglich machen, ihr Selbstbild (ihr »Selbstkonstrukt«) in Interaktionen zu bewähren. Sie schaffen Bestätigungssituationen und verhindern so Bewährungssituationen. Damit verliert, wie im 11. Kapitel gezeigt werden wird, Kommunikation ihre wichtigste Funktion: die Bewährung der Konstrukte.

Zugegeben sei, daß viele Menschen mit angeschlagenem Selbstwertgefühl dazu neigen, sich über Schmeicheleien (selbst wenn sie sie durchschauen) zu freuen. Diesen Mechanismus machen sich Schmeichler bewußt zu eigen. Ich-schwache Persönlichkeiten fallen auf die Schmeicheleien herein und besetzen den Schmeichler emotional-positiv. Ganz das Gegenteil ist der Fall, wenn der Schmeichler an zureichend ich-starke Menschen gerät. Diese lehnen aktiv wie passiv Schmeichelei als eine Art Unwahrhaftigkeit ab. Sie erkennen, daß der Schmeichler ausschließlich seinen eigenen – meist kurzfristigen – Nutzen sucht und keineswegs stabile soziale Beziehungen. Einige Beispiele mögen das Gemeinte erläutern:

- Ein recht seriös aussehender älterer Herr pflegte allen Frauen über 16, die ihm begegneten, Komplimente (das ist durchaus eine Form der Schmeichelei) zu machen. Er lobte ihr Aussehen, ihren Geschmack, ihren Gang, ihre Kleidung, ihre Augen, ihr Haar ... Bei nicht wenigen Frauen hatte er Erfolg: Sie fanden, er sei ein netter älterer Herr. Eine freundschaftliche Beziehung wünschte jedoch keine der Umschmeichelten mit ihm einzugehen. Eine andere Gruppe von Frauen, deren Selbstbewußtsein keineswegs nur gespielt war, ließ sich solche Schmeicheleien bestenfalls einmal gefallen, dann aber brachen sie die Beziehung zum Schmeichler ab oder reduzierten sie auf reine Höflichkeitsgesten.

- Ein Angestellter eines größeren Unternehmens pflegte seinem Chef zu schmeicheln. Vor allem pries er dessen Geschmack bei der Einrichtung seines Büros, seine ehrliche Art, mit seinen Mitarbeitern umzugehen, seine Entschlußfreudigkeit. Auf die Bitte seines Chefs, sich künftig ähnlicher Äußerungen zu enthalten, reagierte er verletzt (hatte er doch für teures Geld ein Seminar besucht, das ihm unter anderem zu vermitteln versprach, wie man sich selbst seinen Chef zum Freund machen könne) mit einer Schmeichelpause. Doch das Schmeicheln war ihm inzwischen zu einem Charaktermerkmal geworden. Nach einigen Wochen begann er wieder mit seinen Schmeicheleien. Wen nimmt es wunder, daß er umgehend versetzt wurde?

6. Der Richter

Auch das Richten über andere ist Ausdruck einer maßlosen Selbstüberschätzung. Gemeint ist hier nicht das Richten als fachlich begründete Bewertung einer fremden Leistung. So kann ich sehr wohl und begründet etwa ein Urteil fällen, ob jemand ein guter oder schlechter Autofahrer ist, ob er in einer bestimmten sozialen Konstellation gut oder weniger gut mit Menschen umgehen kann, ob er in der Lage ist, ein Biotop anzulegen oder nicht ... Hier geht es jedoch um das moralische Beurteilen anderer Menschen. Zwar kann man unter bestimmten Umständen die moralische Qualität einer Handlung ausmachen (sie mehr oder minder zuverlässig auf ihre Sozialverträglichkeit hin beurteilen), niemals aber die moralische Qualität eines Menschen. Die Bibel ist der Meinung, daß das Wie-Gott-sein-Wollen, wissend, was gut und böse ist, der Ursprung allen Übels sei,[77] das Menschen anderen Menschen antun. Und damit dürfte sie nicht ganz unrecht haben.

---

77 Wenn Sie die Geschichte von der Ursünde aller Sünden nicht mehr kennen sollten, sei sie hier abgedruckt: »Die Schlange war schlauer als alle Tiere des Feldes, die Gott, der Herr, gemacht hatte. Sie sagte zu der Frau: Hat Gott wirklich gesagt: Ihr dürft von keinem Baum des Gartens essen? Die Frau entgegnete der Schlange: Von den Früchten der Bäume im Garten dürfen wir essen; nur von den Früchten des Baumes, der in der Mitte des Gartens steht,

Dennoch gehört das moralische Verurteilen von Menschen zu den Lieblingsbeschäftigungen vor allem jener, die sich zur moralischen Elite zählen. Auch die christlichen Kirchen sind eifrige Verurteiler. So kann man sich in der katholischen Kirche nur eine Kirchenstrafe zuziehen, wenn man »schwer gesündigt« hat. Mit der Zuteilung einer Kirchenstrafe ist also stets eine moralische Verurteilung verbunden. Ich kenne Menschen, die sich Christen nennen und dennoch – meist selbstgefällig und selbstgerecht – andere Menschen moralisch verurteilen, sei es nun *Adolf Hitler* oder *Saddam Hussein*, sei es ein Politiker, der sich ungerechte Vorteile verschaffte, oder der an Aids erkrankte Sohn des Nachbarn, sei es die mißratene Tochter eines ehemaligen Freundes, die zur Hure wurde, oder das eigene Kind, das beim Ladendiebstahl erwischt wurde ... richten, immer wieder richten!
Welche Arroganz kann maßloser sein als die, die sich anmaßt, zu sein wie Gott, wissend, was moralisch gut und böse ist? Wie sich solche Richter ihre Feinde machen, will ich an einigen Beispielen erläutern:

- Einer meiner Patienten sprach lange Zeit sehr viel mehr über andere, die ihm Unrecht taten, als über sich selbst. Das Reden über andere war voller moralischer Verurteilungen. Er selbst

---

hat Gott gesagt: Davon dürft ihr nicht essen und daran dürft ihr nicht rühren, sonst werdet ihr sterben. Darauf sagte die Schlange zur Frau: Nein, ihr werdet nicht sterben. Gott weiß vielmehr: Sobald ihr davon eßt, gehen euch die Augen auf; ihr werdet wie Gott und erkennt Gut und Böse. Da sah die Frau, daß es köstlich wäre, von dem Baum zu essen, daß der Baum eine Augenweide war und dazu verlockte, klug zu werden. Sie nahm von seinen Früchten und aß; sie gab auch ihrem Mann, der bei ihr war, und auch er aß. Da gingen beiden die Augen auf, und sie erkannten, daß sie nackt waren« (Gen. 3,17). Schöner kann man es kaum erzählen, wie Menschen reagierten, als sie, scheinbar wie Gott, in dummer Verdrehung erkannten, was Gut und Böse sei. Nacktsein war das erste, was sie als Böses identifizierten. In der kommenden Generation wurde die Sache schon dramatischer: Im Namen von Gut und Böse erschlug Kain im heiligen Zorn seinen Bruder Abel. Und so nimmt es nicht wunder, daß auch Jesus von Nazareth allen Menschen, die ihm folgen wollten, auf das strengste jedes moralische Urteilen verbat: »Richtet nicht, damit ihr nicht gerichtet werdet! Denn wie ihr richtet, so werdet ihr gerichtet werden, und nach dem Maß, nach dem ihr meßt und zuteilt, wird auch euch zugeteilt werden« (Mt. 7, 1–2).

hielt sich für einen moralisch nahezu vollkommenen Menschen. Im Laufe der Zeit wurde uns deutlich, daß er als Junge und junger Mann sehr häufig masturbiert hatte. Er hielt das für eine »Todsünde« und sich selbst lange Jahre für einen von Gott verdammten Menschen. Weil er aus Scham und Angst keinen Mut fand, zur Beichte zu gehen. blieb das Trauma unverarbeitet. Als er – inzwischen 32jährig – eine Partnerin fand, die seine sexuellen Bedürfnisse voll befriedigte, »vergaß« er sein »sexuelles Versagen« in den frühen Jahren. Da er sich nicht selbst verurteilen konnte, wurde er zum moralischen Rigoristen, der überall »Sünde«, das heißt Moralversagen, sah und die seiner Ansicht nach versagenden Menschen moralisch verurteilte und ablehnte. Weil ein Mensch sich selbst zum Feinde hatte, machte er sich andere zu Feinden. Nachdem er seine Verdammungsvorstellungen aufgearbeitet hatte, verzichtete er weitgehend auf das moralische Verurteilen anderer.

- Anläßlich eines Firmenjubiläums eines in seiner Branche führenden Unternehmens hielt ich in Frankfurt einmal einen Vortrag über Wirtschaftsethik. In der anschließenden Diskussion kam die Sprache auf Moralversagen. Ich versuchte den Unterschied zwischen der durchaus auch Christen erlaubten Verurteilung einer Handlung als unmoralisch von der moralischen Verurteilung einer Person zu verdeutlichen. Vermutlich um zu provozieren, nannte ich als Beispiel *Adolf Hitler*: Seine höchst unmoralischen Taten berechtigten uns nicht, über den Menschen moralisch zu urteilen. Unter den Zuhörern entstand allgemeine Unruhe. Der Vorstandsvorsitzende des Unternehmens protestierte heftig. Die Diskussion wurde abgebrochen und ich vorsichtig aus dem Saal geführt. Seitdem ruhen meine Geschäftsbeziehungen zu diesem Unternehmen. Die moralisch Verurteilenden hatten mich zu ihrem Feind gemacht.[78]

---

78 Das sollte einen Christen wenig kümmern, denn auch Jesus machte sich Feinde, weil er eine Ehebrecherin nicht verurteilte (Joh. 8, 1–11). Der erste Mensch, den er heiligsprach, war ein Terrorist (Lk. 23, 41–43). Der erste Mensch, dem er nach seiner Auferstehung erschien, war eine ehemalige Dirne (Joh. 20, 11–16): Maria von Magdala.

Eine besonders widerliche Art des Verurteilens ist das mehr oder minder versteckte Schuldzuweisen. Die beliebteste Form solcher Schuldzuweisungen läuft über die schon erwähnte »Du-Form«: »Hast du mal wieder ...?« oder »Warum bist du ...?« Viele Menschen können sich gegen solche Anschuldigungen nicht wehren. Sie fühlen sich hilflos ins Unrecht gesetzt. Wenn sie beginnen, sich zu verteidigen, etwa die Unterstellung abzuweisen, beginnt ein sinnloser Streit. Sinnlos ist er, weil der Richter gar nicht ein bestimmtes Handeln verurteilen wollte, sondern den Menschen. Der Vorwurf: »Warum bist du wieder so unpünktlich?« kann nicht mit Erklärungen für ein Zuspätkommen abgewiesen werden, sondern allenfalls mit dem Hinweis, daß solche Formen der schuldzuweisenden Kommunikation unfair sind.
Wenn Partnerschaften zerbrechen, dann nicht selten, weil Schuldzuweisungen der genannten Art einen oder beide Partner hilflos und ohnmächtig machen. In diesem Fall vereinigt sich der Richter mit dem Sieger. Unweigerlich stellt sich auf die Dauer so etwas wie Feind-Aggressivität ein. Im Verlauf von Partnerschaftstherapien müssen beide Partner auf solche schuldzuweisenden Du-Anreden verzichten lernen. Gelingt ihnen das nicht, breche ich die Therapie, weil kaum erfolgversprechend, ab.

7. Der Helfer

Der unerbetene Helfer kann zu einer ebensolchen Landplage werden wie der ungefragte Ratgeber. Helfer sind Menschen, die selbst in dem einen oder anderen wichtigen Lebensbereich hilflos sind und ihre Hilflosigkeit dadurch kompensieren, daß sie anderen auch unerbeten zu helfen versuchen. Die Psychopathologie spricht vom »Helfer-Syndrom«.[79] An dieser Störung leidende Menschen wählen nicht selten einen Helfer-Beruf (meist eine Ausgliederung des

79 »Die innere Situation des Menschen mit dem Helfer-Syndrom läßt sich in einem Bild beschreiben: Ein verwahrlostes, hungriges Baby hinter einer prächtigen, starken Fassade« (Wolfgang Schmidtbauer, Die hilflosen Helfer, Reinbek [Rowohlt] 1977, 16). Ein solcher Mensch zählt zu den oralen Persön-

Schamanen, des Arztpriesters): Arzt, Krankenschwester, Geistlicher,[80] Psychotherapeut, Sozialarbeiter. Helfern fällt es sehr schwer, fremde Hilfe zu akzeptieren. Das würde die eigene Größe mindern. Das Helfen wird auf Kosten der eigenen Entwicklung zu einer zwangshaft-starren Lebensorganisation. Eigene Schwächen und Mängel werden verleugnet, und die Gegenseitigkeit und Intimität von sozialen Beziehungen werden vermieden. (An deren Stelle treten bestenfalls wechselseitige narzißtische Bestätigungen.)

Man könnte vermuten, daß diese Helfer überall Freunde haben. Das ist jedoch nicht der Fall. Sie haben meist viele »gute Bekannte«, nicht selten jedoch auch Feinde, obschon dieses »Allen-helfen-Wollen« auf den ersten Blick bei anderen kaum aggressives Potential freisetzen sollte. Helfer helfen jedoch ohne Empathie (Einfühlung). Das zwanghafte Helfen-Müssen wird erkauft mit einem erheblichen Verlust an Einfühlungsvermögen. Und Hilfe ohne Empathie wird keineswegs von allen Menschen geschätzt. Helfer werden also alle die zu Feinden haben, denen ihre narzißtische Gottähnlichkeit auf den Nerv geht. Dieses Syndrom will ich an zwei Beispielen vorstellen:

- Einer meiner Bekannten ist ein angesehener Arzt, der sich für seinen Beruf verzehrt und – so sagt er – kaum Zeit habe für Frau, Kinder, Freunde. Als er mich einmal besuchte, berichtete er nebenbei, er litte unter Gewichtsverlust, Verstopfung, Appetitlosigkeit, Antriebsarmut, Impotenz. Auf meine Frage, ob er

---

lichkeiten: »Die eigenen Bedürfnisse narzißtischer Versorgung durch Zuwendung und offenen Austausch von Gefühlen können nicht angemessen befriedigt werden, weil sie sich nur indirekt – durch das starre Festhalten an der Helfer-Rolle – ausdrücken« (ibd., 16). Orale Persönlichkeiten sind – auf Grund früher Verwundungen – unfähig, stabile wechselseitige Beziehungen aufzubauen und aufrechtzuerhalten.

80 Ein Musterbeispiel eines am Helfer-Syndrom erkrankten Mannes ist der christliche Apostel Paulus. Er schreibt an die Christen in Saloniki: »Ihr erinnert euch, Brüder, an unsere Mühe und Anstrengung. Tag und Nacht haben wir gearbeitet, um keinem von euch zur Last zu fallen, und haben euch so das Evangelium verkündet« (1 Thess. 2,9).

schon einmal an eine depressive Störung gedacht habe, antwortete er mir, daß er doch nicht an Schlaflosigkeit leide, also sei er auch nicht depressiv. Er lehnte lange Monate jede Hilfe ab. Das Eingeständnis, krank zu sein und somit fremder Hilfe zu bedürfen, war ihm unmöglich. Erst als ein Selbstmordversuch mißglückte, mußte er wohl oder übel fremde Hilfe annehmen. Doch kaum aus der Behandlung entlassen, stürzte er sich wieder in seinen Beruf. Meinen Hinweis, daß es möglicherweise nützlich sei, das seiner ausgeheilten Depression zugrunde liegende Übel, das Helfer-Syndrom, zu therapieren, wies er energisch ab. Sein Lebenssinn sei es doch, anderen zu helfen, und den könne er doch nicht aufgeben. Ich war erstaunt, als ich, wenige Tage nach diesem Gespräch, mit einem seiner Kollegen sprach. Nach dessen Urteil war mein Bekannter ein egozentrischer, aufgeblasener, arroganter Scharlatan. Ich versuchte, dem Haß auf den Grund zu kommen. Da war mehr im Spiel als der typische Neid der Helfer untereinander. Mir war der so Verurteilte immer als bescheidener und höflicher Mensch begegnet. Doch hinterließ er bei seinen Kollegen offenbar den Eindruck, er beanspruche ein hohes Maß an Gottähnlichkeit. Später entdeckte ich noch mehrere solcher Feinde.

- Ein mir bekannter katholischer Pfarrer ging ganz in der Seelsorge auf. Seit Jahren hatte er keinen Urlaub genommen. Sein Ich-Ideal war bestimmt von seinem Priestersein, das er, in der Nachfolge Jesu, bis hin zur Selbstaufgabe realisieren möchte. Er vernachlässigte alle Arbeiten (Verwaltung, Organisation, Führen von Büchern), die nicht unmittelbar seelsorgerischer Art waren. Seit Jahren schon litt er unter psychosomatischen Beschwerden[81]

---

81 Um eine psychische Störung (beim Helfer-Syndrom also eine oral-narzißtische) in eine somatische zu konvertieren, müssen einige Bedingungen erfüllt sein:

a) Unerfüllte psychische Bedürfnisse (hier: einem phantastischen Ich-Ideal folgend) lösen einen Zustand vegetativer Dauererregung aus.
b) Durch frühkindliche Erlebnisse muß ein primitiver Rückübersetzungsmechanismus vom Psychischen in die Sprache des Körpers erhalten geblieben sein.
c) Es muß eine genetische Disposition vorhanden sein, die der Konversion ein entsprechendes Organ zur Verfügung stellt.

wie Schlaflosigkeit, Durchfall wechselnd mit Verstopfung, und Asthma. Erst eine rheumatische Gelenkentzündung ließ ihn zum Arzt gehen. Der behandelte ihn zunächst – mit geringem Erfolg – rein somatisch. Leider war die Krankheit schon zu weit fortgeschritten, als daß der Prozeß durch eine Psychotherapie hätte unterbrochen werden können. Man möchte annehmen, der Pfarrer habe eine Welt voller Freunde. Das aber war keineswegs der Fall. Nicht alle Menschen lassen sich gerne von Menschen helfen, die mit Eifer fehlende Empathie maskieren. Und so lehnten ihn einige, denen er geholfen hatte, feindschaftlich ab. Manchem seiner Kollegen bereitete sein Eifer sogar Schuldgefühle. Auch das führte zu antipathischen Besetzungen.

8. Der Besserwisser

Ein böser Spruch unterscheidet einen Lehrer von Gott: Gott wisse alles – ein Lehrer aber wisse alles besser. Es gibt Menschen, die prinzipiell an allem, was andere sagen, besserwisserisch herumnörgeln. Meistens sind es halbgebildete Dilettanten, die sich aus allen möglichen Wissensbereichen einiges angelesen haben. Sie sind Fachleute für Politik wie für Astronomie, für Wirtschaftswissenschaften wie für Musik, für Arbeitsrecht wie für Psychologie, für Medizin wie für Edelsteine, für Sport wie für Geographie. Das wäre an und für sich nicht sonderlich aufregend, wenn sie nicht stets ihre Mitmenschen korrigieren, ergänzen oder belehren müßten. Dadurch nämlich machen sie sich unbeliebt. An einem Beispiel möchte ich diesen Fall erläutern:

- In diesem Fall handelt es sich zufällig um einen Grundschullehrer (fast alle anderen, die ich kennenlernen durfte, waren keineswegs besserwisserisch). Wir unterhielten uns im September 1993 über den Krieg in Bosnien. Ich war wenige Tage zuvor aus Zagreb zurückgekommen und war erstaunt über die faschistoiden Strukturen, die sich in Kroatien auszubilden begannen. Als ich davon erzählte, fiel er mir ins Wort und behauptete, Kroatien sei ein Muster an Demokratie. Einige Sätze später brachte er die

Rede auf die Arbeitslosigkeit in der BRD. Ich äußerte und begründete meine Meinung, daß das Tal noch lange nicht erreicht sei. Er korrigierte mich mit dem Hinweis, daß es spätestens im Oktober 1993 wieder aufwärtsgehe. Und so ging es fort: Er belehrte mich über die neuesten Erkenntnisse der Wissenschaftstheorie, nachdem ich ihm sagte, daß ich ebendieses Fach als Hochschullehrer vertrete. Da ich mich über seine Art ärgerte, erkundigte ich mich bei einigen seiner Nachbarn und Kollegen über ihn. Er galt als Eigenbrötler, und die meisten lehnten ihn heftig ab.

9. Der Arrogante

Ein Mensch gilt als arrogant, wenn er unbegründet und/oder unberechtigt in Haltung, Gestus, Worten soziale Überlegenheit demonstriert. Ich bin bislang noch keinem arroganten Menschen begegnet, der die Demonstration seiner Überlegenheit etwas anderem verdankte als seinen Mindergefühlen. Arroganz ist also der Versuch, sie zu kompensieren. Nicht selten sind es soziale oder intellektuelle Mindergefühle, die den arroganten Menschen beherrschen. Eine bescheidene soziale Herkunft wird durch arrogantes Auftreten ebenso verborgen wie eine defizitäre Schulbildung. Ich machte eine merkwürdige Beobachtung: Seminarteilnehmer, die ihr Kinn hoch trugen, wurden von den anderen bevorzugt als arrogant charakterisiert, selbst wenn sie noch so bescheiden waren. (Vermutlich gelten auch Kamele nur deshalb als arrogant, weil man ihnen in die Nasenlöcher blicken kann.) Besonders deutlich wurde auf Arroganz erkannt, wenn der/die so Erkennende selbst Merkmale zeigte, die als Arroganz interpretiert wurden. Offenbar handelt es sich bei der Wahrnehmung von Arroganz nicht selten um Projektionen. Das Gemeinte sei an zwei Beispielen erläutert:

- Ein Manager hatte es zu einer hohen Führungsposition gebracht, obschon er »nur« Volkschulabschluß und eine Lehre gemacht hatte. Anstatt nun aber stolz auf diese Leistung zu sein, zeigte er ein ausgesprochen arrogantes Wesen. Überheblich fertigte er Seminarteilnehmer ab, deren Beiträge deutlich besser waren als seine eigenen. Die anderen Teilnehmer reagierten ausgesprochen negativ auf dieses Verhalten. Da ich mich wunderte, wie er bei diesem Verhaltensmuster Hauptabteilungsleiter hatte werden können, erkundigte ich mich unter der Hand bei anderen Führungskräften dieses Unternehmens. Diese waren einhellig der Meinung, das arrogante Verhalten sei erst mit der Beförderung zum Hauptabteilungsleiter entstanden. Vorher sei er ein bescheidener Kollege gewesen. Nun mache er sich denkbar unbeliebt bei Vorgesetzten, Kollegen und Mitarbeitern. Während eines Folgeseminars sprach ich ihn auf seine Zukunftspläne an. Er sprach von seiner Hoffnung, bald Vorstand zu werden. Obschon ich sonst kein Verhaltenstraining anbiete, gelang es mir nach einigen Mühen, seine Arroganz durch Stolz auf seine berufliche Laufbahn zu ersetzen.

- Ein Manager eines großen deutschen Unternehmens wollte seine Stellung wechseln. Ich versuchte ihm dabei behilflich zu sein. Ein Gespräch mit dem Aufsichtsratsvorsitzenden verlief bis zur letzten Frage ausgesprochen zufriedenstellend. Endlich wurde er nach seinen Gehaltsvorstellungen gefragt. Er antwortete: »Das ist mir ziemlich gleichgültig.« Diese Äußerung wurde als arrogant interpretiert, und der Betroffene erhielt aus diesem Grund die Vorstandsposition nicht. Das tragische an der Geschichte ist, daß er alles andere als arrogant ist.

10. Der Neider

Sigmund Freud war der Meinung, die einzig soziale Motivation von Menschen gründe in einer »Reaktion auf den anfänglichen Neid, mit dem das ältere Kind das jüngere aufnimmt«. Nur weil es dem Kind nicht möglich sei, seine Feindschaft gegen alle möglichen Konkurrenten um die Liebe der Eltern aufrechtzuerhalten, bilde sich durch Internalisierung dieser Konkurrenten ein Gemeinschaftsgefühl, das sich vor allem in der Forderung nach gleicher (= gerechter) Behandlung aller ausdrücke. Diese Auffassung läßt sich kaum mehr aufrechterhalten. Seit *Michael Balint* die »primäre Liebe« des Kindes entdeckte, welche die Grundlage für alle Formen sozialer Beziehungsaufnahme bildet, wissen wir, daß wir Menschen radikal soziale Wesen sind.[82] Der Neid hat also eine andere Quelle: Die primäre Liebe kann sich nur erhalten und entwickeln, wenn die primäre Bezugsperson das Kind einfühlend annimmt. Begegnet die primäre Liebe dagegen eher Ablehnung und mangelnder Empathie, kann sie sich nicht zu einer realistischen Form der Gegenseitigkeit entwickeln. Sie wird aus dem psychischen Kontext abgespalten. Nun wird die Bezugsperson mit Haß besetzt. Dennoch aber bleibt sie dem Kind so wichtig, daß jedes andere Objekt, dem sich die Bezugsperson zuwendet, beneidet wird. Neid ist also wie Haß keine ursprüngliche Begabung des Menschen. Das Neiden-Können ist vielmehr die Folge einer enttäuschten frühen Liebe.

Nur so ist auch verständlich, daß *Karl Marx* über die kapitalistische und die kommunistische Gesellschaft der ersten Stufe schreibt: »Der allgemeine und als Macht sich konstituierende Neid ist die versteckte Form, in welcher die Habsucht sich herstellt.«[83] Ob wir nun mit *Balint* die Ursache des Neides in enttäuschter Liebe oder mit *Marx* in dem gesellschaftlichen Institut des Privateigentums sehen, in beiden Fällen ist Neid etwas Pathologisches, dem nur deshalb kein Krankheitswert zugesprochen wird, weil er so sehr verbreitet ist und zur Grundlage unserer konkreten ökonomischen und politischen Verfaßtheit wurde.

Daß Neid Feinde schafft (mitunter, nicht aber zwingend den Beneideten), wurde schon gezeigt. Daß aber auch der Neider sich Feinde

---

82 Auch die Evolutionstheorie legt eine ursprüngliche Sozialität des Menschen nahe. »Gerade was soziales Teilen angeht, betehen zu viele Übereinstimmungen zwischen den Menschenaffen und den urtümlichen Kulturen der Jäger und Sammler, um an einer ursprünglichen Motivation zu altruistischem Verhalten zu zweifeln. Schimpansen teilen zwar nicht Früchte und andere pflanzliche Nahrungsmittel, wohl aber fast regelmäßig erbeutetes Fleisch, wobei es regelrechte Bitt-Rituale gibt« (W. Schmidtbauer, a.a.O., Seite 33).

83 MEGA III, 1, 112. Der Neid gründet nach Marx also im Privateigentum. Es »hat uns so dumm und einseitig gemacht, daß ein Gegenstand erst der unsrige ist, wenn wir ihn haben« (ibd., 118). Im Kommunismus der dritten Stufe wird es kein Privateigentum und also auch keinen Neid mehr geben.

schafft, ist noch zu zeigen. Der Neider ist unfähig, stabile erotisch-soziale Beziehungen (wie Freundschaft oder Kameradschaft) einzugehen. Seine sozialen Beziehungen werden bestimmt vom Besitzenwollen von etwas, das ein anderer hat, er aber nicht. Er wird den anderen seines Besitzes willen beneiden. Neid konstituiert also eine soziale Beziehung, doch der Partner des Neiders wird im Neider keinen Menschen finden, mit dem es sich lohnt, eine positiv-soziale Beziehung aufzunehmen. Im allgemeinen wird der Neider vielmehr feind-aggressiv abgelehnt (»Mit dem will ich nichts zu tun haben!«). Wir haben schon gesehen, daß der Neid zu Mitteln greift (wie Ehrabschneidung, Intrigen...), die zur feindschaftlichen Ablehnung führen (können). Hier kommt es darauf an zu zeigen, daß allein das Beneiden und die ihm zugrundeliegenden Ursachen zur feindschaftlichen Ablehnung führen können. Dazu zwei Beispiele:

- Ich hatte einmal einen Nachbarn, dessen wichtigste soziale Emotion der Neid war. Wenn ein Nachbar etwas besaß, das ihm abging, versuchte er, es sich anzueignen. Objekte, die er unbedingt, durch Neid getrieben, besitzen mußte, waren exotische Blumen, ein schöner Zwetschenbaum, der unkrautfreieste Rasen, ein BMW... Er schränkte sich im Konsumbereich erheblich ein, um die Dinge kaufen zu können, welche die Nachbarn auch hatten. Da er außer der Neid-Beziehung kaum andere konstruktive Sozialbeziehungen aufnahm und er nicht bereit war zum sozialen Teilen (etwa beim Ausleihen von Gartengerät), wurde er allgemein feindschaftlich abgelehnt.
- Ein Abteilungsleiter eines großen Unternehmens beneidete seine Kollegen, wenn sie, und nicht er, befördert wurden. Er war der Meinung, er habe die soziale Anerkennung ebenso verdient wie jene. Da er aber mit denen, die er beneidete, keine konstruktiven sozialen Beziehungen aufnehmen wollte (konnte), galt er allgemein als wenig kontaktfreudig und wenig sozialorientiert. Dieser Mangel, verbunden mit seinem offenen Ehrgeiz, führte zur feindseligen Ablehnung. Sein Neid war der Grund, daß er nicht das Ziel erreichte, um das er andere beneidete.

11. Der Oberflächliche

Menschen, die jedem Gespräch ausweichen, weil sie sich nur im »small talk« wohl fühlen, werden gemeinhin als »oberflächlich« charakterisiert (in der Psychopathologie würde man von hyperthymen Persönlichkeiten[84] sprechen): »Mit dem kann man kein vernünftiges Wort reden.« Das soll nicht bedeuten, daß solche als oberflächlich charakterisierte Menschen nicht angeregte Unterhalter sein können. Manche sprühen nur so von Geist. Nur zu einem vom Allgemeinen Bewußtsein als wichtig eingestuften Thema schweigen sie entweder oder bringen es mit Scherzbemerkungen zum Ende. Mitunter spricht man auch von »Salonblödsinn«. Es handelt sich hier um eine Form einer nicht-psychotischen Wahnbildung.[85]

Nun gibt es sicherlich auch das Gegenteil: Menschen, die unfähig sind zum »small talk«, weil sie darin Zeitvergeudung sehen oder unverantwortbaren Umgang mit Sprache. »Small talk« hat jedoch eine wichtige, Beziehungen stiftende Funktion. Es gehört zu den Interaktionen des »geselligen Lärmens«, wie man es bei Buben findet, die aus der Klasse in die Pause strömen, oder bei manchen Zugvögeln, die auf Telegrafendrähten sitzen und stundenlang zwitschern. Die sozialen Bindungen, die auf solche Weise zustande kommen, sind zwar oft nicht sehr beständig und selten belastbar – aber sie beenden Kontaktunsicherheiten (mitunter gar Kontaktängste). Außer im deutschen Kulturraum ist es üblich, selbst eine wichtige Verhandlung mit einem »small talk« zu beginnen, um Kontaktunsicherheiten zu beheben. Im deutschen Sprachraum »kommt man möglichst gleich zur Sache«. Aus diesem Grund wird der Unfähigkeit zum »small talk« in Deutschland kein Krankheitswert zugesprochen.

---

84 Hyperthyme Persönlichkeiten zeigen meist eine oberflächlich heitere Grundstimmung, ein lebhaftes Temperament und gesteigerte Aktivität, vor allem in der Form der Redseligkeit und der Betriebsamkeit.

85 Dieser »Salonblödsinn« manifestiert sich nicht selten in wortgewandt-eingelernten Unterhaltungen. Typisch ist jedoch eine ausgeprägte Kritik- und Urteilsschwäche. Sie fand ihren Namen, weil sie häufig in den literarischen Salons des 19. Jahrhunderts verbreitet war. Oft wurde sie auch in der Literatur dargestellt (z. B. Ibsens Baumeister Solneß). Sie ist aber auch dem Volkswitz bekannt (Graf Bobby).

Im Gegenteil, der »Oberflächliche« weicht von der Norm ab. Sein Verhalten kann zwar durchaus einen pathologischen Hintergrund haben – muß es aber nicht. Es gibt Menschen, die hinter ihrer offenkundig zur Schau gestellten Oberflächlichkeit eine defizitäre Bildung verstecken wollen. Andere haben erkannt, daß man sich so in vielen Situationen das Leben erleichtert. Und doch fallen diese »Dünnbrettbohrer«, wenn sie diese Tätigkeit als bevorzugten Kommunikationsstil wählen, all jenen auf die Nerven, die zum »small talk« unfähig sind. Man wirft ihnen mangelnde Ernsthaftigkeit, mangelndes Einfühlungsvermögen, mangelnde Tiefe, mangelnde Bereitschaft, sich auf andere einzulassen, vor. Und diese Urteile, mögen sie stimmen oder nicht, haben in aller Regel einen feind-aggressiven Hintergrund. Ein Beispiel soll das erläutern:

- Einer meiner Seminarteilnehmer entpuppte sich als glänzender Entertainer. Er konnte die Gruppe stundenlang mit seinen witzigen Geschichten glänzend unterhalten. Wollte ein anderer Teilnehmer ein »ernstes Thema« zur Sprache bringen, fiel ihm unverzüglich dazu ein Scherz oder eine heitere Episode ein. Er beherrschte seine Kunst so vollständig, daß er niemanden durch seine Worte verletzte. Man kann natürlich darüber streiten, ob er als Unternehmer den richtigen Beruf wählte. Aber das kam nicht zur Sprache. Einige Mitglieder der Gruppe litten unter seiner oberflächlichen Selbstdarstellung, weil er sie in ihren eigenen Selbstdarstellungswünschen frustrierte. Diese Ursache wurde jedoch nicht genannt. Er wurde vielmehr als »für diesen Kreis zu oberflächlich« qualifiziert.

12. Der Unverschämte

»Unverschämt« nennt man gemeinhin einen Menschen, der ohne Rücksicht auf das soziale Feld und ohne Berücksichtigung der sozialen Situation in unhöflichen Worten seine Meinung sagt. Solche Unverschämtheit kann – wie gemeinhin vorausgesetzt wird – in mangelnder Erziehung oder in fehlender Herzensbildung gründen. Sie kann aber auch einen Abwehrmechanismus vorstellen. Dann will Unverschämtheit einen Schutzwall um die eigene Verletzlichkeit errichten. Die weitaus meisten Menschen, die zu unverschämten Bemerkungen neigen, waren – meiner Erfahrung nach – Mimosen, die sich durch Stacheln zu schützen versuchten. Wer das erkennt, kann unschwer mit solcher Abwehr-Unverschämtheit leben (oder sollte es lernen). Unverschämtheit löst jedoch zumindest bei denen, die sie betrifft, meist feind-aggressive Stimmungen aus. Auch hierzu wieder einige Beispiele:

- Eine meiner Studentinnen pflegte in der »Fragestunde« zur Hauptvorlesung in Wissenschaftstheorie von mir und anderen als ausgesprochen unverschämt wahrgenommene Fragen zu stellen oder Anmerkungen unterzubringen. »Was Sie da gesagt haben, ist doch völliger Quatsch!», »Sie sind ein intoleranter Macho!«, »Warum behaupten Sie solchen Unsinn?« . . . Und so weiter. Weil ich der Meinung bin, daß jeder Mensch das Recht hat, mich nicht leiden zu mögen, ging ich, soweit möglich, ernsthaft und gründlich auf den Sachanteil ihrer Einwände ein. Nachdem sie zu Semesterende ein sehr gutes Examen abgelegt hatte, kam sie in meine Sprechstunde. Vor mir saß ein völlig desorientierter und hilfloser Mensch. Ihre Eltern kümmerten sich kaum um sie. Ihre Freundschaften zerbrachen. Sie war unsicher, das richtige Studienfach gewählt zu haben. Eine Berufsvorstellung war nicht ausgebildet worden. Sie sei zu mir gekommen, weil ich der einzige Mensch sei, der sie verstehe.
- Ein junger Mann, der gerade mit sehr guter Note und nach acht Semestern sein Betriebswirtschaftsstudium abgeschlossen hatte, pflegte, als Trainee bei einem großen deutschen Unternehmen angestellt, bei jeder Gelegenheit sein vermeintlich überlegenes Hochschulwissen anzubringen. Er machte sich lustig über die in diesem Unternehmen praktizierte Kostenrechnung (Deckungsbeitragsrechnung) und versuchte bei jeder Gelegenheit, die Vorzüge der Prozeßkostenrechnung herauszustellen. Er korrigierte bei Sitzungen, an denen er als Zuhörer teilnehmen durfte, nahezu alle betriebswirtschaftlichen Ausführungen der Anwesenden, sei es, daß er sein scheinbar überlegenes Wissen in Finanzierungsfragen oder im Investitionsbereich einbrachte, sei es, daß er die Verhandlungsführung kritisierte. Dieses Unternehmen

hatte – auf meinen Rat hin – die Regel eingeführt, nach der sich jeder neu eingestellte Mitarbeiter einen Coach seines Vertrauens suchen sollte. Dieser hatte unter anderem die Aufgabe, den Neuen in die Unternehmenskultur einzuführen und auf Fehler aufmerksam zu machen. Seinem Coach gelang es, den jungen Mann darauf aufmerksam zu machen, daß sein Verhalten sehr übel vermerkt werde und sein Ausscheiden aus dem Unternehmen geplant sei. Das Coaching bewirkte, was offenbar das Elternhaus versäumt hatte: Der junge Mann paßte sich in soziale Felder ein und wurde mit guten Aufstiegschancen nach seiner Trainee-Zeit vom Unternehmen übernommen.

13. Der Spielverderber

Spielverderber sind Menschen, die sich nicht an vorgegebene Regeln des konstruktiven Zusammenlebens halten oder sie zu ihren Gunsten zu ändern versuchen. Daß sie auch bei nicht zwangshaft fixierten Regelbefolgern eine Menge an aggressivem Potential freisetzen, dürfte unmittelbar einleuchten. Stellen Sie sich etwa vor, während eines Fußballspiels bestehe einer der Spieler darauf, es werde jetzt Handball gespielt, und verhielte sich dementsprechend.
Auch der Fall des Spielverderbers soll an zwei Beispielen erläutert werden:

- In einem Unternehmen war auf meine Empfehlung hin die Problemlösungsmethode der Auflistung notwendiger Bedingungen[86] eingeführt worden. Einer der Konferenzteilnehmer versuchte regelmäßig durch evident-unerfüllbare Bedingungen, das Vorhaben zum Scheitern zu bringen. Da alle anderen Teilnehmer

86 Bei dieser Methode, Probleme zu lösen, wird das zu lösende Problem so formuliert, daß notwendige Bedingungen aufgelistet werden können, die, wenn sie alle erfüllt oder mit sinnvollem Aufwand erfüllbar gemacht werden können, eine bestimmte Problemlösung bejahen. Ein Beispiel mag das Gemeinte erläutern: Eine Erweiterungsinvestition soll nur vorgenommen werden, wenn (a) die jetzige Kapazitätsauslastung mehr als 85 Prozent beträgt, (b) ein

aber überzeugt waren, daß diese Methode optimal geeignet sei, ein rational zu lösendes Problem einer solchen Lösung zuzuführen, reagierten sie ausgesprochen aggressiv auf den Spielverderber. Nachdem sie seine Beiträge einfach nicht mehr zur Kenntnis nahmen, blieb er einige Wochen von allen Konferenzen fern. Erst als er bemerkte, daß sein Einfluß im Unternehmen drastisch zurückging, bequemte er sich, wieder an den Sitzungen teilzunehmen. Nach einiger Zeit des trotzenden Schweigens begann er an der Problemlösungsmethode Gefallen zu finden und mitzuspielen.

- Ein Einzelkind veränderte beim Spiel im Kindergarten und in der Grundschule ständig die Regeln zu seinen Gunsten, wenn eine »Niederlage« drohte. Bald wollte kein Kind mehr mit dem Jungen spielen. Er wurde feind-aggressiv abgelehnt und konnte sich nur durch seine überlegene Körperkraft in Schlägereien wehren. Er verlor langsam alle sozialen Kontakte zu Gleichaltrigen. Erst als er ab dem 4. Schuljahr recht gute Schulleistungen erbrachte, wurde er – wenn auch nicht freundschaftlich – von seinen Mitschülern akzeptiert. Inzwischen zum Studenten herangereift, machen ihm emotional bezogene, von ihm als fordernd erlebte Sozialkontakte erhebliche Schwierigkeiten.

Ende der gegenwärtigen Rezession abzusehen ist, (c) geeignetes Personal vorhanden ist, (d) die Finanzierung gesichert ist, (e) die Nachfrage nach dem erzeugten Produkt voraussichtlich steigt, (f) ein Wettbewerbsvorteil entsteht... Die Bedingungen (b) und (d) sind zur Zeit nicht entscheidbar. Nun könnte man mit der Investition warten, bis sie entscheidbar geworden sind. Dann aber ist mit Sicherheit (d) nicht mehr erfüllt. Also wird man, wenn (b) vernünftigerweise erwartet werden kann und alle anderen Bedingungen erfüllt sind, bei einiger Risikofreude dem Investitionsvorhaben zustimmen können. Ein Spielverderber wird nun etwa eine unerfüllbare oder unentscheidbare Bedingung nennen, etwa: (g) Es muß sichergestellt sein, daß sich das Betriebsergebnis auf Grund der Investition schon im Folgejahr um 20 Prozent verbessert. Diese dialektische Methode der Problemlösung habe ich ausführlich dargestellt in: Kommunikation für Manager, ETB 21137, Düsseldorf 1991, Seiten 35–94.

14. Der Schwätzer

»Schwätzer« sind Menschen, die alles weitertragen, was ihnen zu Ohren gekommen ist. Da sich in solchem Tratschen die Inhalte verändern, verbreiten sie nicht nur Gerüchte, sondern erzeugen sie auch. Bei ihnen ist kein Geheimnis aufgehoben. Ein innerer Zwang nach Anerkennung, die sie anders nicht zu erlangen meinen, treibt sie dazu, alles, was sie gehört haben (oder gehört zu haben glauben), weiterzuerzählen. Das Schwätzen ist insoweit pathologisch, als das Ziel, soziale Anerkennung, in aller Regel nicht erreicht wird. (Allenfalls andere Schwätzer werden ihn anerkennen.) Auch hier wieder zwei Erläuterungsbeispiele:

- Einer meiner Kollegen von einer anderen Hochschule zeigte sich stets aufs beste über alle Vorgänge an seiner Hochschule informiert – vor allem aber über Skandalgeschichten. Stets, wenn wir zusammentrafen, mußte ich mir das Neueste aus seiner Gerüchteküche anhören. Wenn ich das Thema zu wechseln versuchte, kam er doch nach wenigen Minuten auf seinen Tratsch zurück. Offensichtlich war das Tratschen die einzige private Form der Kommunikation, die er beherrschte. Bei einem Gespräch mit einem Kollegen hörte ich, daß er durch sein Gerede einen Hochschullehrer um Amt und Würden gebracht hatte. Nicht wenige fürchteten ihn und gingen ihm möglichst aus dem Wege. Andere lehnten ihn offen-aggressiv ab.
- Als ich in einer deutschen Großstadt für einige Wochen den erkrankten Pfarrer vertrat, versorgte mich seine Haushälterin mit allem – vor allem aber mit skandalösen Informationen aus der Gemeinde und den Nachbargemeinden. Selbst vertrauliches Wissen, daß ihr als Pfarrhaushälterin unvermeidbar zu Ohren kam, wurde weitergetragen. In der Gemeinde selbst war sie keineswegs angesehen, sondern wurde von vielen aggressiv abgelehnt. Mein Hinweis, doch etwas vorsichtiger zu sein mit ihrem Wort, führte dazu, daß sie sich tagelang weigerte, mit mir zu sprechen. In der Gemeinde stellte sie mich als schikanösen Pfarrer dar, der sich nicht für die Gemeindeangelegenheiten interessiere. Als der inzwischen gesundete Pfarrer wieder nach Hause kam, erzählte ich ihm von den Schwierigkeiten mit seiner Haus-

hälterin. Er lachte nur laut auf und schilderte mir die Nachteile des Lebens in einer Ordensgemeinschaft: Auf eine Haushälterin zu verzichten sei ein größeres Übel, als eine Tratschbase im Hause zu haben. Ich war zwar anderer Meinung, aber ...

15. Der Unzuverlässige

Unzuverlässig sind Menschen, auf deren Wort man sich nicht verlassen kann. Ihre Versprechungen und Zusagen halten sie nicht ein. Das Schwierige im Umgang mit Unzuverlässigen ist ihre Unfähigkeit einzusehen, daß sie sich fehlverhalten. Unzuverlässige Menschen werden eine Menge guter Gründe anzugeben wissen, warum sie ihre Zusage, ihr Versprechen nicht halten konnten. Sie wundern sich zumeist, wenn man ihre Gründe nicht nachvollziehen kann. Mitunter behaupten sie sogar beharrlich, sie hätten ihr Versprechen, ihre Zusage eingehalten.[87]
Objektiv liegt Unzuverlässigkeit immer dann vor, wenn sie offensichtlich (statistisch erhebbar) von der Normalität von Zuverlässigkeit abweicht. Einige Beispiele sollen erläutern, wie Menschen sich durch objektive Unzuverlässigkeit Feinde schaffen (können):

87 Nun kann sicherlich einer der Gründe vermeintlicher Unzuverlässigkeit darin bestehen, daß ein Partner dem Realismus der Containermetapher huldigt – also der irrigen Ansicht ist, zwei Menschen müßten eine bestimmte Signalmenge auch zu identischen Informationen verarbeiten. Hier handelt es sich nicht um die Erscheinung von Unzuverlässigkeit, sondern die des Mißverstehens. Man sollte also nicht allzuleicht auf Unzuverlässigkeit erkennen. Erst gilt es, die Möglichkeit eines Mißverstehens auszuräumen. Mißverständnisse sind immer dann zu erwarten, wenn Interessen, Erwartungen, Bedürfnisse und Werteinstellungen verschieden sind. Dann kommt es zu projektiven und selektiven Wahrnehmungen. Bei projektivem Verstehen wird das verstanden, was im Erwartungshorizont des Verstehenden liegt. Es kann etwas durchaus anderes sein, als der Sprecher meinte. Selektives Verstehen liegt dann vor, wenn der Verstehende nur das wahrnimmt, was in seinem Erwartungshorizont liegt. Projektives und selektives Verstehen sind die typischen Formen des Mißverstehens. Im 12. Kapitel wird noch einiges mehr zum Thema Verstehen–Mißverstehen vorgestellt werden, da auch häufiges Mißverstehen zu feind-aggressiven Einstellungen führen kann. Hier sei jedoch nur von »objektiver Unzuverlässigkeit« gehandelt.

- Einer meiner Bekannten pflegt seiner Frau alles mögliche zu versprechen: die baldige Reparatur des Treppengeländers, die Montage eines Waschbeckens, sie pünktlich vom Einkauf abzuholen ... Er pflegt keines dieser Versprechen zu halten. Meist ist ihm irgend etwas dazwischengekommen. Oder er leugnet, Entsprechendes je versprochen (sondern allenfalls laut angedacht) zu haben. Obschon die beiden fast 25 Jahre verheiratet sind, kann die Frau sich nicht an diese Unzuverlässigkeit ihres Mannes gewöhnen. Sie leidet, wird mitunter wütend, macht ihm Vorwürfe. In diesen Vorwürfen erkennt sich der Mann nicht wieder, ist selbst verletzt und gekränkt.
- Ein anderer meiner Bekannten versprach seinem Geschäftspartner, ihm einige Tage in der Woche beratend und planend zur Verfügung zu stehen. Anfangs hielt er sein Versprechen. Dann aber hielt er anderes für wichtiger. Da er durch sein Verhalten den Unternehmensbestand gefährdete, kündigte sein Geschäftspartner ihm die Freundschaft auf. Mein Bekannter behauptete, er habe sich nicht mehr an sein Versprechen gebunden gefühlt, weil er mit Personen zusammenarbeiten sollte, die in keiner Weise – ihrer Unzuverlässigkeit wegen – für ihren Job geeignet seien. Mithin sei die Geschäftsgrundlage seines Versprechens entfallen. Eine Freundschaft verwandelte sich in eine feind-aggressiv besetzte Beziehung.

16. Der Fanatiker

Die »idiolatrische Irrationalität« (Idiolatrie) führte besonders in unserem Jahrhundert zur Ausprägung verschiedenster Formen von Fanatismus. *Kurt Tucholsky* war der Ansicht, daß Fanatismus immer dann auftrete, wenn eine große Idee in einen zu kleinen Kopf gerät. Die fanatische Unduldsamkeit gehört zu den nicht-psychotischen Wahnbildungen. Kein großes Ideensystem ist vom Fanatismus mancher seiner Anhänger verschont geblieben. Kreuzzüge, Ketzerverfolgungen und Hexenverbrennungen zeugen von christlichem Fanatismus. Der Bolschewismus war eine fanatisch entartete Form des Marxismus. Vor allem aber sind es manche religiöse Sekten, die heute fanatische Unduldsamkeit gegenüber anderen Überzeugungen fordern. Nicht nur Gesellschaften, die sich im ausschließlichen Besitz von Wahrheit wähnen, drohen in Formen fanatischer Unduldsamkeit zu entarten, sondern auch Personen.

Gemeinhin nennt man solche Individual-Fanatiker, die nicht Agenten eines fanatischen Sozialgebildes sind, Querulanten. Sie sind rechthaberisch und unbelehrbar. Ihr »Einsatz kann sich beinahe prozeßhaft steigern, die absolut und selbstlos verfolgten Ziele werden kritiklos und in selbstschädigender Weise verfolgt«.[88] Daß solche Menschen wie Magnete Feindaggressivität auf sich ziehen, sollte nicht wundern. Einige Beispiele mögen das erläutern:

- Ein katholischer Geistlicher glaubte fest nicht nur an die Existenz des Teufels, sondern auch an dessen Vermögen, Menschen zu besitzen (also an Besessenheit). Er war aktiv mit Teufelsaustreibungen befaßt. Skeptische Einwände wehrte er mit einer Heftigkeit ab, die mir sonst selten begegnete. Dem Kampf gegen den Teufel widmete er sein Leben. Sicherlich taten das viele Zeitgenossen mit einem müden Lächeln ab: Er sei halt ein harmloser Spinner. Als jedoch ein junges Mädchen, dem er Besessenheit bescheinigte, im Verlauf einer Teufelsaustreibung starb, wurde er für viele aufgeklärte Menschen zum Haß-Objekt.
- Ein mir befreundeter Arzt las in meinem Buch über die Ketzer den Abschnitt über *Karl Marx*. Da ich mich darum bemühe, jeden Menschen – auch wenn ich seine Meinung nicht teile – zu verstehen, fällt dieses Kapitel recht positiv aus. Mein Freund protestierte heftig: Wie ich dazu käme, einen Menschen, der soviel Unheil gebracht hätte, so positiv darzustellen. Er erwartete von mir, daß ich in den folgenden Auflagen dieses Kapitel streiche. Die folgende Auflage kam. Da ich nichts an dem beanstandeten Kapitel geändert hatte, unterbrach er unsere Freundschaft für einige Monate.

---

88 W. Bräutigam, Reaktionen, Neurosen und Psychopathien, Klett, Stuttgart [2]1969.

- In meiner Sprechstunde begegnete ich einem Patienten, der gleich im ersten Gespräch eine Haßtirade auf die Sowjetunion losließ. Er sah in ihr – und darin war er gleicher Meinung wie *Ronald Reagan* – den Ursprung alles Bösen in der gegenwärtigen Welt. Ein atomarer Erstschlag gegen dieses Krebsübel der Menschheit sei durchaus angemessen. Er würde der Welt den Frieden bringen. Da er zudem auch Symptome einer psychotischen Wahnbildung (Eifersuchtswahn) zeigte, empfahl ich ihm einen Psychiater. Der Patient kam in meine Sprechstunde, nicht etwa, weil er unter dem Anspruch seines Eifersuchtswahns Schreckliches erlitt, sondern weil er sich von seinen Freunden verlassen sah.

17. Der Nörgler

Es gibt Menschen, denen nichts recht ist. Sie mäkeln an allem herum: an den Leistungen ihrer Mitarbeiter, an den Kochkünsten des Partners, an der Ordnungsliebe ihrer Kinder, an der Qualität der Brötchen, an der Politik in Bonn, an dem Geschmack gegenwärtiger Mode ... Da es ihnen Menschen selten recht machen – und wenn doch, dann bemerken sie es nicht –, nörgeln sie an ihnen, ihren Eigenschaften, ihren Leistungen, ihren Interessen, ihrer mangelnden Urteilsfähigkeit herum. Nörgler sind das Gegenteil von Lobern. Beide können aggressives Potential aufbauen und freisetzen.

Nörgler sind nur selten mit sich zufrieden. Da sie sich das selbst und anderen kaum eingestehen, suchen sie sich Ersatzobjekte – und werden leicht fündig. Und da sie selbst vor dem Anspruch unrealistisch hoher Ideale versagen, müssen auch die anderen vor diesen Ansprüchen versagen. Nörgeln ist stets ein Symptom mangelnder Anpassungsfähigkeit an soziale, emotionale, lokale Situationen. Das Nörgeln setzt in der Regel eine Kette gestörter Interaktionen in Gang: Nörgeln – emotionaler Rückzug dessen, dem das Nörgeln (ausgesprochen oder unausgesprochen) gilt – verstärktes Nörgeln – weiterer Rückzug ...

Der atmosphärische Konflikt, der durch das Nörgeln (»nagging«)

hervorgerufen wird oder sich im Nörgeln manifestiert, wird von US-Gerichten als Scheidungsgrund anerkannt. Einige Beispiele sollen dieses Phänomen erläutern:

- In etwa einem Viertel der von mir geleiteten Seminare findet sich ein Nörgler. Er ist mit allem unzufrieden: mit der Hotelunterbringung, dem Essen, dem Seminarablauf, dem Seminarraum ... Mitunter gelingt es dem Nörgler, die Seminaratmosphäre gründlich zu vergiften. Eine schweizerische, für Frauenemanzipation lebhaft eintretende Seminarteilnehmerin gehörte zu diesen Nörglern. Es gelang ihr, die Stimmung der Seminarteilnehmer so zu beeinflussen, daß das Seminar beinahe gescheitert wäre. Ich hatte einige Mühe, meiner aufgestauten Feind-Aggressivität nicht freien Lauf zu lassen.
- Einer meiner Patienten, wegen psychosomatischer Beschwerden zur Therapie gekommen, pflegte manche Sitzungen damit zu verbringen, um an allem herumzumäkeln, was um ihn herum geschah. Er war unfähig, etwas Positives zu erkennen. Bei einem Gespräch mit seiner Frau und seinen beiden fast erwachsenen Kindern stellte sich heraus, daß er nicht nur in den Therapiestunden, sondern auch in der Familie, im Beruf und im Bekanntenkreis fast ausschließlich nörgelte. Seine stets schon vorhandene Neigung zu kritisieren schlug in den Hang zum Nörgeln um, als er einige Monate arbeitslos gewesen war. Seine Frau dachte an Scheidung. Sein Unternehmen wollte ihn entlassen, da sein Verhalten das Betriebsklima vergifte. Seine Freunde zogen sich zurück. Er selbst bezeichnete sein Nörgeln als angemessen-kritisches Verhalten gegenüber Fehlleistungen anderer.

18. Die Klette

»Kletten« sind Menschen, die, wenn es ihnen einmal gelang, eine enge soziale (meist erotisch besetzte) Bindung herzustellen, sich an ihren Partner anklammern. Sie beanspruchen seine Zeit, seine Aufmerksamkeit, seine Hilfsbereitschaft. Diese Klammerreaktion bringt die Transaktionsanalyse auf die Formel: »Ich bin nicht o.k.,

und du bist o.k.«[89] Diese Lebenseinstellung beruht auf der Entscheidung, zur Nicht-Elite zu gehören. Sie ist jedoch kein unveränderbares Naturgesetz. Insofern kann sie geändert werden. Dieses »Ich bin nicht o.k., und du bist o.k.« scheint den meisten Kindern gegen Ende des zweiten Lebensjahres gemeinsam zu sein. Sie erfahren sich als emotional ohnmächtig und hilfsbedürftig. Erfährt das Kind in dieser Zeit nicht seine Selbst- und Eigenwertigkeit, wird es diese Lebensorientierung konservieren. Entscheidend wird dann für einen Menschen die Frage: »Wenn ich nicht o.k. bin und du o.k. bist, was muß ich dann tun, damit du, der du o.k. bist, zu mir, der ich nicht o.k. bin, gut bist.«
Es gibt zwei Möglichkeiten, diesen Lebensentwurf zu realisieren: Die Menschen der ersten Gruppe stellen sich gegenüber erotisch besetzten Bezugspersonen als Kind dar, das der Zuwendung und der Hilfe existentiell, nachdrücklich und dauerhaft bedürftig ist. Sie entwickeln das »Klettensyndrom«. Menschen der zweiten Gruppe ersetzen das »Du bist o.k.« durch ein »Du bist manchmal o.k.« Menschen mit diesem Lebenskonzept sind zumeist eifrig, willig und nachgiebig anderen gegenüber. Sie suchen Zustimmung und Anerkennung weit über das Maß des Normalen hinaus. Wieder sollen zwei Beispiele das Gemeinte erläutern:

- Eine etwa 30jährige Frau wollte mit mir über ihre religiösen Probleme reden. Nach einigen Gesprächen wünschte sie einen regelmäßigen Turnus solcher Gespräche. Ich verweigerte ihr das, als ich erkannte, daß sie unter dem Anschein ihrer religiösen Themen erotische Nähe, verbunden mit einem therapeutsichen Ansinnen, verband. Dennoch tauchte sie regelmäßig in meinem Wartezimmer auf, obschon ich keinen freien Termin zur Verfügung hatte. Sie besuchte meine öffentlichen Vorträge – und versuchte, in der anschließenden Aussprache so etwas wie ein Gespräch mit mir zustande zu bringen. Um ein Gespräch zu erzwingen, setzte sie sich auf den Kotflügel meines Autos und hinderte mich an der Abfahrt. Alle Mittel, sie zum Fortgehen zu

89 Vgl. Thomas A. Harris, Ich bin o.k., Du bist o.k., rororo 6916, Reinbek 1975, Seiten 61–63.

bewegen, scheiterten. Da ich dringend zu einem Patienten mußte, ließ ich sie von der Polizei abführen. Seitdem beschimpft sie mich per Telefon. Ich höre mir die Worte einige Minuten an – und lege dann auf. Da es mich interessierte, ob diese Frau solches Verhalten nur mir gegenüber entwickelte, erkundigte ich mich bei ihren Kollegen. Auch ihnen war aufgefallen, daß sie dazu neigte, Menschen emotional, zeitlich, sozial auszubeuten. Sie schuf sich damit viele Feinde.

- Eine Frau, Mitte der Dreißiger, hatte eine sehr freudlose Kindheit erfahren. Wegen eines Hüftleidens mußte sie Monate im Gipsbett verbringen. Zudem entbehrte sie elterlicher Zärtlichkeit. Diesen Zustand des hilflosen und hilfsbedürftigen kleinen Mädchens hatte sie nicht aufgegeben. Nach außen mitunter die starke Frau spielend, war sie doch psychisch völlig hilflos. Anfangs kam sie allwöchentlich in meine Sprechstunde. Obschon in analytischer Behandlung, suchte sie bei mir so etwas wie eine Ko-Analyse. Sobald mir dieser Sachverhalt deutlich wurde und ich erkannte, daß unsere Gespräche sie eher hinderten, emotional und sozial selbständig und erwachsen zu werden, brach ich sie ab. Nun fordert sie mich telefonisch meist mehrmals wöchentlich um Rat und Hilfe. Sie wunderte sich, daß Menschen, die sie liebte, sich von ihr entfernten, weil sie in ihrem Begehren um Hilfe unersättlich war. Einer ihrer Freunde flüchtete sogar ins ferne Ausland, wohin sie ihm zu folgen beabsichtigte.

II. Aktive Feindschaft

In einer Feindschaftsrelation sind in der Regel wenigstens zwei Personen einander Feind. Sicherlich gibt es auch monopolare Feindschaften; so kann beispielsweise eine Person, die einer der vorgenannten Gruppen angehört, sehr wohl Feinde haben, denen sie keinerlei feindschaftliche Gefühle entgegenbringt.
Ich kenne nicht wenige Menschen, die von sich behaupten, niemandes Feind zu sein, obschon sie Feinde hätten. Die meisten von ihnen würden sich unschwer in einer der vorgenannten Kategorien wiederfinden.
Neben Menschen, die – meist unbewußt und in aller Regel auch ungewollt – Feindschaft auf sich ziehen, gibt es Menschen, denen andere leicht so sehr auf die Nerven fallen, daß sich daraus eine regelrechte Feindschaft entwickeln kann. Hierher gehören etwa folgende Persönlichkeitstypen: der Ungeduldige, der Ordnungsliebende, der Einsame. Sicherlich schaffen sich auch intolerante Menschen aktiv Feinde (nämlich die, welche anders denken, sich anders verhalten, anders werten als sie selbst), doch diese, wie auch ähnlich gelagerte Fälle, können leicht als komplementäre Erscheinungen zu den vorgenannten Fällen entwickelt werden.

1. Der Ungeduldige

Aristoteles und, in seiner Nachfolge, *Thomas von Aquin* zählen die Geduld zu den Tugenden der Tapferkeit und stellen sie der Feigheit gegenüber.[90] Das geduldige Warten-Können bedeutet keineswegs

90 Aristoteles: Eth. Nic. III, 10, 1115 b. Thomas von Aquin: Summa theol. II/II, Seite 136.

passive Passivität, sondern ist ein Ausdruck aktiver Passivität. So nennt sie Papst Gregor der Große »die Wurzel und den Wächter aller Tugenden«.[91] Geduld geht als aktive Passivität Hand in Hand mit anderen Fähigkeiten: dem Zuhören, dem Hinschauen, dem Nachdenken. In unserer umtriebigen Zeit werden die Ausdrucksformen passiver Aktivität (oder aktiver Passivität) meist wenig kultiviert und sind deshalb auch wenig verbreitet. Dennoch gilt es daran festzuhalten, daß Ungeduld als Gegenteil von Geduld ein Ausdruck von Feigheit ist.

Der Ungeduldige stellt sich nicht der Herausforderung an sich und seine Zeit. Er läuft davon. Aber wovor läuft er davon? Meist vor sich selbst. Ungeduldige Menschen leiden nicht selten an einer psychischen Störung, die man gemeinhin »primärer Aktivismus« nennt. Primärer Aktivismus kann sich in zwei Ausdrucksformen vorstellen. Entweder sollen Mindergefühle kompensiert werden (kompensatorischer Aktivismus), oder es sollen aus der Aktivität und den Aktivitätsfolgen gestörtes Urvertrauen, defizitäre Selbstdefinition, Unsicherheit über die Grenzen des eigenen Könnens ausgeglichen werden (Fluchtaktivismus). Von sekundärem Aktivismus sprechen wir, wenn ein Mensch erst – etwa durch beruflich bedingte Anforderungen – zum Aktivisten wurde und diesen Aktivismus verinnerlichte. Menschen, die mit anderen nicht geduldig umgehen können (meist weil sie vermeinen, keine Zeit zu haben), entwickeln oft gegenüber Personen, deren Lebensideal sich nicht mit den Worten »tip-top-tadellos« zusammenfassen läßt, eine feind-aggressive Ungeduld. Das Gemeinte soll wieder an einigen Beispielen erläutert werden:

- Einer meiner Freunde war in ein Unternehmen eingebunden, das in Liechtenstein seinen Sitz hatte. Die etwas bedächtige und indirekte, manchmal sogar passiv wirkende Art seiner Vaduzer Kollegen ging ihm ganz entsetzlich auf die Nerven. Er besetzte sie mit ausgesprochener Feind-Aggressivität. Eine sinnvolle Zusammenarbeit schien kaum möglich zu sein, da er den Fehler nicht bei sich, sondern bei anderen suchte.

91 MPL 76, 1261.

- Ein Manager zeigte deutliche Symptome einer kompensatorischen Ungeduld. Er war nahezu unfähig zuzuhören, weil er sich einbildete, nach wenigen Worten schon zu wissen, was der andere sagen wolle. Um Zeit zu sparen, fiel er ihm nicht selten ins Wort. Die vermeintlich langatmigen Reden anderer unterbrach er nicht selten mit deutlichen Zeichen aggressiver Ungeduld. Er hatte offenbar noch nie davon gehört, daß Menschen Sprachsignale erzeugen, nicht um Sachinformationen zu generieren, sondern Informationen über soziale Beziehungen, über ihr Selbstbild, über soziale Felder zu erzeugen.[92] Es stellte sich heraus, daß er seit Jahren keinen Urlaub mehr genommen hatte. Auch die knappe Freizeit war streng durchorganisiert. Meinen Hinweis, er habe zwar seine Leistungswelt, nicht aber seine Erlebniswelt kultiviert, wehrte er mit der Frage ab, was denn eigentlich »Erlebniswelt« bedeute. Ich verwies ihn darauf, daß er ja einmal anfangen könne, sich Zeit zu nehmen, das Naturschöne regelmäßig zu erleben, Augen und Ohren zu öffnen, gelegentlich innezuhalten, wenn er sein Joggingpensum absolviere, um die Geräusche des Windes in den Baumwipfeln, den Gesang der Vögel zu hören, die Schönheit von Blumen und Bäumen zu bewundern, kurzum zu lernen, etwas um seiner selbst willen und nicht um eines Zweckes willen zu tun. Als er an einem meiner Aufbauseminare teilnahm, führte ich ihn zusammen mit den anderen Teilnehmern in die Technik der Mantra-Meditation ein. Eines der Ziele dieser Meditation ist die Einübung in aktive Passivität (die Einübung in passive Passivität, wie sie von vielen asiatischen Meditationsformen vermittelt wird, dürfte in unse-

92 Das Verkennen der primären Gesprächssituation des Sprechenden kann zu erheblicher Demotivation führen. Das gilt für alle Lebensbereiche: fürs Unternehmen, für die Familie, für den Bekanntenkreis. Man sollte davon ausgehen, daß in aller Regel der Sprechende neben Sachinformationen auch Kontaktinformationen und Selbstbild-Informationen von sich erzeugen will. In unserem Kulturraum hat sich im beruflichen Umfeld die Unsitte eingebürgert, nicht mehr Kontaktinformationen oder Selbstbild-Informationen direkt zu erzeugen, sondern sie in der Form von Signalen vorzustellen, die scheinbar eine Sachinformation generieren wollen. Es gehört also schon einige Schulung im Hören dazu, die so maskierte primäre Intention zu erkennen und ihr möglichst zu entsprechen.

rem Kulturraum eher kontraproduktiv sein). Er meditierte in der Folgezeit zweimal täglich. Nach wenigen Monaten schon war er in der Lage zu realisieren, daß Zuhören eine selbstwertige Tätigkeit sei und nicht die Vorbereitung auf eigenes Sprechen. Er konnte jetzt längere Zeit auf einer Waldbank sitzen, um dem Wind zuzuhören. Kurzum: Er wurde ein anderer Mensch, der jetzt nicht mehr unter den vermeintlichen Unzulänglichkeiten anderer litt, sondern sich und andere so akzeptieren konnte, wie sie nun einmal sind: recht unvollkommene Wesen.

2. Der Ordnungsliebende

»Ordnung« bezeichnet an sich eine Form des Lebens- und Arbeitsstils, die Inhalte nach Regeln in ein räumliches Nebeneinander und zeitliches Nacheinander stellt. Wenn wir hier von aggressiver Ordnungsliebe sprechen, sind nicht Menschen gemeint, die versuchen, in ihrem Lebensumfeld soziale, emotionale und zeitliche und räumliche Ordnung zu schaffen, sondern Menschen, welche die (vermeintliche) Unordnung anderer so sehr stört, daß sie ihnen gegenüber feind-aggressives Potential entwickeln (und meist auch gelegentlich aktualisieren).
Der ordnungsliebende Mensch haßt nichts mehr als das Chaos, die scheinbare Unordnung. Für ihn hat alles seinen Platz. Mitunter kann die Ordnungsliebe auch pathologische Züge annehmen. So kann ein Ordnungszwang vermutet werden, wenn ein Mensch seine Bücher unbedingt der Höhe nach von links nach rechts ordnet (und nicht etwa nach inhaltlichen Zusammenhängen). Es kann ein rigides Über-Ich oder ein kaum gebändigtes Chaos in der eigenen Psyche vermutet werden, wenn ein Mensch unter fremder Unordnung leidet. Es sollte möglich sein, fremde Unordnung unschwer zu ertragen, wenn man nicht selbst davon unmittelbar betroffen ist. Es sollte auch möglich sein, Menschen, deren mangelnder Ordnungssinn eines ihrer Charaktermerkmale ist (sei es, sie haben nie gelernt, Ordnung zu halten, sei es, sie haben diese Kunst wieder verlernt, weil ihnen ein anderer Mensch ihre Unordnung regelmäßig wieder in seine Ordnung brachte), in ihrem Sosein zu akzep-

tieren. Das soll nicht heißen, daß überdurchschnittlich unordentliche Menschen zu allen Tätigkeiten geeignet sind. Einige Beispiele mögen das Gemeinte erläutern:

- Einer meiner Bekannten neigt dazu, alles genau zu ordnen: seine Zeit, seine Bücher, seine Kugelschreiber ... jede Unordnung ist ihm ein Greuel. Nun ist seine Partnerin nicht sonderlich ordentlich. Er klagt, sie drücke die Zahnpasta in der Tube nicht von hinten nach vorn, sondern presse sie irgendwo von der Tubenmitte her, sie spüle nur ab, wenn sonst kein Geschirr mehr zur Verfügung stehe, sie lege die gebügelten Sachen chaotisch-unordentlich auf ihren Platz ... Bei einem Überraschungsbesuch konnte ich in der Wohnung nur eine im Rahmen des europäischen Mittelmaßes liegende Unordnung feststellen. Es fiel mir schwer zu verstehen, wie man darunter leiden konnte. Als ich bei einer anderen Gelegenheit mit meinem Bekannten über diesen Eindruck sprach, reagierte er heftig. Ich solle die Schlamperei seiner Frau nicht auch noch zu entschuldigen versuchen. Jahrelang habe er sich bemüht, seine Frau zur Ordnung zu erziehen – ohne jeden Erfolg. Wenn die Kinder groß wären, würde er sich von dieser Frau, die sein häusliches Leben so sehr erschwerte, scheiden lassen.
- Einer meiner Patienten litt so sehr unter seinem Ordnungszwang, daß er regelmäßig auch in Bereichen Ordnung zu schaffen versuchte, die ihn nichts angingen. So schrieb er etwa einmal wöchentlich einen Beschwerdebrief an die Stadtverwaltung: Einmal waren die Straßen nicht richtig gesäubert, ein anderes Mal war seine Mülltonne nicht vollständig entleert worden, einmal wurde ein städtischer Rasen nicht regelmäßig gewartet, ein anderes Mal verfolgte die Polizei nicht ausreichend die Schnellfahrer vor seiner Haustür ... Auch im Beruf und im Privatleben tyrannisierte er seine Umwelt mit seinen Ordnungszwängen. Sein Leidensdruck wurde so groß, daß er akzeptierte, krank zu sein und fremder Hilfe bedürftig.

3. Der Einsame

Einsamkeit ist eine existentielle Erfahrung wohl jedes Menschen. Wer hätte sich nicht schon einmal einsam gefühlt? Deshalb hat das Thema auch eine reiche Literatur gefunden.[93] Der Einsame fühlt sich räumlich und/oder sozial abgeschieden von seiner sozialen Mitwelt. Wir unterscheiden drei verschiedene Formen der Einsamkeit:

- Die dauernd begehrte Einsamkeit: Das Begehren nach dauernder Einsamkeit wird bei verschiedenen Völkern und innerhalb verschiedener Kulturkreise verschieden wertbesetzt. Oft wird es als widernatürlich empfunden, da der mit ihm verbundene Interaktionsverzicht der wesentlichen Sozialität des Menschen nicht gerecht werde.
- Die vorübergehend begehrte Einsamkeit: Vorübergehende Einsamkeit wird meist sozial akzeptiert. Sie gilt als frei gewählter Zustand mit dem Ziel, sich selbst zu finden oder begegnen zu können, sich von sozialer Überlastung zu erholen. Menschen, die zu solcher Einsamkeit unfähig sind, sind meist im Sinne des Primären Aktivismus psychisch gestört.
- Die schicksalhafte unfreiwillige Einsamkeit: In dieser Einsamkeit wird die Unterversorgung mit Sozialkontakten leidvoll erfahren. Besonders Pubertierende, Isolationsgefangene, Alte und chronisch Kranke beklagen nicht selten ihre Vereinsamung.

An dieser Stelle ist ausschließlich die selbstgewählte, lang andauernde Einsamkeit gemeint. Der auf diese Weise einsame Mensch will alleine gelassen werden. Einsam zu sein, ohne allein sein zu dürfen, das ist ihm die Hölle. Und Menschen, die in seine Einsamkeit einbrechen, werden nicht selten vom Einsamen als belästigende Invasoren in seine Eigenwelt erlebt und entsprechend feind-

---

93 Vgl. etwa W. Bitter, Einsamkeit in medizinischer, psychologischer, theologischer und soziologischer Sicht, München 1967; G. Köbel, Über die Einsamkeit, 1961.

aggressiv abgewiesen. Der Rückzug aus möglichst allen sozialen Bindungen, vor allem aber aus solchen, die Anspruchscharakter haben, führt nicht selten zur selbstgewählten Vereinsamung. Sicherlich kann ein solches Bemühen um Einsamkeit einen schweren psychotischen Hintergrund haben – muß es aber nicht. Es gibt Menschen, die sich nur reich fühlen, wenn sie in ihrer Einsamkeit allein sein dürfen. Es gibt aber auch Menschen, die eine solche Lebensorganisation nicht verstehen und meinen, sie müßten diesen glücklich-vereinsamten Menschen aus seiner Isolation befreien. Sie sind in ihrer Intoleranz die geborenen Feinde des Einsamen, nicht aber Vereinsamten. Wieder will ich das Gemeinte an zwei Beispielen erläutern:

- Einer meiner Freunde zog sich nach vielen privaten und beruflichen Enttäuschungen in die Einsamkeit zurück. Er las viel, schrieb Bücher, Artikel, Rezensionen. Um allein sein zu können, bewohnte er eine spartanisch ausgestattete Hütte im Spessart. Weit entfernt von allen menschlichen Behausungen, fand er eine unbedrohte Heimat. Unsere Freundschaft bestand darin, daß ich ihn und seine Arbeit nicht nur akzeptierte, sondern ihn auch in seiner Lebensplanung bestärkte. Obschon wir uns viele Jahre nicht sahen, telefonierten wir doch wenigstens einmal wöchentlich ausgiebig miteinander. Selbstverständlich versuchten ihn alle möglichen Leute aus seiner Einsamkeit zu »befreien«. Das war das größte Leid seines Lebens: von keinem Menschen – außer von mir – in seiner Lebensorganisation akzeptiert zu werden. Wäre er zur Feind-Aggressivität fähig gewesen, dann hätte er diese »Helfer« verachtet und/oder gehaßt.
- Einmal kam ein Student in meine Sprechstunde. Er klagte über Depressionen und Suizid-Gedanken. Da ich am folgenden Tage nach Fuerteventura fliegen mußte, um dort Seminare zu halten, informierte ich, mit seiner Zustimmung, seine Mutter über seine Probleme und stellte die Verbindung mit einem Psychiater her, der ihn zu behandeln versprach. Mutter und Psychiater versprachen, den Patienten »vor sich selbst zu schützen«. Während seiner Semesterferien versuchten ihn seine Mutter, seine Freundin und mehrere seiner Kommilitonen von seinen dunklen Gedan-

ken und Vorstellungen abzubringen. »Du hast doch noch das ganze Leben vor dir!«, » Bald wird die Welt schon wieder anders aussehen!« und ähnlich törichte Bemerkungen brachten ihn dazu, die einzige Möglichkeit zu suchen, in seiner Einsamkeit allein zu sein: die Selbsttötung. Nicht wenige Menschen versuchen gerade Menschen, die in depressiver Einsamkeit leben, durch munteres, aufmunterndes und entsprechend oberflächliches Gerede (das die Probleme des Erkrankten in keiner Weise ernst nimmt, sondern sie als gewöhnliche Niedergeschlagenheit versteht) aus ihrer Einsamkeit zu befreien. Sie verstehen nicht, daß der Erkrankte selbst die Nähe und Distanz bestimmen muß, die er benötigt, um weiterleben zu können.

6. Kapitel

Wie sich Institutionen Feinde schaffen

6

Ähnlich wie manche Menschen sich andere zu Feinden machen, schaffen sich auch nahezu alle Institutionen Feinde. Es ist ein Rätsel, warum Menschen nicht allen Institutionen, in denen institutionalisiert und somit anonym[94] Herrschaft ausgeübt wird, feindaggressiv gegenüberstehen, bedrohen doch solche Institutionen mehr und gründlicher Menschlichkeit, als das je durch einzelne geschehen könnte. Institutionen sind – wie schon ausgeführt – Sozialgebilde, die endogen (von sich aus) keine anderen Interessen, Bedürfnisse, Werte kennen, als ihren Bestand zu sichern und, wenn das ohne Bestandsgefährdung möglich ist, zu expandieren, das heißt, ihren Herrschafts- und Einflußbereich auszudehnen. Sie sind mit Ausnahme der sozio-kulturellen Großsysteme,[95] in der

---

94 »Anonyme Herrschaft« ist eine Form der Herrschaft, die im Namen einer Institution ausgeübt wird. Mit dem Menschen, der im Namen der Institution Herrschaft ausübt, ist insoweit keine Interaktion möglich. Das Beherrschtwerden durch Institutionen (und deren Agenten) ist also eine schicksalhafte Vorgabe, der man allenfalls ausweichen kann, wenn man die Institution verläßt. Wenn Herrschaft nur exekutiert wird, ohne in interaktionelles Geschehen eingebunden zu werden, macht sie Menschen zu Sklaven, unterwirft sie einem kafkaesken Geschick.

95 Solche sozio-kulturellen Großsysteme sind jene Systeme, in die hinein ein Kind primär sozialisiert wird. Würde es die Standards eines solchen Systems nicht internalisieren (etwa Sprachregeln, Verkehrssitten, Werte), könnte es im nicht-trivialen Bereich nicht mit anderen Menschen desselben Systems interagieren. Sicherlich wird in solchen Großsystemen auch Herrschaft ausgeübt, nicht aber von Personen, sondern durch das System selbst. Wird etwa die Internalisierung verweigert oder verwehrt, kommt es zu kaum kompensierbaren Sozialisationsdefekten und damit zu einer Art von »Bestrafung« des nicht primär in ein Großsystem sozialisierten Menschen (etwa innerhalb einer »asozialen Familie«, welche die Standards des Großsystems nicht akzeptiert hat oder nicht übernahm). Es wird sich kaum in konkreter Gesellschaft konfliktfähig bewegen können.

jedoch nicht institutionalisiert Herrschaft ausgeübt wird, anscheinend wuchernde und an sich überflüssige Krebsgeschwülste. Institutionen sind neben Naturkatastrophen und Krankheitserregern die einzigen natürlichen Feinde, die dem Menschen geblieben sind. Es ist schon merkwürdig zu erleben, mit welchem Einsatz Menschen versuchen, die zuletzt genannten Feinde zu zähmen, nicht aber den ersten; vermutlich ist das Feindbewußtsein nicht zureichend entwickelt. Institutionen bedrohen uns Menschen jedoch sehr viel radikaler als alle Naturkatastrophen und Krankheitserreger.

Welche Eigenschaften und Merkmale machen Institutionen zu den geborenen Feinden der Menschen? Die Lektüre von *Aldous Huxleys* »Schöne neue Welt« und *George Orwells* »1984« geben durchaus nicht unrealistisch Aufschluß über die Gefährdung des Menschseins durch Institutionen. Besonders gefährlich sind Institutionen wegen

- ihrer Egozentrik und
- ihres Bestrebens, Menschen zu ihren Agenten zu machen.

I. Die Egozentrik von Institutionen

Institutionen haben etwas gemeinsam mit biologischen Arten: Sie wollen sich an erster Stelle selbst erhalten. An zweiter Stelle suchen sie ihren Einfluß auszudehnen. Da sie keiner Moral als der des eigenen Nutzens folgen, setzen sie selbst ihrem Streben nach Selbsterhalt und Expansion keine Grenzen. Menschen sind ihnen nur insoweit wichtig, als ihre institutionell regulierten Interaktionen ihr Lebenselement sind, ohne das sie binnen kürzester Zeit verenden müßten. Auch das Wohl und Wehe anderer Institutionen sind ihnen nur wichtig, als sie zum Selbsterhalt oder zur potentiellen Expansion nützlich sind. Das soll nun nicht heißen, daß es nicht möglich wäre, Institutionen in ihrem egoistischen Drang zu beeinflussen. Da sie niemals selbst handeln können, sondern nur durch Menschen tätig werden, die in ihrem Auftrag, in ihrem Namen aktiv werden, ist diese kritische Schnittstelle einer Institution mit ihrer Umwelt – der im Auftrag und im Namen der Institution handelnde Mensch – die Schwachstelle jeder Institution. Der im Auftrag und Namen der Institution handelnde Mensch ist in der Lage, Interessen und Bedürfnisse, Erwartungen und Werte anderer Subjekte (etwa von Menschen oder anderen Sozialgebilden) in seinem Handeln zu berücksichtigen. Er modifiziert die endogenen Zwekke einer Institution durch exogene Ziele. Nicht jeder, der im Namen und Auftrag einer Institution tätig wird, degeneriert also zum Systemagenten, wennschon ein gerütteltes Maß an Primärtugenden (Zivilcourage, Konfliktbereitschaft, Epikie) aufgebracht werden müssen, um diesem Schicksal zu entgehen.
Das Gemeinte soll in diesem Kapitel an zwei Beispielen verdeutlicht werden, die der Verfasser zureichend zu kennen glaubt: am Beispiel der Institution »Staat« und am Beispiel der Institution »katholische Kirche«.

1. Der egoistische Staat als Feind

Staatengründung wurde nötig, als die Interaktionsformen zwischen Menschen so komplex wurden, daß die Sozialverträglichkeit ihrer Interaktionen oder anderer individueller Handlungen nicht mehr durch moralische Normen zu sichern waren.[96] Der Staat hat also die Aufgabe, durch Rechtsnormen Sozialverträglichkeit durchzusetzen, notfalls zu erzwingen, um schweren Schaden, der durch sozial unverträgliches Verhalten verursacht werden kann, vom Gemeinwohl abzuwenden. Das allein legitimiert die Existenz von Staaten. Zugleich ist damit auch die Grenze legitimer Staatsaktivität beschrieben.

---

96 Schon Aristoteles betont, daß die Antwort auf die Frage nach dem Warum (dioti) des Staates logisch zwingend folge aus der Antwort auf die Frage nach dem Wozu (hoti) des Staates. Zu welchem Zweck also schufen Menschen politische Ordnungsstrukturen? Die Interaktionsformen erreichten einen solch hohen Komplexitätsgrad, daß sanktionsbewehrte moralische Normen nicht mehr allein in der Lage waren, deren Sozialverträglichkeit und die Sozialverträglichkeit des Handelns der Interagierenden zureichend zu sichern. Vermutlich wurden solch hohe Komplexitätsgrade zuerst im ökonomischen Bereich erreicht. Die zunehmende Arbeitsteilung, die mit Beginn der Eisenzeit begann, führte zu regen und komplexen Formen des Tauschhandels, die offenbar nicht mehr durch moralische Normen allein sozialverträglich geregelt werden konnten. Um die Risiken der entfalteten Tauschwirtschaft nicht mehr individuell oder im Stammesverband tragen zu müssen, steht die Entscheidung an, politische Einheiten zu schaffen, die den Stammesverband (als kulturelle, soziale und ökonomische Einheit) überschreiten. Die Idee, Staaten zu gründen, war nicht zwingend, wohl aber naheliegend. Um Risiken überschaubar zu halten, die aus dem unkontrollierbaren Moralversagen erwachsen könnten, schufen Menschen politische Institutionen, die durch sanktionsbewehrte Rechtsnormen Sozialverträglichkeit – etwa der Vertragseinhaltung – sicherstellen und so Moralversagen kompensieren konnten. Daß sie damit auch die ökonomischen Interaktionskosten und die Transaktionskosten senkten, war ein zusätzlicher, sekundärer Vorteil. Die Staatsbildung ließ sich noch in den 60er Jahren beobachten: Indianer- und Eskimostämme lebten zu dieser Zeit in Kanada noch staatsfrei und regulierten ihr Sozialverhalten nach innen und außen durch sanktionsbewehrte moralische Normen. Auf Druck der kanadischen Regierung wurden – im Verlauf staatlicher Expansionsbemühungen – diese staatsfreien Räume allmählich mit Staat besetzt. Soweit auszumachen ist, führte diese vorzeitige Staatsbildung aber keineswegs zur Minderung der ökonomischen Interaktions- und Transaktionskosten.

Offensichtlich war den frühen Staatsgründern aber nicht bewußt, daß ihre Geschöpfe sich keineswegs an die Lösung der ihnen gestellten Aufgaben machen würden. Einmal erzeugt, begannen Staaten ihr Eigenleben. Ihre Rechtsnormen hatten weniger die Aufgabe, Moralversagen zu kompensieren, als den Bestand des Staates zu sichern und ihm die Expansion in alle möglichen Lebensbereiche (etwa der Kultur und des Sozialen) zu erlauben. Durch dieses höchst unmoralische Bemühen, primär nicht schweren Schaden vom Gemeinwohl zu wenden, sondern auch – wo immer möglich – Gemeinwohl zu eigenem Nutzen zu mehren, wurde er von einer rechtlichen zu einer ideologischen Instanz. Denn eine unideologische Bestimmung von Gemeinwohl-Mehrung gibt es nicht. Christen verstehen etwas anderes darunter als Sozialisten, Liberale etwas anderes als Populisten. Die meisten europäischen Staaten fielen in die Hand ideologischer Populisten, deren politische Aktivitäten nur ein Ziel haben: politische Macht auszuüben. Was diesem Ziel nutzt, etikettieren sie als Mehrung des Gemeinwohls. Nachdem der Staat in die Hände von politischen (etwa Parteien) und/oder ökonomischen Interessengruppen gefallen war, dienten alle Staatsaktivitäten dem Nutzen dieser Institutionen, besser noch: der Agenten dieser Institutionen, derer also, die in ihnen Herrschaft ausüben. Der ohnehin schon problematische Selbsterhalt des Staates als höchstem Staatsziel wurde abgelöst durch das Bemühen, diesen Staat mit seinen wohldefinierten Chancen, in ihm Macht auszuüben, zu erhalten.
Der Staatserhalt dient also nicht mehr dem Staatsvolk, sondern denen, die in ihm Macht ausüben, oder denen, die sich eine reale Chance ausrechnen, in ihm Macht auszuüben. Da dieser Sachverhalt mit der Entstehung der Staaten einhergegangen zu sein scheint, steht zu vermuten, daß es zum Wesen des Staates gehört, daß er von denen, die in ihm Macht ausüben, zu egoistischen Zwecken mißbraucht wird. Spätestens mit der Errichtung von Dynastien wird deutlich, daß der Selbsterhalt einer Dynastie den Herrschenden wichtiger war als der des Staates. Die auf diese Weise erzeugten Machtverhältnisse führten zum fundamentalen Staatsversagen: Nicht mehr die Kompensation von Moralversagen durch Gesetze ist oberstes Staatsziel, sondern der Erhalt bzw. der

Erwerb von Macht einer Person oder einer Institution (wie Partei, Gewerkschaft, Sippe). Der Forderung, Schaden vom Gemeinwohl zu wenden, wurde nur insoweit Rechnung getragen, als dadurch zugleich das Eigenwohl der Herrschenden gemehrt wurde.
Damit aber wurde der Staat zum natürlichen Feind aller Menschen, die er durch sanktionsbewehrte Forderungen, Geld- oder Arbeitsleistungen (etwa in Form von Steuern, Abgaben, Wehrdienst) für ihn zu erbringen, ausbeutet. Ausgebeutet werden alle Individuen und Sozialgebilde innerhalb des Staates. Dieses Ausbeutungsstreben hat nur da eine Grenze, wo es eine bestehende Herrschaftsstruktur gefährden könnte. Mit einigem Geschick verstanden es alle Herrscher, dem Staatsvolk vorzugaukeln, ihre Herrschaft diene ihm und nicht ihnen. Es soll heute noch immer Menschen geben, die dieser eigentümlich einfältigen Meinung sind. Der ausbeutende Staat sollte zum Feind aller Menschen werden, die er ausbeutet oder auszubeuten versucht. Der ausbeuterische Staat muß sich stets revolutionär bedroht fühlen. Und er ist revolutionär bedroht, wenn einer Vielzahl von Bürgern das Maß und der Zweck ihrer Ausbeutung bewußt wird. Soviel zum Bemühen des Staates, sich selbst zu erhalten. Wie aber steht es mit dem Bemühen zu expandieren, wenn solche Expansion nicht den Selbsterhalt gefährdet?
Durch lange Jahrtausende versuchten Staaten, ins Außen zu expandieren. Sie führten Kriege, um Land zu gewinnen und es ausbeuten zu können. Sie bildeten Kolonien zu demselben Zweck. Seit 1945 wandelte sich hier manches. Expansionskriege wurden selten. Die Staaten begannen, als die Expansion nach außen den Selbstbestand bedrohte, mit einer Expansion in ihre innere Umwelt. Sie versuchten möglichst alles (etwa das Soziale, Ökonomische, Kulturelle) politisch zu regulieren. In diesem Bemühen, nach innen zu expandieren, produzierten zumindest alle OECD-Staaten einen unglaublichen Wust von Gesetzen und Verordnungen. In der BRD verzehnfachte sich zwischen 1950 und 1990 die Menge der erlassenen Gesetze und Verordnungen. Entsprechend blähte sich das Organ der Gesetzesverwaltung – die Bürokratie – auf. Diese Expansion ging zu Lasten der Freiheitsspielräume der Bürger und der nicht-staatlichen Sozialgebilde. Wieder stellt sich

die Frage: Wann werden Menschen einsehen, daß hier nicht etwa schwerer Schaden vom Gemeinwohl abgewendet wird, sondern ihm schwerer Schaden entsteht? Der Expansionszwang der Staaten nach innen ist nicht etwa eine Folge eines objektiv am Gemeinwohl orientierten Interesses, sondern liegt in der Struktur von Institutionen begründet. Bislang ist noch nichts Dauerhaftes geschehen, um den staatlichen Expansionsgelüsten Grenzen zu ziehen.
Der Staat BRD verletzt durchaus in seiner Gesetzeslawine mehr oder minder schleichend – und deshalb von vielen unbemerkt – Art. 2 GG, in dem der Staat selbst vor langer Zeit (1949) seinen Aktivitäten Grenzen ziehen wollte: »Jeder hat das Recht auf die freie Entfaltung seiner Persönlichkeit, soweit er nicht die Rechte anderer verletzt und nicht gegen die verfassungsmäßige Ordnung oder das Sittengesetz verstößt.« Nur in einer sozialistischen Gesellschaft konnte die Illusion entstehen, die Menge der Gesetze sicherte persönliche Freiheit. Jeder liberalen Gesellschaft ist bekannt, daß jedes Gesetz Freiheit einschränkt, selbst jenes, welches auf Grund einer verantworteten Güterabwägung (die Größe des Schadens muß gegen den Freiheitsschaden, der die Bürger trifft, abgewogen werden) das legitime Ziel verfolgt, schweren Schaden vom Gemeinwohl zu wenden. Der Moloch Staat raubt uns durch das Übermaß seiner Gesetzgebung und -verwaltung alltäglich mehr ein Stück unserer Freiheit. Immer wieder werden grundgesetzlich geschützte Rechte zur Disposition gestellt. In der Zeit, in der dieses Buch geschrieben wurde, standen das Grundrecht auf Unverletzlichkeit der Wohnung (Art. 13 GG) und das Asylrecht (Art. 16 GG) zur Disposition. Und dabei legt Art. 19, 2 GG fest: »In keinem Fall darf ein Grundrecht in seinem Wesensgehalt angetastet werden.« Ein Staat aber, der die persönliche Freiheit seiner Bürger immer weiter beschränkt und – wenn es ihm paßt – Grundrechte außer Kraft setzt, sollte der Feind aller redlichen Bürger sein. Doch auch hier gelingt es den Politikern immer wieder, meist mit Hilfe einer ihnen willfährigen Presse, den Bürgern Sand in die Augen zu streuen. Da uns Bürgern keine Partei zur Wahl steht, welche diesen abscheulichen Zustand zu ändern bereit wäre und die zudem eine realistische Chance hätte, eine parlamentarische Mehrheit zu finden, bleibt uns nur der Weg in die Innere Kündigung und des Offenen Protestes.

2. Die egoistische Kirche als Feind

Sicherlich spielen im Leben der meisten Menschen heute die Kirchen keine oder nur eine äußerst nebensächliche Rolle. Es lohnt also kaum, gegen sie als Institutionen zu streiten. Die Geschichte hat längst in dieser Sache geurteilt. Dennoch aber möchte ich mich hier mit dem Thema befassen, warum nicht wenige Menschen, denen Christentum nicht völlig gleichgültig ist, sich von den Kirchen mit feind-aggressiven Einstellungen abwenden. Die Gründe sind zumeist dieselben, die Menschen dazu bringen, Staaten mit kritischer Wachsamkeit zu begegnen. Auch die Kirchen versuchen mit nahezu allen Mitteln, ihren Selbsterhalt zu sichern und ihren Einfluß auszudehnen, zumindest aber, ihn zu bewahren. Wie alle anderen Institutionen kennen sie dabei keine moralischen Normen – es sei denn jene, die zum Selbsterhalt nötigen. Andererseits fordern sie von Menschen die Beobachtung solcher Normen, die keinem anderen Zweck dienen als dem Erhalt der ekklesialen Institutionen und – wenn möglich – der Ausweitung ihres Einflußbereichs. Es geht also um die endogenen Zwecke der Institution Kirche und nicht um Menschen, die versuchen, im Namen und Auftrag der Kirche, orientiert an den Bedürfnissen, Interessen, Erwartungen und Werteinstellungen von Menschen, die Jesusbotschaft zu verkünden und so der Kirche als Institution, die sie spätestens seit *Konstantin*[97] auch immer ist, exogene Ziele vorzugeben.
Da die zur Staatskirche avancierte Schar der Gläubigen nun keinen Außenfeind mehr hatte, den es zu bekämpfen galt, mußte sie sich, um Einheit und Identität zu wahren, Binnenfeinde schaffen.

---

97 Das Christentum des Kaisers Konstantin ist geprägt durch die Toleranz und den Sonnenkult seines Vaters Konstantius. Konstantin überfällt 310 eine Vision des Sol-Apollon, der ihm als Beschützer erscheint. 321 führt er zu dessen Ehren die Sonntagsruhe (dies Solis = Sonnentag) ein. Weihnachten verlegt er auf den Geburtstag des Sol invictus. Möglicherweise unter dem Einfluß des Bischofs Hosius von Cordoba, identifiziert Konstantin seinen solaren Monotheismus mit dem christlichen. 312 hat er vor der Schlacht an der Milvischen Brücke eine Kreuzesvision. Daraufhin läßt er das Christogramm auf die Schilde seiner Soldaten malen – und gewinnt die Schlacht gegen Maxentius. 314 beschließt die kirchliche Synode von Arles, um Konstantin zu gefallen, Wehrdienstverweigerer zu exkommunizieren. Um eine möglichst umfassende

Wie wir schon sahen, waren das die Ketzer. Ich möchte dem Leser an dieser Stelle in das frühe Staatskirchentum zurückführen, um diesen Mechanismus des egoistischen Selbsterhalts deutlich zu machen. Die damals diskutierten Probleme scheinen den meisten Menschen heute lächerliches Theologengezänk zu sein. Dennoch bestimmte sich in diesen ersten Jahrhunderten des zum Staatskirchentum verkommenen Christentums weitgehend das spätere Schicksal der Kirchen. Es konnte nur seine Identität sichern, indem es permanent die eigene Peripherie zu vernichten suchte:

- Das 1. Konzil von Nikaia verurteile 325 den alexandrinischen Priester *Arius*, der Jesus ein eigentliches Gottsein abgesprochen hatte. *Jesus* sei mehr als ein Mensch, er sei ein bevorzugtes Geschöpf Gottes. Die meisten Germanen wurden Anhänger der Lehre des *Arius*. (335 wurde er von Kaiser Konstantin rehabilitiert und starb im folgenden Jahr in Konstantinopel.) Heute sind die meisten mir bekannten Christen, darunter selbst viele Geistliche, Arianer, ohne daß sich die ekklesiale Zentrale darüber aufregte; Fragen der Empfängnisverhütung scheinen ihr wichtiger zu sein.
- Das 1. Konzil von Konstantinopel verurteilte 381 den von *Noetus von Smyrna* entwickelten Modalismus, der Jesus und den Heili-

---

Staatsreligion zu werden, dringen in das »alte Christentum« Elemente des Konstantinschen Sonnenkultes (Sonntag, Weihnachten), aber auch manichäische Elemente (Verdammung der Sexualität, Irrtumslosigkeit in Glaubensdingen, Verherrlichung des Leidens, Überzeugung von der Existenz des Teufels) ein. Um den Arianismus zu bekämpfen, ruft er 325 das Konzil von Nikaia ein, das sich die unbiblische Kompromißformel des Kaisers, Jesus sei wesenseins (homoousios) mit dem Vater, zu eigen macht. Alle Sekten werden vom Kaiser verboten. Die Bischöfe werden aus der Staatskasse finanziert. Dekurionen, die sich weihen lassen, erhalten Steuerprivilegien. Den Bischöfen wird Zivilgerichtsbarkeit und das Recht, Sklaven freizulassen, zugestanden. Konstantin bezeichnet sich als »Gemeinsamer Bischof«, als Bischof der Nicht-Christen. Er wird zum Gründer der »katholischen Kirche«. Der Bischof von Alexandria, Athanasios, aber auch die Arianer und Donatisten akzeptieren ihn als obersten Richter in Kirchenfragen. Wenige Tage vor seinem Tode (337) läßt sich Konstantin taufen. Die Kirche, zuvor ein Verbund mehr oder weniger eng miteinander verbundener Gemeinden, war als Institution geboren.

gen Geist als Erscheinungsformen (als modi) des einen Gottes auffaßte. Ab 215 war *Sabellius von Rom* das Haupt der Modalisten. Ihre Lehre war im Orient, vor allem in Ägypten, weit verbreitet. Auch die Subordinationisten, die das Verhältnis Jesu zu Gott als Subordinationsrelation begriffen, wurden vom Konzil verurteilt. Die meisten frühen Theologen dachten subordinationistisch (*Justin, Hyppolit, Tertullian, Origenes*).

- Das Konzil von Ephesus verurteilte 431 den Patriarchen von Konstantinopel, *Nestorius*. Er war der Meinung, *Maria* habe *Jesus* geboren, nicht aber Gott. Sie verdiene daher nicht den Titel »Gottesgebärerin«. Es kam darüber zu einem heftigen Streit mit *Cyrill von Alexandrien*. Der um Schlichtung angerufene Papst *Cölestin I.* entschied sich für *Cyrill*. Auf dem Konzil betrieb der erfolgreich die Verdammung des *Nestorius*. Er mußte zurücktreten und in sein Kloster zurückkehren. *Theodosius II.* verbannte ihn nach Oberägypten, wo er 451 starb. Seine Anhänger wanderten nach der Verurteilung in das Sassanidenreich aus. Die persischen Christen wurden Nestorianer und vollzogen auf der Synode von Beit Laphgat 483 die Trennung von der Reichskirche. Ihre rege Missionstätigkeit erstreckte sich bis nach Indien, Turkestan und die Malabarküste. Da die Muslime sie zu den Schriftbesitzern (Ahl AlKitab) rechneten, konnte sich der Nestorianismus bis nach Tibet, China und Java ausbreiten. Auch die in Persien eingefallenen Mongolen wurden Nestorianer. Ihr Herrscher *Timur-Lenk* verfolgte jedoch 1380 die Nestorianer und zerschlug ihre Kirche. Heute leben noch etwa 110 000 Nestorianer, vor allem im Irak, Iran und Syrien, in der »assyrischen Kirche«.
- Das Konzil von Chalcedon verurteilte 451 den Monophysitismus. Der Begründer des Monophysitismus ist *Eutyches*. Er wollte die Einheit der Person *Jesu* gegen *Nestorius* verteidigen und lehrte, daß *Jesus* nur göttlicher Natur sei. Die menschliche sei in ihr untergegangen. Viele orientalische Kirchen (die syrische, die koptische, die äthiopische und die armenische Kirche) beugten sich nicht dem Verdikt von Chalcedon bis auf den heutigen Tag.
- Das 2. Konzil von Orange verurteilte 529 den *Pelagius*, der in

Britannien oder Irland geboren wurde. Ab 385 weilte er als Laienmönch in Rom. 410 gelangte er auf der Flucht vor *Alarich* nach Karthago. Er lehrte, daß *Adam* keine Erbsünde begangen, sondern nur ein schlechtes Beispiel gegeben habe. Der Mensch könne durch eigenes Bemühen aus der Kraft der Schöpfungsgnade sein Heil bewirken. Auf Betreiben des *Augustinus* verurteilten ihn die Synoden von Mileve (416) und Karthago (418). Er wurde von Kaiser *Honorius* verbannt und starb irgendwann nach 418 in der Verbannung. In einigen Punkten folgte *Pierre Teilhard de Chardin* (1881–1955) seiner Lehre.

- Das 2. Konzil von Konstantinopel verurteilte 553 die »Drei Kapitel«: *Theodor von Mopsuestia, Theodoret* und *Ibas von Edessa*. Hauptakteur war Kaiser *Justinian I.* Er wollte die Gegner des Konzils von Chalcedon zurückgewinnen. Deshalb ließ er die Meinungen der drei genannten Theologen, die bei den Anhängern dieses Konzils als Nestorianer galten, unter einigem Druck auf Papst *Vigilius* verurteilen.
- Das 3. Konzil von Konstantinopel verurteilte 680 die Monotheleten und Papst *Honorius I.* Die Monotheleten waren der Ansicht, daß es zwar in *Christus* zwei Naturen, nicht aber zwei Willen gäbe. Hauptvertreter dieser Lehre war der Patriarch *Sergios von Konstantinopel*. Er wollte mit seiner Lehre eine Einigung mit denen erreichen, die dem Konzil von Chalcedon skeptisch gegenüberstanden. Anfänglich (633) hatte er mit diesem Versuch Erfolg, dann aber wuchs der Widerstand bis hin zur Verurteilung. Da Papst *Honorius I.* den Monotheletismus begünstigt habe, verurteilte ihn das Konzil gleich mit.

Ich hoffe, daß Sie diese Geschichten nicht gelangweilt haben. All diese konziliaren Kämpfe sind nur verständlich, weil man eine frühe Trinitätsmetapher realistisch[98] interpretierte: Gott sei Vater, Sohn und Heiliger Geist. Hätte man die aus der Mystik des islamischen Sufismus stammende Metapher gewählt, nach der Gott zugleich der Liebende, der Geliebte und die Liebe ist, wäre all die-

---

98 Ein solcher Metaphernrealismus widerspricht dem 2. mosaischen Gebot: »Du sollst dir kein Bild von Gott machen!« (Ex. 20, 4).

ses Gestreite völlig überflüssig gewesen. Welches Thema dann die Staatskirche gewählt hätte, um sich Binnenfeinde zu schaffen und sich dann gegen sie abzugrenzen, ist kaum zu erraten.
Die Kirche als Institution unterliegt auch den Regeln der Expansion. Seit ihrem Beginn kennt sie das Institut der Mission. Kreuzzüge sind der Versuch, verlorenes Terrain wiederzugewinnen. Begrenzungen ihres Einflusses durch die staatliche Gewalt wehrt sie mit ebenso heftigen wie oft unsachlichen Aktivitäten ab. So verteidigte sie erfolglos das konfessionelle Schulsystem in der BRD, drohte in Argentinien allen Abgeordneten, die sich für die Einführung der bürgerlichen Ehescheidung aussprechen würden, mit Exkommunikation, drohte allen Katholiken, die eine kommunistische Partei wählen sollten, ebenfalls mit Exkommunikation, drohte deutschen Theologen, die sich gegen die vom Finanzfiskus eingetriebene Kirchensteuer wandten, mit erheblichen Repressalien ...
Wen nimmt es da wunder, daß man in demselben Augenblick, in dem die Angst vor den Kirchen, ihrem Einfluß und ihrer Drohung mit ewiger Verdammnis schwand, sich in Scharen von ihnen abwandte. Das ist insofern traurig, als sie Räume bietet, in denen in Kommunikationsgemeinschaften Christentum (nicht das konstantinische der römischen Staatskirche, sondern das von *Christus* gelebte und gelehrte) gelebt werden kann.

II. Das Bestreben von Institutionen, Menschen zu ihren Agenten zu machen

Institutionen, selbst handlungsunfähig, können ihre endogenen Zwecke nur durchsetzen, wenn es ihnen gelingt, Menschen zu ihren Agenten zu machen. Menschen aber werden nur zu Systemagenten, wenn sie sich die endogenen Zwecke und die damit verbundenen Werte über Introjektion zu eigen machen. Nun sollte man meinen, erwachsene Menschen würden niemals unkritisch die Wertvorgaben von Institutionen übernehmen. Das ist ein Irrtum. In nicht wenigen Institutionen haben nur diejenigen Menschen eine realistische Chance, im Namen und Auftrag der Institution zu handeln (also Führungspositionen innerhalb der Institution zu übernehmen), die nahezu kritiklos bereit sind, den endogenen Zwecken der Institutionen zu dienen. Ich habe in Kirche, Staat und Unternehmen nicht wenige solcher »uneigennütziger Diener« kennengelernt. Für den Bestand ihrer Institution sind sie bereit, nicht nur »ihr Bestes« (nämlich ihr Leben, ihre Arbeitskraft, ihr Privatleben und ihre moralischen Wertüberzeugungen) zu geben, sondern auch gegen Recht und Gesetz zu verstoßen. Für den Unternehmensbereich sind hier Verstöße gegen das Kartellrecht ebenso zu nennen wie Versuche, sich Aufträge durch Schmiergelder, ja selbst durch Bestechung einzufangen.

Systemagenten sind stets Faschisten. Der Bestand einer Institution ist ihnen höchstes zu schützendes Gut. Einem politischen Systemagenten ist der Bestand des Staates (und nicht etwa die Würde des Menschen) höchstes zu schützendes Rechtsgut, dem kirchlichen Systemagenten ist der Bestand der Kirche (und nicht etwa das Heil der Menschen) höchstes zu schützendes religiöses Gut, für einen betrieblichen Systemagenten ist der Bestand seines Unternehmens höchstes ökonomisches Gut (und nicht etwa der ökonomische Nutzen der im Betrieb Tätigen, seiner Kunden und Lieferanten). Versuchen wir das Problem wieder am Beispiel von Staat und katholischer Kirche zu erläutern:

1. Systemagenten im Dienste des Staates

Selbstverständlich begegnen uns staatliche Systemagenten in allen Lebensbereichen und in allen Berufen. In besonderer Weise aber sind Beamte gefährdet, Systemagenten zu werden. Ein deutscher Beamter muß nach geltendem Recht die Gewähr bieten, für die »freiheitlich demokratische Grundordnung« jederzeit einzutreten (§ 94 BBG und § 58 BRRG). Der Beamte hat sich mit voller Hingabe seinem Beruf zu widmen (§ 54 BBG und § 36 BRRG) und Anordnungen zu befolgen (§ 55 BBG und § 37 BRRG).[99] Das soll nichts anderes heißen, als daß ein Beamter kritiklos die konkrete Verfaßtheit der BRD, welche die »freiheitlich demokratische Grundordnung« widerspiegelt, nicht nur zu akzeptieren, sondern auch für sie einzustehen hat. Er hat jederzeit durch sein Handeln und Entscheiden den konkreten So-Bestand der Bundesrepublik zu sichern und zu stabilisieren. Das aber kann er nur, wenn er die »real existierende Demokratie«[100] der Bundesrepublik bejaht, vertritt und verteidigt.
Hier drängt sich der Verdacht auf, daß Staaten die Institution des Beamtentums nur geschaffen haben, um sich Systemagenten her-

---

99 Im Gegensatz zu deutschen kennt das österreichische Beamtenrecht das Recht des Beamten, die Befolgung einer Weisung unter bestimmten Bedingungen abzulehnen (Art. 20 BVG). Auch das schweizerische Beamtenrecht fordert nur eine »gewissenhafte und vernünftige Gehorsamkeit«.

100 Ich habe in meinem Buch »Die Macht der Unmoral« (Düsseldorf 1993) aufgezeigt, daß die konkret existierende Bundesrepublik alles andere als ein demokratischer Staat ist, dem es an der Bewahrung und Verteidigung der im Grundgesetz niedergelegten »freiheitlich demokratischen Grundordnung« auch nur im geringsten gelegen ist. Ähnlich wie zwischen Sozialismus und »real existierendem Sozialismus« zu unterscheiden ist, muß auch zwischen Demokratie und »real existierender Demokratie« unterschieden werden. Der Unterschied zwischen Ideal und Realität, zwischen Theorie und Praxis könnte größer nicht sein, wenn Realität und Praxis ein verzerrtes, kaum wiederzuerkennendes Bild von Ideal und Theorie sind. Das aber ist in der BRD der Fall.

anzuziehen. Beamte sind im staatsrechtlichen Sinne Personen, die zu einer Körperschaft oder Anstalt des öffentlichen Rechts in einem öffentlich rechtlichen Dienst- und Treueverhältnis stehen.[101] Schon sehr früh kamen die Inhaber staatlicher Gewalt auf den Einfall, sich treue und ergebene Systemagenten zu verpflichten. So sind schon im Orient im 3. vorchristlichen Jahrtausend Personen faßbar, die im Auftrag des Herrschers und in seinem Namen Verwaltungsfunktionen übernahmen und meist durch Landnutzungsrechte entlohnt wurden. In Ägypten waren Beamte zunächst nahe Verwandte des Königs, da nur von ihnen unbedingte Treue erwartet werden konnte. Da neben den Kaufleuten nur die Beamten schriftkundig waren, bildeten sie schon damals ein elitäres Standesbewußtsein aus. Und so ging es weiter. Im Zeitalter des Absolutismus wurden funktionierende Bürokratien neben einem stehenden Heer zu den wichtigsten Herrschaftsinstrumenten. In dieser Zeit bildete sich das noch heute gültige (wenn auch oft falsche) Bild vom Beamten: Sie waren reine Funktionsträger absolutistischen Herrschaftswillens. Heute wird der Beamte – idealtypisch – zumeist mit der Idee des bürgerlichen Rechtsstaates assoziiert. Trotz des Übergangs vom personalen zu einem institutionellen Treueverhältnis bleibt er Staatsfunktionär, denn er übt Staatsfunktionen (»hoheitliche Funktionen«) gegenüber Personen und Institutionen innerhalb einer Gebietskörperschaft, einem Sondervermögen des Bundes, einer Sozialversicherung aus. Eine auch heute noch unbestrittene Domäne des Beamtentums ist die Eingriffsverwaltung (Polizei, Ordnungs- und Finanzverwaltung), während im Bereich der Leistungsverwaltung zunehmend Angestellte tätig sind.

Ein Problem heutiger »Staatsdiener« ist der indirekte Zwang, sich möglichst genau an Vorschriften, Verordnungen, Urteile und Gesetze halten zu müssen (also möglichst ohne Ermessensspielräume auskommen zu müssen), um nicht mit seinen Entscheidungen

---

101 Im haftungsrechtlichen Sinne (etwa im Sinne der Amtshaftung oder der Amtspflichtverletzung) sind alle Personen Beamte, denen die Ausübung eines öffentlichen Amtes anvertraut ist. Ausübung eines öffentlichen Amtes ist jede dienstliche Betätigung, die nicht lediglich fiskalische Belange betrifft. Sie können durchaus im staatsrechtlichen Sinne Angestellte sein.

vor dem Verwaltungsrichter zu landen. Wer so auffällt, mit dessen Karriere ist es bald zu Ende. Das zwingt ihn in die Rolle des anonyme Herrschaft exekutierenden Systemagenten. Zugegeben sei, daß viele Beamte erst zu Systemagenten wurden, als die Verbraucher staatlicher Dienstleistungen im Übermaß von ihrem Recht Gebrauch machten, mißliebige Entscheidungen durch Verwaltungsgerichte überprüfen zu lassen. Das und die Drohung mit der Amtshaftung kann schon einen im Charakter nicht sehr gefestigten Beamten dazu bringen, nicht der sachlichen Vernunft, sondern den Paragraphen zu gehorchen. Doch dieses Verhalten schafft dem Staat (und mit ihm dem Beamtentum) Feinde. Zudem gelten Beamte auf Lebenszeit (sicherlich zu Unrecht verallgemeinert) als bequem, ja faul. Der böse Satz: »Mein Mann arbeitet nicht, er ist doch Beamter!« spricht manchen Menschen aus der Seele.

2. Systemagenten im Dienste der Kirche

Sicherlich geschieht Seelsorge im Dienst an Menschen, deshalb sind Seelsorger, wenn sie bereit und fähig sind, die Regeln der Epikie[102] gegen kirchliche Anordnungen gelten zu lassen, alles andere als Systemagenten. Dennoch gibt es nicht wenige Menschen im kirchlichen Dienst, die zu Systemagenten geworden sind. Sie befolgen unkritisch kirchliche Weisungen: Gebote wie Verbote. Das wäre ja nicht sonderlich besorgniserregend, wenn sie – zumeist Amtsinhaber in der Kirche – nicht anderen ebendieses Joch auch noch auferlegen möchten. Solch ein Verhalten kirchlicher System-

102 »Epikie« bezeichnet die Fähigkeit und Bereitschaft, gegen den Wortlaut eines Gesetzes oder einer Bestimmung zu entscheiden oder zu handeln, wenn vorausgesetzt werden kann, daß ein vernünftiger Gesetzgeber dieses erwarten würde. Aristoteles und Thomas von Aquin rechnen die Epikie zu den Tugenden. Auch moderne Moralphilosophie zählt die Epikie zu den Primärtugenden. Die Epikie ist eine unmittelbare Folge der Gewissensfreiheit, nach welcher der letztverbindliche Spruch über die Sittlichkeit einer Handlung vom verantwortlich ausgebildeten Gewissen eines Menschen (und nicht von einer Außeninstanz) gefällt wird. Diese Lehre ist von Beginn der christlichen Kirchen bis ins Heute unbestritten und kann auch von keinem Papst außer Kraft gesetzt werden.

agenten führte in der Kirche zu einem horizontalen Schisma. Auf der einen Seite die »Agentenkirche« (die Jesus ganz sicher nicht gründete), auf der anderen die der Glaubenden. Zwischen beiden Kirchen besteht heute kaum noch ein fruchtbarer Zusammenhang. Beide leben ihr Leben aneinander vorbei. Doch es kommt noch ärger: Viele Menschen verließen auf der Flucht vor den unglaubwürdigen Praktiken der Agentenkirche die Kirche selbst. Wenn sie bei ihrem Austritt erklärten, sie verließen nur die Körperschaft öffentlichen Rechts »Kirche«, nicht aber die Glaubensgemeinschaft »Kirche«, gelten sie in der Bundesrepublik auf Grund eines Beschlusses der katholischen Bischofskonferenz als exkommuniziert.[103]

Gegen Aktivitäten von Systemagenten und der Ausübung anonymer Herrschaft wehren sich in nicht wenigen Institutionen die Mitglieder durch die Ausbildung horizontaler Schismata. Ein solches Schisma ist für den Bestand der Kirche sehr viel gefährlicher als ein vertikales, weil klare Grenzen nicht leicht zu ziehen sind. Im vertikalen Schisma (das immer dann vorliegt, wenn Menschen anders und/oder anderes glauben und tun, als dem Zentrum recht ist[104]) kann sich das institutionalisierte Zentrum klar gegen Bewegungen an der Peripherie abgrenzen und sie – gegebenenfalls – auch ausgrenzen.

Besonders bedenklich ist dieses horizontale Schisma um so mehr, als die lateinische Kirche spätestens seit *Konstantin* ein weiteres horizontales Schisma nur mühsam überlebte: das zwischen Theologie und religiösem Glauben. Es gab und gibt zu allen Zeiten christ-

---

103 Obschon gerade diese Konferenz in ihrer Reaktion auf die Enzyklika »Humanae vitae« von Papst Paul VI. (sie verbat Katholiken jede Form einer »künstlichen Empfängnisverhütung«) in den Königssteiner Beschlüssen den Vorrang einer verantworteten Gewissensentscheidung vor Aussagen päpstlicher Enzykliken betonte, erwies sie sich, offenbar besorgt über das Schrumpfen des Kirchensteueraufkommens, als Systemagent.

104 Dabei kann es durchaus dazu kommen, daß schwerwiegende Abweichungen von christlicher Religiosität wie Aberglaube (etwa der Glaube an einen durch Gebete manipulierbaren Gott) vom Zentrum geduldet wird, während für konkrete Religiosität völlig nebensächliche theologische Streitfragen durch die Verketzerung derer entstehen, die nicht der Meinung des ideologischen Zentrums folgen.

lichen Lebens eine Theologie, die keinerlei Bezug hatte auf das konkrete Glauben der vielen. Solange es den Gläubigen gleichgültig war, was die Theologen so alles dachten, war das weniger dramatisch. Als sich aber die Theologie auf die Kanzeln verirrte (und das tat sie von Zeit zu Zeit und heute wieder), wurde/wird das Schisma offenbar. Die Glaubenden wurden zu Gläubigen gemacht und mit einer Sprache konfrontiert, die sie nicht verstanden. Und wenn sie sie verstanden, fanden sie keinen Bezug zu ihren religiösen Fragen oder Bedürfnissen. So wurden Kirchen und Kirche nicht selten leergepredigt. Eine aggressive Form der Gleichgültigkeit griff um sich, die sich nicht nur in Kirchenaustritten manifestierte, sondern auch in Parteinahme für Menschen, die mit der »Amtskirche« (man sollte sie eigentlich nicht mit der Agentenkirche verwechseln; ich kenne viele Bischöfe, die als Vertreter der Amtskirche keineswegs zu Systemagenten wurden) ihre Schwierigkeiten hatten. Nur so ist der »Fall des *Eugen Drewermann*« in den frühen 90er Jahren verständlich. *Drewermann* wurde von vielen gefeiert und verehrt, weil er den Mut zum Ungehorsam gegen Anordnungen und Weisungen der »Amtskirche« hatte.[105]

105 Mir persönlich scheinen die Streitfragen, die zum Bruch zwischen der »Amtskirche« und Eugen Drewermann führten, eher merkwürdig zu sein. Für meine konkrete Religiosität ist es völlig gleichgültig, ob Maria bei der Geburt Jesu anatomisch Jungfrau blieb oder nicht, ob man Jesu bei seiner Himmelfahrt unter die Fuß- oder Sandalensohlen sehen konnte oder nicht ... Es ist mir unverständlich, warum ein Mensch solcher Fragen willen den Bruch mit der Kirche riskierte.

7. Kapitel

Wettbewerb und Feindschaft

7

»Wettbewerb, so scheint mir, ist einer jener Begriffe, die wir beim Eintritt in das neue Jahrhundert überprüfen sollten. Genau wie der Fortschritt kann auch der Wettbewerb kein Selbstzweck sein« (Bundespräsident *Richard von Weizsäcker*).[106]

»Wettbewerb« läßt sich sehr verschieden definieren. Die gängigsten Definitionen seien hier vorgestellt:

- Volkswirtschaftlich kann man mit *Friedrich August von Hayek* bestimmen: »Wettbewerb« ist ein Entdeckungsverfahren, durch das herausgefunden wird, was nach dem Urteil der vielen als das Richtigere und Bessere gelten soll.
- Betriebswirtschaftlich kann man Wettbewerb in marktwirtschaftlichen Gesellschaften als ein Prinzip bestimmen, nach dem voneinander unabhängige Anbieter und Nachfrager versuchen, mit Wirtschaftssubjekten der Marktgegenseite Kauf- oder Dienstleistungsverträge abzuschließen. Dabei hängt der Verkaufserfolg stets vom Einfluß rivalisierender Anbieter oder Nachfrager ab, die selbst an einem entsprechenden Vertragsabschluß interessiert sind. Die Praxis des Wettbewerbs zwischen ökonomischen Subjekten beruht auf dem Mechanismus, nach dem der Anbieter möglichst vorteilhaft wirtschaftliche Leistungen zu verkaufen und der Nachfrager sie möglichst günstig zu kaufen sucht. In einer marktwirtschaftlichen Ordnung versuchen in der Regel mehrere Subjekte (Wettbewerber) dem Interesse des Nachfragers gerecht zu werden, indem sie ihre Güter entweder billiger oder qualitätsbesser oder mit höherem Sekun-

106 Anläßlich der Abschlußfeier des Akademischen Jahres der Rice University in Houston (Texas) am 2. 5. 1992.

därnutzen (Prestige, Garantie, Service, Bekanntheitsgrad) ausgestattet anbieten. Idealtypisch (der Theorie des vollkommenen Wettbewerbs folgend) verfolgen alle beteiligten Subjekte ihre wirtschaftlichen Interessen eigennützig, wenn sie über das Angebot von Faktorleistungen (Arbeit, Rohstoffe, Grund und Boden, Kenntnisse, Kreativität, Ansehen[107] und Kapital) ihre Nachfrage nach Gütern und Leistungen regulieren. Dieser Eigennutz ist keineswegs ein bloß ökonomischer. Bei der Wahl subjektiver, nicht-ökonomischer Organisationsformen (etwa der Unternehmensorganisation) spielen Interessen, Erwartungen, Bedürfnisse und Werteinstellungen sowohl der Anbieter wie der Nachfrager eine erhebliche Rolle. Der zwischenbetriebliche Wettbewerb ist der Grund technischer Innovationen, sozialer Entwicklungen und der Allokation (Verteilung bei alternativen Verwendungszwecken) der Ressourcen.

- Psycho-sozial wird man Wettbewerb als ein zwischen zwei Subjekten (Personen, Institutionen) ablaufendes Null-Summen-Spiel interpretieren. Das bedeutet, daß der Gewinn des einen in der Regel der Verlust des anderen ist (oder doch so von den Kontrahenten wahrgenommen wird). Wettbewerb bestimmt in unserem Kulturraum viele menschliche Lebensbereiche: Sport, Spiele, Suche nach Arbeit, Politik, Wirtschaft (Standorte, Ergebnisse, Volkswirtschaften, Wirtschaftssysteme, Währungen, Normen).

Wir handeln hier ausschließlich über einen psycho-sozial bestimmten Wettbewerb, da Feindschaft ein psycho-soziales Geschehen ist. Am Beispiel des Wettbewerbs läßt sich unschwer der Unterschied

---

107 Ansehen ist insoweit ein Faktor, als er in Wahrheitsliebe, Berechenbarkeit, Vertragstreue gründet. Dieses Ansehen erleichtert erheblich den Umgang mit Kunden, Lieferanten, Banken, Gebietskörperschaften. Das Ansehen einer Person oder eines Unternehmens stellt einen variablen ökonomischen Wert dar. Ich habe über das Thema der Grenzmoral, das hier eine Rolle spielt, verschiedentlich gehandelt. Vgl. etwa: Die Macht der Moral, ECON, Düsseldorf 1990, Seiten 15–18; Über die Kultur des Unternehmens, ECON, Düsseldorf 1992, Seiten 58–63. Ansehen erspart erhebliche Transaktions- und Interaktionskosten.

zwischen Feind- und Gegneraggressivität darstellen. Die meisten Personen und/oder Institutionen, die mit anderen konkurrieren, werden es ebenso beredt wie unglaubwürdig abstreiten, daß ihre Einstellung zum Mitbewerber durch Feindaggressivität und nicht durch Gegneraggressivität bestimmt sei. Vielleicht glauben sie sogar, was sie behaupten. Doch sieht man näher zu, entdeckt man deutliche Spuren der Feindaggressivität. Eine davon ist die Schadenfreude. Über fremden Schaden wird sich nur der freuen, der im anderen keinen Gegner, sondern einen Feind sieht.

Im Wettbewerb begegnen wir also beiden Formen der Aggressivität: der Feind- wie der Gegneraggressivität. Stehen sich Wettbewerber als Gegner gegenüber, kann dies durchaus ein wichtiges Element der physischen, psychischen, sozialen, ökonomischen, politischen Entfaltung sein. Ein solcher Wettbewerb ist hier jedoch nicht gemeint. Wir handeln über einen Wettbewerb, der Menschen und soziale Systeme füreinander zu Feinden macht, die es zu mindern, denen es zu schaden gilt.

Wettbewerb führt immer dann zur Feindschaft, wenn durch ihn das eigene physische, soziale, politische, ökonomische Überleben oder das Überleben der Institution, deren Existenz werthaft besetzt wurde (Unternehmen, Mannschaft, Partnerschaft), ernsthaft gefährdet werden. Wettbewerb ist also nur dann real, wenn nicht schon zuvor Sieger und Besiegter feststehen. Niemand wird sich leicht in die Rolle des sicheren Verlierers begeben. Das bedeutet aber auch, daß Wettbewerb immer verloren werden kann und so eigene Besitzstände gefährdet. Wird diese Gefährdung als existentiell erfahren, entwickelt der Gefährdete in aller Regel aggressive Feindschaft gegen den Gefährdenden.

Neben dem realen gibt es einen eingebildeten Wettbewerb. Tatsächlich will niemand mit dem Betroffenen konkurrieren. Solche imaginierten Null-Summen-Spiele sind insofern gefährlich, als sich der auf diese Weise Angegriffene gegen imaginierte Feinde wehrt und sich durch sein Kampfverhalten reale Feinde schaffen kann. Realer wie imaginierter Wettbewerb kann zwischen Personen und Institutionen ausgetragen werden.

I. Die Eifersucht als charakteristische Form des Wettbewerbs zwischen Personen

Ein typischer Fall einer im (realen oder imaginierten) Wettbewerb gründenden Feindschaft manifestiert sich in der Eifersucht. »Eifersucht« ist ein qualvoll erlebtes Gefühl eines vermeintlichen oder tatsächlichen Liebesentzugs. Der Eifersüchtige reagiert, wenn er erfährt, daß eine reale oder imaginierte Zuwendung nachläßt, zunächst meist mit Versuchen, das Liebesobjekt an sich zu binden. Ist oder erscheint dieser Versuch erfolglos, handelt er feind-aggressiv (mit Worten, Taten). Besonders heftig wird Eifersucht dann erlebt, wenn sich die bedrohte Zuwendung mit dem Verlangen nach Ausschließlichkeit verbindet. In den Fällen solcher Konkurrenzeifersucht ist das Haßobjekt vor allem der, der diese Ausschließlichkeit zu beeinträchtigen scheint. Mir sind aus der Praxis Fälle bekannt, in denen der eifersüchtige Partner den anderen durch Privatdetektive überwachen ließ – ergebnislos und hin bis zu seinem finanziellen Ruin. Nicht wenige Ehen scheitern an solchen Eifersuchtsdramen, die dahin führen können, daß Kommunikation nahezu nur noch die Eifersucht – oder deren Abweisung – zum Thema hat.

Aber auch im beruflichen Alltag kann Eifersucht eine erhebliche Rolle spielen. Der tatsächlich oder vermeintlich erfolgreichere, angesehenere, beliebtere Konkurrent wird mit Eifersucht verfolgt. Solche Eifersucht artikuliert sich in Intrigen, in Verleumdungen, in Fallenstellerei. In einem mir gut bekannten Unternehmen verfolgte ein Vorstand eifersüchtig alle Aktionen des anderen. Grund zur Eifersucht waren dessen größere Anerkennung und dessen anerkanntere Erfolge. Nahezu monatlich schrieb der Eifersüchtige seinem Vorstandsvorsitzenden einen Brief, in dem er ihn auf tatsächliche und eingebildete Fehler (Fehlverhalten, Fehlentscheidungen) seines Konkurrenten aufmerksam machte. Auch versuchte er, ihn durch Fehlinformationen zu Fehlentscheidungen zu veranlassen. Mitunter schlug seine sorgsam aufgestellte Falle zu. Im Laufe der Zeit schadete dieses Verhalten dem Unternehmen. Sein Verhalten vergiftete das Innen und Außen des Unternehmens erheblich. Der Aufsichtsrat behielt in dieser Situation die Übersicht und verweigerte dem Eifersüchtigen die Vertragsverlängerung, der daraufhin aus dem Unternehmen ausschied. Doch nicht in allen Fällen durchschauen Aufsichtsräte solche in Eifersucht gründende Machinationen. Manchmal schlachten sie das falsche Schwein – und das nicht immer zum Vorteil des Unternehmens.

Wettbewerber sind Spekulanten, denn sie fällen alle wesentlichen Entscheidungen unter Unsicherheit. Selbst erhebliche Handlungsfolgen sind nicht vorhersehbar. Bewußt oder unbewußt treffen alle Wettbewerber Entscheidungen, die auf Annahmen oder Vorstellungen über Zukünftiges geschehen. Diese Annahmen und Vorstellungen können pathologisch sein – wie im Fall der Eifersucht. Der eifersüchtige Partner muß schon unter erheblicher Realitätsablösung leiden, wenn er vermutet, durch sein Verhalten könne er die Liebe oder Anerkennung des Partners zurückgewinnen.

II. Der zwischenbetriebliche Wettbewerb als Beispiel des Wettbewerbs zwischen Institutionen

Die bestuntersuchte Form des Wettbewerbs ist die zwischen ökonomischen Subjekten. Hier besteht immer dann die Gefahr der Ausbildung von Feindschaft, wenn der eigene Unternehmensbestand bedroht ist oder das eigene Wachstum behindert wird. Jeder signifikante ökonomische oder psychologische Vorteil eines Wettbewerbers kann zur Feindschaft führen.
Fühlt sich ein Produzent oder eine Branche vom Wettbewerb überfordert (etwa die Kohleförderung, die Landwirtschaft, die Stahlproduktion, die Werftindustrie), spricht sie von »ruinösem, Arbeitsplätze gefährdendem Wettbewerb« und versucht, die drohende Niederlage zum Politikum zu machen. Sie ruft nach Staatsaktivitäten (Zöllen, Subventionen, Einfuhrbeschränkungen ...). Der Staat übt sich dann in »protektionistischer Nächstenliebe« (*Herbert Giersch*). Er handelt unmoralisch, insoweit es das ethische Prinzip verletzt, nach dem alle Maximen universalisierbar sein müssen.[108] Die Behauptung, ein Wettbewerber verhalte sich unfair, ist zumeist eine reine Schutzbehauptung, um politische oder juristische Konsequenzen zu erzeugen. Es gibt keine Norm, die positiv bestimmen könnte, was »fairer Wettbewerb«[109] meint. Und so werden immer einige Unternehmen den Wettbewerber als unfair

---

108 »Handle nur nach der Maxime, durch die du zugleich wollen kannst, daß sie ein allgemeines Gesetz werde« (I. Kant, Grundlegung zur Metaphysik der Sitten, AA 4, 421). Die vom Staat bei seinen Interventionen in die Wirtschaft realisierte Maxime: »Unterstütze alle nicht auf dem Weltmarkt konkurrenzfähigen Unternehmen« ist sicherlich nicht als ein allgemeines Gesetz universalisierbar. Wäre sie das, würde der Staat binnen kurzem kollabieren.

109 Die Fairneß hat ihre Grenzen, wo sie durch Dumping dem Wettbewerber oder durch Kartellbildung dem Nachfrager oder dem Steuerzahler schadet. Auch direkte Minderung des Ansehens eines Wettbewerbers oder seiner Produkte ist unfair.

bezeichnen und diese Unfairneß als Entschuldigung für ihre feindseligen Reaktionen benutzen. Vor allem kann der harte Verdrängungswettbewerb (wenn etwa Überkapazitäten auf den Markt drücken) zu solchen Feindreaktionen führen. Es geht dann nicht selten um das reine Überleben des Unternehmens. Und in solchen Überlebenskämpfen wird nicht selten jeder zum Feind, der das Überleben gefährdet: der Wettbewerber, die Gewerkschaften, der Staat, der Betriebsrat . . .

Ich hielt einmal vor den Führungskräften eines großen deutschen Automobilherstellers einen Vortrag, in dem ich mich gegen eine politische Abschottung gegen den japanischen Markt aussprach, wenn der nicht die Fairneßregel, die unter anderem Dumping verbietet, verletze. In der nachfolgenden Diskussion brandete mir eine Welle von Feindschaft entgegen, die sich nicht nur in gehässigen, sondern sogar feindseligen Worten gegen den japanischen Wettbewerb artikulierte.

8. Kapitel

Über die Pathologie der Feindschaft

8

Das Thema dieses Kapitels scheint widersprüchlich zu sein: Wie kann denn so etwas Normales wie Feindschaft pathologisch interpretiert werden? Ist Feindschaft zwischen Menschen und/oder sozialen Gebilden, zwischen Menschen und zwischen sozialen Gebilden nicht etwas Alltägliches? Sicherlich ist Feindschaft nichts Anomales. Ein Mensch oder eine Institution, die ihre Feinde haben, sind durchaus im psychopathologischen Sinne »normal«. (Normalität bezeichnet einen Zustand, der im Mittelbereich der Normalverteilung liegt.) Nun haben aber wenigstens 80 Prozent aller Erwachsenen und die weitaus meisten Sozialgebilde (seien sie vom Typ Institution oder Kommunikationsgemeinschaft) Feinde. Also ist Feinde-Haben etwas Normales. Und dennoch ist es oft neurotisch. Wir wollen von »Aggressionsneurose«[110] sprechen.

---

110 Wir verstehen unter »Neurose« eine psychische Störung, die Menschen dazu verleitet, auf innere oder äußere unangenehme Erlebnisse oder Ereignisse inadäquat zu reagieren. Inadäquat ist eine Reaktion, die das Unangenehme nicht behebt, obschon es zu beheben wäre. Mit Sigmund Freud unterscheiden wir Aktualneurosen (Neurasthenie, Angstneurose, Hypochondrie) und Psychoneurosen (Konversionen, Phobien, Zwangsneurosen). Die ersteren sind Reaktionen auf frustrierte (meist unbewußte) Bedürfnisse, Erwartungen, Interessen, während die letzteren eine Folge von meist frühkindlichen Fehlverarbeitungen sind, die zustande kommen, wenn die Bedürfnisse des Es mit den Abwehrtendenzen dieser Bedürfnisse durch Ich und Über-Ich in unauflösbaren Konflikt geraten. Aggressionsneurosen können sowohl als Aktualneurosen als auch als Psychoneurosen auftreten. Bei den Psychoneurosen unterscheiden wir narzißtische und Übertragungsneurosen. Hat eine Person die positive Zuwendung, zu der sie fähig ist (Libido), ausschließlich auf sich selbst gerichtet, sprechen wir von narzißtischen Psychoneurosen. Ist sie jedoch fähig, andere Personen libidinös zu besetzen, liegt eine Übertragungsneurose vor. In aller Regel sind Aggressionsneurosen, wenn es sich schon um Psychoneurosen handelt, Übertragungsneurosen und damit einer klassischen Psychotherapie zugänglich.

Feinde gibt es wie Sand am Meer. Man muß sie nur suchen. Der Hang zu solcher Suche schlummert in uns allen; er kann in offener oder stiller Feindschaft fündig werden. In beiden Fällen ist er neurotisch oder sorgt dafür, daß neurotische Symptome ausgebildet werden. Die offene Feindschaft ist pathologisch, weil und insofern Feinde einander, selbst um den Preis eigenen Schadens, zu schaden versuchen. Statt eine in aller Regel für beide lebensmindernde Situation zu beheben, wird Feindschaft nicht selten geradezu kultiviert.

Doch auch stille Feindschaft entartet oft pathologisch, wenn sich Haß, Neid, Zorn, Wut, die sich gegen den Feind richten, aus gleich welchen Gründen (etwa aus Angst, seine sozial dargestellte Aggressivität nicht beherrschen zu können oder dafür sozial oder religiös bestraft zu werden) nicht artikulieren können. Menschen werden so in ein Getto destruktiv-aggressiver Emotionen eingebunden und in ihm gefangengehalten. Kaum etwas anderes aber kann einen Menschen psychisch und sozial mehr schädigen als das Leben in einem Getto, dessen Grenzen von Haß, Zorn, Wut und Neid gezogen sind. Die Aggressivität, eine durchaus soziale Emotion, richtet sich gegen den Aggressiven selbst, wird zur Autoaggression. Langanhaltende und starke Autoaggressivität kann jedoch verheerende Folgen haben: Es gibt wenig, was einen Menschen schneller ausbrennen läßt. Zumeist wird er sein psychisches Leiden in soziales oder physisches konvertieren. Er wird psychosomatische oder Symptome einer Charakterneurose entwickeln. Im günstigsten Fall wird sich auch früher oder später seine Aggressivität so darstellen, daß das ursprüngliche Aggressionsobjekt nicht mehr erkennbar ist. Die Darstellung der aggressiven Appetenz wie auch das Aggressionsobjekt werden unberechenbar und unvorhersehbar. So kann es zu einer aggressiven Eruption kommen, die sich gegen den Menschen richtet, den der Aggressor am meisten liebt – auch wenn ein ganz anderer das ursprüngliche Ziel der aggressiven Emotionen war. Mitunter zerstört er gerade das, was er am meisten liebt. Daß solche unberechenbaren aggressiven Ausbrüche oder die soziopathischen Darstellungen einer Charakterneurose geeignet sind, Feindschaften zu erzeugen, ist offensichtlich.

Pathologisch ist Feindschaft auch deshalb, weil sie wie kaum eine andere menschliche Beziehung die Partner in ihrem Haß, ihrem Zorn, ihrem Neid zu heteronomer, von der Feindschaft bestimmter Steuerung führt. Feindschaft begrenzt Autonomie. Sie beengt zwangshaft Handlungs- und Entscheidungsspielräume und beherrscht so einen Teil unseres Lebens. Der Feind erhält Macht über unser Leben, obschon wir gerade das Gegenteil wollen. Feindschaft hat das Ziel, einen Menschen aus dem eigenen Leben zu verbannen, sich von ihm frei zu machen. Doch statt dessen baut sie ein intimes soziales Feld auf, das oft stabiler und anspruchsvoller ist als jene sozialen Felder, die durch Zuneigung, Anerkennung und Wohlwollen bestimmt sind. Dieser fatale Zirkel einer Distanzsuche, die zur Nähe führt, macht Feindschaft so destruktiv. Feindschaft ist daher eine der intimsten und engsten Bindungen, die Menschen und Gesellschaften miteinander eingehen können, und zugleich die vermutlich am weitesten verbreitete neurotische Störung, der nur deshalb kein Krankheitswert zugesprochen wird, weil das Allgemeine Bewußtsein sie als »normal« definiert.
Wie sehr Feindschaft menschliche Autonomie beschränken kann, will ich an einigen Beispielen offensichtlicher Aggressionsneurose (vom Typ »Aktualneurose«) erläutern:

- Zwei Vorstände eines großen deutschen Unternehmens waren einander spinnefeind. Vorschläge und Anregungen, Entscheidungen und Stellungnahmen des einen waren dem anderen suspekt. Beide suchten intensiv nach Gründen, warum das, was der andere plante oder entschied, barer Unsinn sei. Da beide im Vorstand über keine eigene Hausmacht verfügten, kam es in den von ihnen vertretenen Unternehmensbereichen (Verkauf und Marketing) zu kritischen Situationen, die das Betriebsergebnis erheblich beeinträchtigten. Selbstverständlich wußten beide gute Gründe zu nennen, warum der andere ein bornierter Ignorant sei. Der eine berief sich vor allem auf mangelnde Erfahrung, der andere auf einen horrend dummen theoretischen Hintergrund des Feindes. Keiner dachte auch nur im geringsten daran, das Unternehmen zu wechseln. Die Feindschaft sorgte für eine enge soziale Beziehung, die keiner aufgeben mochte. Ein

Unternehmenswechsel wäre dem Eingeständnis eigenen Irrtums gleichgekommen. Da ich das Unternehmen beriet, sah ich mich in einer argen Zwickmühle. Weil mich aber beide Feinde zumindest menschlich akzeptierten, konnte ich gelegentlich vermitteln. Gespräche mit dem Aufsichtsratsvorsitzenden nutzten wenig (der Aufsichtsrat hätte die Bestellung wenigstens einer der beiden Kampfhähne zum Vorstand widerrufen können), und so blieb nichts anderes übrig, als beide nach Ablauf der regulären Amtszeit freizustellen. Das war aber zu spät, um schweren Schaden vom Unternehmen abzuwenden.

- Zwei Ehepartner waren einander zu Feinden geworden. Grund war der nie endende Kampf der Frau um mehr Eigenbestimmung. Haß, Wut, Zorn und Ärger waren die Emotionen, die das gemeinsame Beisammensein bestimmten. Sie definierten die Struktur der Partnerschaft. Beide waren nicht bereit, aufeinander zuzugehen, da dieser Schritt als Kapitulation verstanden werden und den Einfluß des anderen vergrößern könnte. Beide erdachten verbale Strategien, um dem anderen weh zu tun, ihn zu mindern, ihm Schuld zuzuweisen, ihn vor Dritten schlechtzumachen. Die Partnerschaft entartete zu einer Kollusion, in der beide Partner aufeinander angewiesen waren, um ihre destruktiven Spiele zu spielen. Mein Vorschlag, sich zu trennen, wurde von beiden empört zurückgewiesen.
- Die Sowjetunion und die USA waren sich von 1948 bis 1989 Todfeinde. Beide Staaten gingen davon aus, daß der jeweils andere ihn atomar vernichten würde, wenn er nicht durch Abschreckung daran gehindert wäre. Hier wird deutlich, daß Feindschaft zu einer wahnverstellten Sicht von Realität führt. In beiden Staaten wurden große Teile des Volkseinkommens in die Rüstung gesteckt, so daß beide in der Lage waren, die großen Städte des anderen einige dutzendmal atomar zu vernichten. Die USA schienen einen Overkill von 50 für die zehn größten Städte des Feindes anzustreben, während sich die Sowjetunion mit gut einem Zehntel davon zufriedengab. Jeder neutrale Beobachter hätte das, was da geschah, als kostspieligen Schwachsinn abgetan. Nicht aber die Politiker und Militärs beider Staaten. Sie hielten ihr Tun nicht nur für sinnvoll, son-

dern sogar für zwingend notwendig. Feindschaft machte sie blind. Solche »Sehstörungen« begleiten nahezu alle Feindschaften.

Nicht selten liegen feind-aggressiven Stimmungen jedoch auch Versuche, die eigene Psyche auf psychoneurotischem Niveau zu stabilisieren, zugrunde. Wir wollen hier vier Beispiele psychoneurotischer Aggressivität und Feindschaftsbildung ausführen:

- Mangelndes Urvertrauen: Ein Mensch vertraut weder sich selbst noch anderen. Ein solch urmißtrauischer Mensch wird diese Welt und alle Menschen als bedrohlich empfinden. Er hat Angst vor sich selbst, vor anderen, vor Lebenssituationen. Er kann versuchen, sich dieser ihn bedrohenden Feinde aggressiv zu erwehren oder in die Einsamkeit zu fliehen, in der er sich am wenigsten bedroht fühlt. Seine Abwehrstrategien gegen die ihn (in seiner urmißtrauischen Vorstellung) existentiell bedrohenden Feinde schaffen ihm jedoch nicht selten reale Feinde.
- Ein Mensch weiß nicht, wer er ist: Normalerweise wird diese Frage im 2. und 3. Lebensjahr beantwortet. Ein Kind grenzt sich gegen seine menschliche Umwelt ab: »Ich bin anders als Mama, anders als Papa, anders als Uschi!« Wurde die Frage nach dem Selbst nicht in diesen Jahren beantwortet, gehen Menschen auf die Suche nach ihrem Selbst, ohne – außerhalb einer Therapie – die reale Chance zu haben, die Frage realitätsnah zu beantworten. Um herauszufinden, wer sie denn nun eigentlich seien, wenden sie verschiedene Techniken an, die jedoch grundsätzlich nicht zu brauchbaren Ergebnissen führen. Nicht selten versuchen Menschen mit dieser Störung die Frage nach dem eigenen Selbst nicht von ihrem Sein, sondern von ihrem Haben her zu beantworten. Ich habe Erfolg, ich habe Einfluß, ich habe Macht, ich habe Geld, ich habe Jugend... Da alles Haben und damit auch das vermeintliche Wissen um das eigene Selbst immer bedroht sind, versuchen sie mit allen Mitteln, auch unfairen, mitunter gar kriminellen, ihr Haben zu schützen. Daß sie so sich eine Welt voller Feinde schaffen können, ist offensichtlich. Ich will Ihnen diesen Sachverhalt an einem Beispiel erläutern: Ein

mir wohl bekannter Manager, Vorstand eines mittleren Unternehmens, definierte sich nahezu ausschließlich von seinem beruflichen Erfolg her. Er war ein Mensch, der es zu etwas gebracht hatte. Diesen Erfolg versuchte er mit allen Mitteln abzusichern. Dazu bestach er, um einen öffentlichen Auftrag zu erhalten, drei kommunale Beamte. Als dieser Vorfall publik wurde und die Staatsanwaltschaft ein Verfahren gegen ihn einleitete, brach er psychisch zusammen. Der Erfolg, von dem her er sich selbst definierte, schlug um in Mißerfolg. Er glich einer Stangenbohne, der man die Stange weggenommen hatte. Er benötigte eine mehrjährige Psychotherapie, um sich selbst von seinen realen Möglichkeiten und deren Grenzen (also nicht mehr von seinem Haben, sondern von seinem Sein) her zu definieren.

- Andere Menschen, die nicht wissen, wer sie sind, versuchen diese Frage zu beantworten, indem sie sich mit einer erfolgreichen Lebensrolle identifizieren. Solche sekundären Selbstdefinitionen finden sich nicht selten bei Menschen jenseits der Siebzig. Sie definieren sich als Mutter, erfolgreicher Manager, guter Soldat... Kommunikation ist nur möglich, wenn sie im Zusammenhang mit dieser Lebensrolle steht. Definiert sich ein Mensch vor dem Abschluß des 7. Lebensjahrzehnts durch eine bestimmte Lebensrolle, sagen wir, er trüge eine Maske, weil er sich vor sich selbst und anderen mit dieser Rolle maskiert. Das hier Gemeinte will ich an einem Beispiel erläutern: Ein ehemaliger Oberst der deutschen Luftwaffe verstand sich – auch nachdem er längst den Dienst quittiert hatte – als Luftwaffenoberst. Persönliche Gespräche waren nur möglich über Themen, die seine soldatische Vergangenheit berührten. Da es ihm möglich war, seine organisatorischen Fähigkeiten einzusetzen, wurde er niemals genötigt, von seiner Rolle Abschied zu nehmen. Er ließ sich, obschon seit langem außer Dienst, immer noch mit »Herr Oberst« anreden. Seine einseitige Selbstdarstellung gefiel nicht allen seiner Zeitgenossen, vor allem wenn sich die Geschichten seiner militärischen Taten ständig wiederholten. Da er sich nicht in soziale Felder einpassen konnte, machte er sich Feinde. Einige Menschen sahen ihn lieber gehen als kommen.

- Ein Mensch weiß nicht, was er kann: Normalerweise lernt ein Mensch das Umgehen mit seinem Können und dessen Grenzen im 4. und 5. Lebensjahr. In diesem Alter versuchen Kinder permanent zu testen, was sie alles physisch, emotional, intellektuell, sozial können. »Was kann ich mir alles leisten, ohne mir eine einzufangen?« Kinder entwickeln sich optimal, wenn sie in einem möglichst weiten Erfahrungsraum ihr Können ausprobieren können, aber dabei auch Grenzen ihres Könnens erfahren. Lernt ein Mensch in diesem Alter nicht ein rechtes Verhältnis zum eigenen Können und dessen Grenzen, versucht er zeitlebens, sein Können zu testen, ohne eine sinnvolle Einstellung zu dessen Grenzen zu haben. Zumeist entwickeln diese Menschen »Primären Aktivismus«. Auch dazu ein Beispiel: Einer meiner von Natur aus reich begabten Bekannten war der Meinung, er könne nahezu alles, was er sich vornehme, ohne eine entsprechende Ausbildung erhalten zu haben. So leitete er gruppendynamische Seminare ohne entsprechende Ausbildung. So verfügte er über Theorien, die er entweder nur halb verstanden oder falsch anwandte. Seine Arbeit war gekennzeichnet von Hektik, die nur gelegentlich durch gesundheitliche Zusammenbrüche unterbrochen wurde. Ich hoffe, daß er bald einen privaten wie beruflichen Lebensrahmen finden wird, in dem er nicht sich und aller Welt beweisen muß, daß er nahezu alles kann, was auch nur entfernt mit seinem Beruf zu tun hat. Er wird dann weniger unter sich selbst und andere weniger unter ihm leiden. Seine Aktivitäten brachten ihm viel Bewunderung ein. Doch machten sie ihm auch – gelegentlich als narzißtische Selbstspiegelung ausgelegt – viele Feinde.

9. Kapitel

Wie man menschlich mit Feindschaft umgeht

9

»Mehr noch als bei der Wahl seiner Freunde muß man bei der Wahl seiner Feinde auf der Hut sein.« *(Herfried Münkler)*

Es gibt Bilder von Feinden, die haben klärende und orientierende Funktion, obwohl die meisten nichts klären, sondern nur verdunkeln, die meisten nicht orientieren, sondern desorientieren. Es kommt also, wenn man schon nicht ohne Feinde leben kann, darauf an, das Feindbild zu präzisieren, um es in Erfahrungen zu modifizieren – vielleicht gar aufzugeben. Dann wird es möglich sein, mit Feindschaft, der aktiven (wir hassen) und der passiven (wir werden gehaßt), sinnvoll menschlich umzugehen. Was können wir tun, damit ein solches menschliches Mit-Feinden-Umgehen gelingt?[111]

- Wir müssen unsere eigenen, Feindschaft erzeugenden psychischen Mechanismen kennenlernen.
- Wir müssen Hinweise auf Gewalt erkennen und ernst nehmen.
- Wir müssen die Kritikfähigkeit gegenüber den Selbstverständlichkeiten des Allgemeinen Bewußtseins wahren, vor allem seine Intoleranzen erkennen.
- Wir müssen Zivilcourage entwickeln und eine Zuschauermentalität überwinden.
- Wir müssen Sittlichkeit ausbilden, um nicht der an Partikularinteressen orientierten exogenen Moral ausgeliefert zu sein.

---

111 Mein Buch: Wie man sinnvoll miteinander umgeht (Düsseldorf 1992) behandelt diese Frage menschlichen Miteinanderumgehens grundsätzlich. Hier soll dieses Thema für den Sonderfall des Umgehens mit eigener und fremder Feindschaft behandelt werden.

- Wir müssen erkennen, gegen wen und warum wir psychische, physische oder soziale Gewalt ausüben.
- Wir sollten den Stand der Forschung über öffentliche und private Gewalt und den Zusammenhang zwischen beiden kennenlernen.

I. Feindschaft begründende psychische Mechanismen erkennen

Wir erkennen uns und andere nicht so wie wir/sie sind, sondern bloß unsere Konstrukte, die wir uns von uns selbst und ihnen machen. Ebenso erkennen andere uns nicht als die, die wir sind. Auch sie konstruieren sich Bilder von uns. Ferner verstehen wir in aller Regel nicht das, was andere Menschen meinen, sondern nur immer uns selbst. Und umgekehrt gilt, daß andere Menschen nicht das verstehen, was wir meinen, sondern nur das, was sie meinen. Diese wichtigen Thesen, die im 11. und 12. Kapitel dieses Buches weiter ausgeführt werden sollen, gilt es stets zu bedenken, wenn wir uns mit dem Thema Feindschaft auseinandersetzen. Unsere Konstruktbildungen, verbunden mit einiger Appetenz zur Feindaggressivität, sind der Grund, warum wir uns Menschen zu Feinden machen und andere Menschen uns zu ihren.
Das soll nun aber keineswegs heißen, daß Feindschaft ein bloß psychischer Zustand sei. Sie ist auch ein sozialer, führt sie doch zu Handlungen und Entscheidungen, die durchaus richtig als feindaggressiv erlebt werden. Vor allem mißlingen konstruktive Interaktionen. Destruktive Interaktionen erlauben uns jedoch nur selten, unsere Konstrukte (auch unsere Feindkonstrukte) in Richtung größerer Realitätsdichte zu modifizieren. Feindselige Interaktionen bestätigen in aller Regel realitätsabgelöste Konstrukte, die uns dazu bringen, Situationen zu schaffen oder auszunutzen, die dem anderen schaden (können). Diese Folgen von Feindschaft will ich an zwei Beispielen erläutern:

- Anläßlich einer Partnerschaftsberatung stellte ich fest, daß die Partnerschaft darunter litt, daß das Selbstbild der Partner meilenweit von dem Bilde entfernt war, das die Partner einander zurückspiegelten. Der Mann hielt seine Frau für ein hilfloses und unpraktisches Wesen, sie selbst aber (und das hatte sie in ihrem vorehelichen Berufsleben erfahren und auch bestätigt erhalten) hielt sich für praktisch und lebenstüchtig. Die Frau hielt ihren Mann für eine neurotische Mimose. Er selbst aber – und das bestätigte sich im Verlauf der Therapie – hielt sich für durchaus in der Lage, sinnvoll mit Kritik umzugehen. Beide spiegelten nun in allen ihren Interaktionen (also sowohl den Interaktionsangeboten als auch im Umgehen mit den Interaktionsangeboten des anderen) ihr (falsches) Bild ihrem Partner zurück. Beide fühlten sich mißverstanden. Ganz offen kam es zu wechselseitigen, durchaus feindseligen Minderungen der Art: »Ohne mich könntest du gar nicht leben!«, »Du bist ja so empfindlich, daß man gar nicht mit dir reden kann!« Offenbar projizierten beide Partner eigen-psychische Elemente (wie es bei Konstruktbildung gar nicht anders zu erwarten steht) in den anderen. Im Verlauf der Therapie erwies sich die Frau als nahezu unfähig, Kritik sinnvoll zu verarbeiten, und der Mann war in seinem Beruf keineswegs besonders erfolgreich, wirkte eher hilflos und keineswegs besonders lebenstüchtig. Erst als sie den Mechanismus der Konstruktbildung und der daraus folgenden Tatsache, daß Menschen einander nur beschränkt verstehen können, nicht nur rational, sondern auch emotional akzeptiert hatten, stellte sich Besserung ein.

- Ein Vorgesetzter verstand das Verhalten eines seiner Mitarbeiter völlig falsch. Dieser berichtete verschiedentlich recht positiv über seine Kollegen. Wie gut sie doch als Team zusammenarbeiten würden. Der Mitarbeiter meinte genau das, was normalerweise jeder andere Mitteleuropäer an Information aus den beiden Sätzen erzeugen würde. Der Vorgesetzte verstand die Äußerungen seines Mitarbeiters als Anklage: Er, der Vorgesetzte, sei nicht recht teamfähig, man könne mit ihm keineswegs unkompliziert zusammenarbeiten. Da er sich in dieser Kritik nicht wiederfand, kam es zu erheblichen und durchaus feindseligen Kommunikationsstörungen. Der Vorgesetzte reagierte gereizt in jedem Vier-Augen-Gespräch auf seinen Mitarbeiter. Er bemühte sich ernsthaft darum, ihn in eine andere Abteilung fortzuloben. Nach einigen Monaten war er erfolgreich. Er hatte sich eines wertvollen Mitarbeiters entledigt. Das vorher reibungslos funktionierende Team zerfiel. Die klassischen Demotivationsindikatoren wurden sichtbar: höhere Fehlzeiten, größere Fluktuation, vermehrte Ausschußproduktion. Ich riet dem Vorgesetzten, sich von einem Psychologen coachen zu lassen, damit er es lerne, seine Konstrukte, die er sich von seinen Mitarbeitern machte, zu dynamisieren.

II. Hinweise auf Gewalt erkennen

Gewalt ist ein Instrument der Stärkeren, die Freiheit der Schwächeren zu ihren Gunsten zu beschränken. Auf den ersten Blick scheint damit Gewalt stets etwas moralisch Verwerfliches zu sein. Sicherlich gibt es eine gerechtfertigte (wennschon keine legitime) Gewalt. Legitim wäre etwa die Staatsgewalt, wenn und insofern sie – wie *Johann Gottlieb Fichte* zutreffend bemerkt – Resultat einer Übertragung der souveränen Gewalt des Volkes auf die Regierenden ist, mit dem einzigen Zweck, die Bürger vor Gewalt zu schützen.[112] Da nun aber der Bürger, sollte er sie denn dem Staat je gegeben haben, sich ihrer nicht einmal erwehren kann, verliert Gewalt ihre Legitimität. Dennoch kann auch solche nicht-legitime Gewalt sekundär gerechtfertigt sein, wenn und insoweit sie allein in der Lage ist, mit einem Minimum von Aufwand schweren Schaden vom Gemeinwohl zu wenden. *Max Weber* ist der bemerkenswerten Ansicht, daß Institutionen nicht über ihre Zwecke, sondern nur über die spezifischen Mittel ihrer Selbsterhaltung (und dazu zählt vor allem die physische Gewaltsamkeit) definiert werden können. Der Staat sei der Extremfall einer Institution, insofern er das »Monopol legitimer physischer Gewaltsamkeit«[113] für sich beanspruche. *Walter Bejamin* dagegen macht darauf aufmerksam, daß die Folge der Annahme, die Anwendung von Gewalt sei naturrechtlich unbedenklich, wenn sie als Mittel zur Erlangung gerechter Ziele diene, der Terrorismus sei.[114] »Verwerflich aber ist alle mythische Gewalt, die rechtsetzende, welche die schaltende genannt werden darf. Verwerflich auch die rechtserhaltende, die

112 AA I/1, 311 ff.
113 Gesammelte politische Schriften, ²1958, Seite 494.
114 Zur Kritik der Gewalt und andere Aufsätze, 1965, Seite 29.

verwaltende Gewalt, die ihr dient. Die göttliche Gewalt, welche Insignum und Siegel, niemals Mittel heiliger Vollstreckung ist, mag die waltende heißen.«[115] Mit *Karl Marx* fordert auch *Herbert Marcuse* als Ziel aller gesellschaftlichen Veränderungen die gewaltfreie Gesellschaft. Menschen, die unter herrschender Gewalt leiden, werden versuchen, diese zu zerstören. Doch Zweifel an der Legalität der herrschenden Gewalt werden gerade von ihr gewalttätig unterdrückt, da sie ihren Einfluß und ihren Bestand in ebendieser Gewalt gründet.[116] *Hannah Arendt* stellt fest, Gewalt könne niemals legitim sein, wohl aber unter Umständen gerechtfertigt. Gewalt sei eher dazu angetan, Reformen, nicht aber Revolutionen zu erzwingen, da Revolutionen nur der Machtumverteilung, nicht aber der Minderung oder Aufhebung der Gewalt dienen.[117]

Dieser kleine Exkurs in die Geschichte verfolgt den Zweck, die Diskussion über die Gewaltproblematik etwas von der anscheinend trivialen Unterscheidung von gerechter und ungerechter Gewalt herunterzubringen. Wir wollen in dieser Sache *Johann Gottlieb Fichte* folgen und als einzig legitime Gewalt die von unten nach oben delegierte anerkennen. So verfügt der Staat nur insofern über das Recht, physische Gewalt auszuüben, als die Bürger ihm das Recht dazu verliehen haben. Und er darf es nur einsetzen, um Gewalt, die nicht solchermaßen legitimiert ist, abzuwehren. Analoges gilt für alle Institutionen.

Zum anderen zeigt ein Blick auf die Geschichte, daß man den Gewaltbegriff nahezu ausschließlich auf physische Gewalt beschränkte. Das ganz zu Unrecht: Es gibt auch psychische und soziale Gewalt. Diese wurde früher vor allem als »elterliche« (seit dem 18. Juli 1979 spricht der Gesetzgeber von »elterlicher Sorge«) bezeichnet. Doch alle Institutionen (wie Kirchen, Unternehmen, Parteien) üben psychische Gewalt aus, insofern sie die Internalisierung ihrer Interessen, Bedürfnisse, Erwartungen und Werteinstellungen zumindest von ihren leitenden Mitgliedern verlangen.

---

115 Ibd., Seite 64.
116 Ziele, Formen und Aussichten der Studentenopposition, in: Argument 9 (1967), Seite 404.
117 Macht und Gewalt, 1970, Seite 80.

Und soziale Gewalt üben sie aus, wenn sie ein ihnen abträgliches Verhalten (singulär-sozialwidrig) sozial oder finanziell bestrafen. Dieses alles gilt es zu bedenken, wenn wir fordern, Hinweise auf Gewalt ernst zu nehmen. Unsere Gesellschaft ist in nahezu allen ihren Dimensionen gewalttätig, und so darf es nicht wunder nehmen, daß auch Menschen gewalttätig werden. Die berühmte und vielzitierte Feststellung des *Cicero*, der Gewalt könne man nur durch Gewalt begegnen,[118] hat einige Gewißheit für sich. Der oft anonymen Gewalt der Institutionen kann man sich kaum anders erwehren, als daß man sie verläßt, wenn keine realistischen Chancen bestehen, sie zu reformieren. Aber gerade junge Menschen stehen meist ohnmächtig und hilflos vor der Macht der Institutionen. Das Gefühl des hilflos Ausgeliefertseins führt zur Suche nach Ersatzobjekten. Wenn man schon die Institutionen hassen, ihnen aber nicht schaden kann, muß das hassende Schadenwollen Menschen und Sachen gelten. Die als »rechts« deklarierte Jugendkriminalität gegen Ausländer und ihre Wohnungen ist nichts anderes als ein Spiegelbild der auch ungerechten Gewalt, die Institutionen ausüben. Die massive Freisetzung institutionalisierter Gewalt nach der Implosion des Ostens, etwa in den Kriegen im zerfallenden Jugoslawien, oder die Gewaltverherrlichung durch eine Politik, die wieder deutsche Soldaten in Kampfeinsätze schicken will, führt zur allgemeinen Verrohung und zu der Überzeugung, daß man durch Anwendung von Gewalt eigene und fremde Probleme lösen könne. Es ist schon eine recht merkwürdige Politik, wenn der CDU/CSU nichts anderes einfällt, als die Gewalttätigkeiten von Jugendlichen durch härtere Bestrafungen abzuwenden, statt die eigene Gewalttätigkeit, deren Echo die der Jugendlichen ist, zu reflektieren und zu mindern. Nun war Intelligenz noch niemals Sache der Rechten.

An welchen Orten gilt es also vor allem auf Anzeichen zunehmender Gewalttätigkeit zu achten, um ihren Ausbruch zu verhindern?

---

118 »Quid enim est, contra quod vim sine vi fieri possit.« Epistula ad familiares XII, 3.

- Zunächst einmal ist darauf zu achten, daß der Staat nicht immer gewalttätiger wird. Er wird gewalttätig,
  - wenn er Grundrechte aufhebt,
  - wenn er Strafgesetze verschärft, um Gewalt einzudämmen,
  - wenn er die Bundeswehr anders als zur Verteidigung der eigenen Grenzen bzw. der Grenzen der NATO-Verbündeten einsetzt,
  - wenn er die sozial Schwachen noch weiter schwächt,
  - wenn er die Freiheiten der Menschen durch immer neue, möglichst alles reglementierende Gesetze beschränkt, die nicht zwingend notwendig sind, um schweren Schaden vom Gemeinwohl abzuwehren.
- Zum zweiten ist darauf zu achten, daß die Gewaltbereitschaft und die Ausübung von Gewalt in den Schulen nicht zunimmt. Es soll Schulen geben, in denen bis zu 80 Prozent der 14- und 15jährigen mit gefährlichen Waffen zur Schule kommen und diese auch einsetzen, um Mitschüler zu nötigen, um von ihnen Schutzgeld zu erpressen, um sie zu »bestrafen« – oder einfach, weil Gewalttätigsein Spaß macht. Die Pädagogik versagt, wenn sie es nicht fertigbringt, die Gewaltbereitschaft einiger von den anderen sozial ächten zu lassen.
- Zum dritten ist auf die Gewalt in den Familien zu achten. Sicher wird seltener geprügelt als noch vor 20 Jahren. Doch psychische und soziale Mißhandlungen von Kindern sind kaum seltener geworden. Hierher gehören Rücknahme der Zuwendung als Strafe, Einsperren, Beschränkung des Zeitrahmens, der dem Spielen mit Gleichaltrigen zur Verfügung steht . . .
- Zum vierten und zum letzten ist darauf zu achten, ob sich Gangs oder gewaltbereite Cliquen bilden. Diese sind durch sozialhelferische und pädagogische Maßnahmen (nicht aber durch gewaltsam-polizeiliche, die – weil sich hier eine Institution und kein Mensch vorstellt – zwingend Gegengewalt evoziert) von ihrer Gewaltbereitschaft abzubringen, indem man ihnen Ziele finden hilft, deren Durchsetzung keine Gewalt erfordert. Mir ist ein Sozialhelfer bekannt, dem es gelang, einer solchen Gruppe sozialverträgliche Ziele vorzugeben. Heute betätigt sie sich aktiv im Umweltschutz und meckert allenfalls einmal Umweltsünder an.

Gelingt es uns – und zwar in der Erkenntnis, daß Gewaltbereitschaft nur abgebaut werden kann, wenn sie zugleich auf genannten Ebenen (Familie, Schule, Staat) reduziert wird –, Anzeichen von Gewaltbereitschaft und Gewaltausübung zu erkennen und als sozialschädlich anzuprangern, werden auch die Schwächsten unserer Gesellschaft, die orientierungslosen Jugendlichen, ihre Gewaltbereitschaft mindern. Ich denke, die Korrelation zwischen öffentlicher und privater Gewaltbereitschaft ist nicht nur für die USA als signifikant ausgewiesen worden.

III. Ausbilden der Kritikfähigkeit

Wenn wir schon in einer aggressiv verwilderten Landschaft leben, müssen wir uns emanzipieren von dem, was das Allgemeine Bewußtsein vorgibt. Die Werte dieses Allgemeinen Bewußtseins sind offensichtlich nicht in der Lage, das Allgemeine Sein so zu kontrollieren, daß nicht Feind-Aggressivität an der Tagesordnung ist. Menschen bekämpfen sich politisch, ökonomisch, militärisch, juristisch, verletzen sich privat wie öffentlich mit Worten und Taten. Dazu ist es notwendig, die terroristischen Elemente im Allgemeinen Bewußtsein zu erkennen und uns von ihnen abzulösen. Das setzt allerdings voraus, daß wir aus dem Horizont des Allgemeinen Bewußtseins heraustreten. Da es uns eine sichere, wohlgeordnete Welt voller Selbstverständlichkeiten vermittelt, ist es mühsam, die allgemein akzeptierten Selbstverständlichkeiten zu verlassen und sie – insofern sie der Feind-Aggressivität Vorschub leisten oder sie gar einfordern – aufzugeben. Wenn man heute von »kritischem Bewußtsein« spricht, ist ebendiese Fähigkeit der Kritik des eigenen Innen durch das Heraustreten aus einem unsicheren und ungewissen, einem keineswegs durch allgemein-akzeptierte Selbstverständlichkeiten geschützten und behüteten Außen nötig. Es geht also um die – möglichst massenhafte – Ausbildung kritischen Bewußtseins.

Das Wort »Kritik« wurde erst im 17. Jahrhundert aus der Philosophie in die Umgangssprache entlassen. »Kritikvermögen« bezeichnet seit dem Beginn der europäischen Philosophie die Fähigkeit zu differenzieren, zu unterscheiden, etwa das Brauchbare vom Unbrauchbaren, das Nützliche vom Überflüssigen, das Vernünftige vom Unvernünftigen, das Gute vom Bösen. Schon bei *Platon* beginnt es die heutige Bedeutung anzunehmen: Nicht jedes Unterscheiden ist Aufgabe der Kritik, sondern das Problematisieren des scheinbar Selbstverständlichen.[119] Der Begriff der Kritik, wie er heute umgangssprachlich üblich ist, wurde von *Giovanni Battista Vico* ausführlich entwickelt. Sie wurde zu einer Methode, Wahres von Falschem und Unsicherem zu unterscheiden.[120] *Karl Marx* stellt fest, daß jede Kritik im Zusammenhang mit dem gesellschaftlichen Sein steht, das sie hervorbringt.[121] Es müßten zunächst die Verwerfungen im Gesellschaftlichen Sein geprüft werden, zum zweiten das eigene Eingebundensein in dieses Allgemeine Sein, dann könne drittens eine Kritik des Bewußtseins folgen. Wir wollen in diesem Anliegen *Marx* folgen und fragen zunächst: Was sind die Verwerfungen im Allgemeinen Sein, die wir in unserer Zeit des implodierenden Westens beobachten können?

---

119 Theaitetos 150 b 2 f. Die Hebammenkunst des platonischen Sokrates unterscheidet sich von der einer Hebamme darin, daß sie nicht nur Antworten gebären läßt, sondern auch zu prüfen einfordert, ob diese Antwort stimmig sei oder nicht. Ihm folgt darin auch Aristoteles, demzufolge Kritik über Orientierungen reflektiert, »denn in jenen Dingen die Fähigkeit zum kritischen Urteil zu haben, in denen es auf ethische Klugheit ankommt, heißt verständig und einsichtig bzw. nachsichtig zu sein« (Nic. Eth. 1443 a29–31). Ein allgemein gebildeter Mensch »ist nach unserem Urteil ein Kritiker über alle Fragen« (De partibus animalium 639 a 6 ff.). Aristoteles nennt also nur den gebildet, der zur sachgerechten, auf Analyse der beobachteten Sachverhalte beruhenden Kritik fähig ist.

120 »Heute beginnen wir unsere Studien mit der Kritik, die, um ihr erstes Wahres von allem, nicht nur vom Falschen, sondern auch vom bloßen Verdacht des Falschen, zu reinigen, alles, was bloß abgeleitet wahr und wahrscheinlich ist, ebenso wie das Falsche aus dem Geist entfernen befiehlt« (De nostri temporibus studiorum ratione, 1708).

121 Er wirft den junghegelianischen Philosophen vor, in ihrer Kritik das Bestehende nur anders zu interpretieren. Sie seien deshalb die »größten Konservativen«, wenn sie wie folgt kritisieren: »Die Menschen haben sich bisher stets falsche Vorstellungen über sich selbst gemacht von dem, was sie sind oder sein sollen. Nach ihren Vorstellungen von Gott, von dem Normalmenschen usw. haben sie ihre Verhältnisse eingerichtet. Die Ausgeburten ihres Kopfes sind ihnen über den Kopf gewachsen. Vor ihren Geschöpfen haben sie, die Schöpfer, sich gebeugt. Befreien wir sie von ihren Hirngespinsten, den Ideen, den Dogmen, den eingebildeten Wesen, unter deren Joch sie verkümmern« (WW II, 9). »Keinem dieser Philosophen ist es eingefallen, nach dem Zusammenhang der deutschen Philosophie mit der deutschen Wirklichkeit, nach dem Zusammenhang ihrer Kritik mit ihrer eigenen materiellen Umgebung zu fragen« (WW II, 15).

- Die im 19. Jahrhundert entwickelten ökonomischen, politischen, sozialen, kulturellen, moralischen Werte reichen nicht aus, die Probleme unserer Tage zu lösen (wie etwa die des technischen Fortschritts, der ABC-Waffen, der Umweltvernichtung, der Überbevölkerung, des ausufernden Wachsens von Institutionen). Deshalb werden sie aufgegeben, ohne daß eine neue Wertewelt die Sozialverträglichkeit menschlichen Handelns und Entscheidens sichern könnte, in Sicht ist. Feind-Aggressivität wird nicht mehr durch allgemein akzeptierte Werte reguliert.
- Die Ökonomie wird zunehmend kapitalintensiver. Eine strukturelle Arbeitslosigkeit nie gekannten Ausmaßes bestimmt das Bild moderner Nationalökonomien. Der Streit um Lohnvorteile wird abgelöst werden durch den Streit um Arbeit. Wenn die Gewerkschaften sich nicht in diesem Verteilungskampf als Partei der sozial, ökonomisch und politisch Schwachen – das sind vor allem die vergeblich Arbeit Suchenden – zu erkennen geben, gehören sie in das Panoptikum der Fossilien des 19. Jahrhunderts. Es entstehen neue Fronten, die sich feind-aggressiv gegenüberstehen. Hier gilt es, Partei zu ergreifen.
- Die Politik ist orientierungslos gelähmt. Diese Lähmung glaubt sie durch dümmliches Agieren (in Kriegen, in Aushöhlung von Grundrechten, in der massenhaften Produktion von Gesetzen) entgehen zu können. Bürokratie tritt an die Stelle der Politik. Eine ohnmächtige, aber unglaublich teure Politik wird zu Recht feind-aggressiv angegriffen.
- Die Religiosität entzieht sich zunehmend dem Einfluß institutionalisierter Kirchen. Sie geht entweder ins Getto des Privaten oder geht ganz unter. Da Menschen Götter benötigen, machen sie sich selbst dazu. Da sie aber in der Mitte ihrer eigenen Allmacht ihre eigene Ohnmacht erfahren, richten sie Verzweiflung und Angst aggressiv nach außen.

Dieser Situation sozialer Verwerfung von unbekanntem Ausmaß entspricht der Zerfall des Allgemeinen Seins und des Allgemeinen Bewußtseins. Eine derartige Entwicklung ist keineswegs nur negativ zu sehen. Indem die Negationen im Allgemeinen Sein so offensichtlich zutage treten, wird es leichter, sich selbst aus diesem in

Provinzen zerstückelten Allgemeinen Sein abzulösen und mit der Negation der Negationen zu beginnen. Wir selbst sind dann nicht mehr so sehr in Allgemeines Sein eingebunden, daß wir erfolgreich versuchen können, es zu kritisieren. Unsere Kritik wird zunächst die des Seins sein müssen, da das Allgemeine Bewußtsein zunächst einmal Allgemeines Sein widerspiegelt. Es fällt uns leichter, bestehende Institutionen, die Menschen gründeten, um Politik, Ökonomie, Kultur oder Soziales zu betreiben, für nicht mehr selbstverständlich zu halten. Die meisten sind derzeit dabei, sich selbst aufzuheben. Man sollte ihnen dabei helfen. Nur die systemische Trägheit hindert sie, alsbald und ähnlich schnell zu zerfallen wie die politischen, ökonomischen, sozialen, kulturellen, militärischen Institutionen des Ostens, die, nachdem die sie stützenden Werte verfielen, in wenigen Monaten implodierten. Wir stehen in allen Dimensionen des Sozialen Seins an den Grenzen des Chaos. Dennoch glauben nicht wenige Menschen, die Dimensionen des alten Allgemeinen Bewußtseins wären in der Lage, die Probleme des Allgemeinen Seins zu lösen. Soviel Herzenseinfalt kann man nur verwundert zur Kenntnis nehmen!

Also muß ein neues Denken her, das noch nicht positiv sein kann, weil sich die neuen Strukturen des Allgemeinen Seins noch nicht ausmachen lassen. Das an den alten Strukturen des sterbenden Allgemeinen Seins orientierte Allgemeine Bewußtsein wurde hilflos und ohnmächtig. Es löste sich von der Realität des heute chaotisch organisierten Allgemeinen Seins ab und wird sich immer deutlicher seines Versagens bewußt. Das konservative Denken, das mit den erprobten Mitteln der Vergangenheit ein Sein neu organisieren möchte, das inzwischen aber zerfallen ist, wird sich unter mancherlei Zuckungen von uns verabschieden. Wir leben in der Zeit des kritischen Denkens, das die Negationen unserer Zeit nicht durch alte Positionen überwinden will, sondern durch deren Negation. Wir wissen nicht, wie das neue Allgemeine Sein und Bewußtsein aussehen werden. Wir verfügen nicht über das Vermögen, Positionen neu zu setzen. Die Gründung neuer Positionen ist uns nicht gegeben – sie unterliegt äußerst komplexen Gesetzmäßigkeiten, die unser Denken – weil viel zu primitiv – nicht einholen kann.

Aus dieser Einsicht folgt, daß kritisches Denken – im Gegensatz zum konservativen – immer tolerant sein muß. »Toleranz« – es sei hier noch einmal wiederholt – bezeichnet die Fähigkeit und Bereitschaft, das Anderssein des Anderen als dem Eigenen gleichberechtigt[122] zu akzeptieren. Die Grenzen der Toleranz sind nur da erreicht, wo fremdes Verhalten generell sozial unverträglich ist (also unabhängig vom konkreten sozialen Rahmen in allen moralisch-akzeptablen Interaktionen als sozialschädlich qualifiziert werden muß). Hierher gehört vor allem die Intoleranz. Gegen aktiv-intolerante Ansprüche wird Toleranz reaktiv-intolerant reagieren. Doch selbst in intoleranter Reaktion weiß Toleranz um die ausgedehnten Möglichkeiten eigenen Irrens und eigenen Getäuschtwerdens. Und weil sie darum weiß, wird sie fremdem Irrtum tolerant begegnen. Die Diagnose des »objektiven Irrtums« hat allerdings einen Makel, der sie als intolerant entlarvt: Es ist der Makel der Sozialunverträglichkeit von Handlungen und Entscheidungen, die dieser Diagnose als (vermeintliche) Therapie folgen. Gemeint ist hier eine die gesamte Menschheit umfassende Sozialunverträglichkeit. Selbstverständlich kann sich eine nationale Politik oder Ökonomie Vorteile vor fremder verschaffen, wenn sie etwa mit Schutzzöllen die eigene Ökonomie zu sichern oder wenn sie etwa durch politische Labilisierung die eigene politische Stabilität zu erhalten versucht (wie etwa derzeit die USA, welche bewußt politisch labile Zonen schaffen, um dort ihre Muskeln spielen zu lassen). Dennoch ist sie universell sozial unverträglich.

---

122 Gleichberechtigt meint nicht gleichwertig. Ein jeder Mensch hat das Recht und die Pflicht, sein Leben nach dem von ihm verantwortet übernommenen Regeln und Maximen zu organisieren. Diese sind für ihn also wertiger als die Regeln und Maximen anderer Menschen mit anderer Lebensorganisation.

IV. Zivilcourage entwickeln

Zivilcourage ist neben der Fähigkeit zur schon beschriebenen Kritik eine wesentliche Primärtugend, deren Entfaltung uns lehren kann, Feind-Aggressivität (wenn sie nun schon unvermeidbar sein sollte) in uns und bei anderen menschlich zu verarbeiten. »Zivilcourage« meint die Fähigkeit und Bereitschaft zu persönlichem Einsatz, um ein Unrecht (sei es eine Handlung, sei es einen Zustand) zu verhindern oder zu beheben, selbst wenn damit ein eigener Schaden verbunden wäre. Zivilcourage steht einer Zuschauermentalität entgegen, die in den letzten Jahren immer stärker um sich greift. In Frankfurt wurden innerhalb weniger Wochen in U-Bahnhöfen Frauen vergewaltigt – obschon in Rufweite mehrere Männer standen. Doch die halfen ihnen nicht. »Da mische ich mich nicht ein!«, »Das bringt nur Unannehmlichkeiten!« sind die klassischen Ausreden aller Feiglinge. Sie werden durch die vom Fernsehen in »reality shows« nachgestellten Szenen menschlicher Not, menschlichen Versagens in die Zuschauerrolle gedrängt. Gegenüber realer menschlicher Not – wie im Fall der vergewaltigten Frauen – stellen sie fest, daß es vom Fernsehsessel aus noch viel Interessanteres zu beobachten gibt.

Wenn es uns nicht gelingt, mutig, bei verantworteter Abwägung von Aufwand und Ertrag (Michael Kohlhaas überzeugt nicht durch seine Zivilcourage, sondern durch sein zwanghaftes Denken und Urteilen, das auf ebensolche Abwägungen verzichtet) gegen alles anzugehen, was objektiv sozial unverträglich ist, werden wir zu Feiglingen. Wer weiß, daß uns die Presse ein falsches Bild vom Golfkrieg oder vom Krieg in Bosnien vorgaukelt und schweigt, ist ein Feigling, selbst wenn er Kanzler oder Präsident unserer Republik sein sollte. Wer um das Versagen der Bundesregierung weiß und darüber schweigt, ist ein Feigling. Wer die Tatsache, daß in manchen katholischen Diözesen alleinerziehende Mütter aus dem kirchlichen Dienst entlassen werden, während solchen, die unbemerkt abtreiben, nichts geschieht, nicht als widerwärtige Heuchelei bezeichnet, ist ein Feigling. Das Leben als Feigling ist zwar bequem, aber mit der Feigheit geht auch die Selbstachtung verloren.

Wer etwas gegen ins Unmenschliche entartete Feindaggressivität tun möchte, muß schon ein gerütteltes Maß an Zivilcourage mitbringen. Er wird sich zwar die Feiglinge zum Feind machen, aber er wird zugleich die eigene wie die fremde Feind-Aggressivität vermenschlichen.

Der zivile Ungehorsam[123] ist ein Gegenstück zur Zivilcourage. Er geht über sie hinaus, insoweit er bewußt und gezielt gegen bestehende Anordnungen und Gesetze verstößt, um einen ungerechten Zustand zu beheben. Das Grundgesetz der BRD erlaubt allen Deutschen solchen Ungehorsam gegen jedermann, der es unternimmt, die verfassungsmäßige »Ordnung zu beseitigen ..., wenn andere Abhilfe nicht möglich ist« (Art. 20,4 GG). Nun mag man darüber streiten, ob die Bundesregierung nicht dabei ist – etwa in den Verträgen von Maastricht –, die verfassungsmäßige Ordnung zu beseitigen, und andere Abhilfe (etwa durch das Verfassungsgericht) nicht möglich ist. Auf jeden Fall gibt es heute gute Gründe zum zivilen Widerstand, um schweres, die Verfassung verletzendes Unrecht zu erkennen: etwa in der Auflösung der Grundrechte, vor allem das allen Menschen zugesprochene Grundrecht auf Würde. Aber wer hat schon den Mut, gegen die real existierende Undemokratie in der BRD etwas zu sagen und zu tun? Nur die sorgfältig beobachtete Verfassung kann verhindern, daß der Staat in den Bereich der Bürger unrechtmäßig eingreift und so feind-aggressive Reaktionen provoziert.

---

123 Der Begriff »ziviler Ungehorsam« (civil disobedience) geht auf einen Essay H. D. Thoreaus aus dem Jahre 1849 zurück. Thoreau propagiert darin die Gehorsamsverweigerung der Staatsbürger als Mittel des Widerstandes gegen nicht-legitime (wenngleich möglicherweise legale) staatliche Gewalt. Politisch wirksam wurde diese Methode etwa, als M. Gandhi die planmäßige Übertretung von Gesetzen, welche die Inder diskriminierten, sowie die Weigerung, Steuern zu zahlen, im Kampf um die Befreiung von britischer Kolonialherrschaft entwickelte und einsetzte.

V. Sittliche Normen ausbilden

Um menschlich mit Feinden umgehen zu können, ist es notwendig, sich von den allgemeinen Wertüberzeugungen der sozialen Gebilde, in denen man lebt, zu emanzipieren. Die »exogene Moral«,[124] deren Normen die Sozialverträglichkeit des Handelns und Entscheidens von Menschen und Institutionen sichert, bestraft Verstöße gegen diese Normen:

---

124 »Exogen heißt eine Moral, wenn die Übertretung ihrer Normen von außen (= exogen) geahndet wird. Endogen nennt man eine Moral, wenn die Übertretung ihrer Normen durch psychische (endogene) Strafen (wie Ängste, Scham-, Schuldgefühle, Gefühle geminderter Selbstachtung) bestraft wird. Die Normen der endogenen Moral sichern sozialverträgliches Verhalten für die mit Strafkompetenz ausgestattete gesellschaftliche Einheit (etwa Staat, Kirche, Partei, Unternehmen, Familie). Da Menschen stets in verschiedene Sozialsysteme eingebunden sind, kann ein Verhalten innerhalb eines dieser Gebilde als sozialverträglich, im anderen als sozial unverträglich gelten. So kann etwa Kinderarbeit in einer Familie sozialverträglich sein (und deren Verweigerung exogen bestraft werden), den Normen einer politischen Institution aber widersprechen. So kann ein spielerisches Verhalten den Normen eines Freundeskreises entsprechen, denen aber eines Unternehmens widersprechen. Von diesen beiden Formen der Moral ist sorgfältig eine sittliche Moral zu unterscheiden. Die Normen einer solchen Moral werden begründet durch eine verantwortete Entscheidung einer Person, ihr Leben an einem bestimmten höchsten Gut auszurichten. Heute dominant ist eine exogene Moral. Die meisten Menschen verhalten sich in Institutionen sozialverträglich, wobei die Sozialverträglichkeit bezogen ist auf das Wohl der Institution. Richtet sich ein Mensch sein Leben nach der Maxime ein: »Handle und entscheide dich in Institutionen stets so, daß du mit einem Minimum an emotionalem, zeitlichem, finanziellem, sozialem Aufwand ein Optimum an finanziellem, emotionalem und sozialem Ertrag erzielst«, handelt es sich um eine »ökonomische Moral«, die man emotivistisch nennt. Sie hat mit einer entwickelten Ethik nichts zu tun. Vgl. dazu R. Lay, Ethik für Manager, ECON, Düsseldorf 1989, Seiten 94–102, Die Macht der Moral, ECON, Düsseldorf 1990, Seiten 11–90.

- bei Personen durch Entzug von Zuwendung, Anerkennung, Dazugehören bis hin zur Exkommunikation,
- bei Institutionen durch existentielle Gefährdung. Eine Partei, die in einem ihrer führenden Vertreter exogen-moralisch versagt (wie Uwe Barschel von der CDU Schleswig-Holsteins), verliert die Wahlen, ein Unternehmen, das in seinen leitenden Angestellten exogen-moralisch versagt (wie etwa die VW AG durch die von der Presse insinuierte Industriespionage des *Ignacio Lopez*), muß über Imageverluste Ertragseinbußen hinnehmen.

Die Normen der exogenen Moral werden von einer Institution festgelegt. Moralisch gut ist alles, was dieser Institution nützt. Moralisch verwerflich ist alles, was ihr schadet. Wenn in einem Unternehmen der chemischen Industrie ein die Umwelt belastender Unfall geschieht, wird die Unternehmensleitung geneigt sein, diesen Unfall durch einen Unternehmenssprecher bagatellisieren zu lassen. Er verhält sich gemäß den Normen der Institution »Unternehmen«. Das Allgemeine Bewußtsein wird jedoch auf Moralversagen erkennen. Es orientiert sich an den Normen der Institution »Öffentlichkeit«. Das Verhalten der Unternehmensleitung wird als sozialschädlich, den Normen der Öffentlichkeit (bzw. des Allgemeinen Bewußtseins) widersprechend, qualifiziert und bringt dem Unternehmen erheblichen Imageschaden. Das Unternehmen wird zum Feind der Öffentlichkeit. Um das zu vermeiden, wäre es nötig, daß der verantwortliche Vorstand unmittelbar die Öffentlichkeit (etwa durch das Fernsehen oder die Presse) informiert, sich in die moralische Wertung der Öffentlichkeit einfühlt und entsprechend reagiert. Er muß Moralversagen erklären. Das aber könnte der exogenen Moral der Institution »Unternehmen« widersprechen. In diesem Fall dürfte es richtig sein, um schweren Schaden vom Gemeinwohl des Unternehmens zu wenden, sich die Sicht der Institution »Öffentlichkeit« zu eigen zu machen.
Die exogene Moral bildet institutions-spezifische, speziell sozialverträgliche Normen aus, die an den endogenen Zwecken der Institution orientiert sind. Keine Institution ist daran interessiert, daß Menschen nach universell-sozialverträglichen Normen handeln.

Wer – wie ein Systemagent – sein Handeln nahezu ausschließlich an den Normen einer bestimmten Institution orientiert, ohne die Normen »benachbarter Institutionen« zu berücksichtigen, wird sich bei den Angehörigen dieser Institutionen Feinde schaffen. Mitunter versuchen sich Menschen durch einen Normenspagat, der wenigstens zwei Institutionen zugleich unter der gleichen Rücksicht gerecht zu werden trachtet, dieser mißlichen Situation zu entziehen. Zumeist aber ist das auf Dauer zu anstrengend, wenn nicht gar unmöglich. Die meisten lösen solche Normenkonflikte, indem sie die Normen der Institution zu beachten versuchen, die im Augenblick am erheblichsten zu Anerkennung, Zuwendung, Ansehen beiträgt. Das nennt man dann »Opportunismus«. Ein solcher Opportunist wird zwar nur wenige Feinde haben, aber es fehlen ihm alle Strategien, mit Feindschaft menschlich umzugehen.

Denn dazu ist es nötig, eine sittliche Moral auszubilden. Um eine sittliche Moral auszubilden, muß ein Mensch sich verantwortlich für ein höchstes sittliches Gut entscheiden. In diesem Sinne verantwortlich entscheiden kann er sich aber nur dann, wenn er den Sozialverträglichkeitsanspruch auf alle menschlich relevanten Situationen ausdehnt, wohl wissend, daß diese Generalisierung einen Verstoß gegen die in einer bestimmten Institution geltenden Normen fordern kann und wird. Ich bin der Meinung, daß die Maxime »Handle stets so, daß du durch dein Handeln eigenes und fremdes personales Leben eher mehrst denn minderst« optimal den Bedingungen eines verantwortlich übernommenen höchsten sittlichen Gutes entspricht. »Personales Leben« meint alle Dimensionen menschlichen Lebens: das emotionale wie das soziale, das musische wie das religiöse, das ökonomische wie das politische, das kulturelle wie das sittliche. Diese Biophilie-Maxime widerspricht keiner der in der Philosophiegeschichte entwickelten sittlichen Maximen,[125] sondern hebt sich (in sich) auf.

Wenn ein Mensch dieser Maxime folgt, wird er Normen entwickeln,

---

125 Hierher gehört die Eudaimonia (die glückliche Einpassung in ein Sozialgebilde), die Nutzenmehrung des Utilitarismus, die Menschwürde I. Kants. Sie alle sind in ihren humanen Ansprüchen in der Biophilie-Maxime aufgehoben.

die es ihm erlauben, menschlich mit Feindschaft und Feinden umzugehen. Er wird den Umgang mit Feinden so zu gestalten versuchen, daß auf keinen Fall das eigene wie das personale Leben des Feindes gemindert werden. Während die exogene Moral in aller Regel einfordert, den Feinden einer Institution feind-aggressiv zu begegnen, schließt eine sittliche Moral solche Reaktionen aus.

VI. Neigung zur Gewaltausübung sensibilisieren

Wir Menschen können mit erheblichen Illusionen über uns selbst leben. Ein sehr krasses Beispiel für einen fundamentalen Irrtum im Selbstkonstrukt war *Al Capone*. Er erklärte: »Ich habe die besten Jahre meines Lebens damit verbracht, meinen Mitmenschen ein wenig Freude zu bereiten. Zum Dank dafür werde ich nun beschimpft und verfolgt.« Auch *Adolf Hitler* war bis zu seinen letzten Tagen davon überzeugt, daß er stets das Beste für Deutschland gewollt und getan habe. Wir müssen also davon ausgehen, daß auch unser Selbstkonstrukt nicht mit unseren konkreten Handlungen und Entscheidungen im Einklang steht. Vor allem verdrängen wir nicht selten unsere eigene Neigung zur Gewalttätigkeit.
Welches sind die wichtigsten Formen psychischer und sozialer Gewalt?

- Eine wichtige Form psychischer Gewalt ist die – oft latente – Androhung von Strafen. Hierzu gehören etwa Schuldzuweisungen, Minderung der Selbstachtung, Beschämen. Es gab einmal eine Zeit, in der die Kirchen durch die Anwendung psychischer Gewalt (Angst vor Höllenstrafe etwa) versuchten, ihre Herrschaft zu sichern und zu festigen. Auch die meisten anderen Institutionen (wie Unternehmen und Familien) versuchen, durch die Androhung oder gar durch die Realisierung der Drohung die Mitglieder der Institution dazu zu bewegen, den endogenen Zwecken der Institution zu dienen.
- Die wichtigsten Formen sozialer Gewalttätigkeit manifestieren sich in der mehr oder minder latenten Androhung der Rücknahme von Anerkennung, Erfolg, dem Gefühl dazuzugehören. Erst recht ist die Realisierung dieser Drohung soziale Gewalt. Ihre letzte Ausdrucksform findet sie im formellen oder informellen

Ausschluß aus einer Interaktionsgemeinschaft. Auch dieses Instrument wird von vielen Institutionen verwendet, um ihre endogenen Zwecke zu realisieren. Doch auch in vielen beruflichen und privaten Partnerschaften glauben manche, nicht ohne Androhung oder Ausführung von Gewalt auskommen zu können.

Nicht wenige Menschen wehren die Vermutung, sie würden gegen andere soziale Gewalt ausüben, heftig ab, obschon sie ausgesprochen gewalttätig sein können. Ich werde das Gemeinte an zwei Beispielen erläutern:

- Ein Abteilungsleiter eines großen deutschen Unternehmens fiel mir im Seminarverlauf schon dadurch auf, daß er bei der Wahl der Themen versuchte, seine Interessen gegen fremde durchzusetzen. Er behauptete, ohne die anderen zu fragen, mehrmals, seine Wahl sei für alle die beste. Als er sich einmal nicht durchsetzen konnte, verweigerte er alle aktive Teilnahme an der entsprechenden Übung. Als ich ihn im Abschlußgespräch fragte, ob sich seine Mitarbeiter gelegentlich einfach überfahren fühlten, stimmte er zu. Meine Feststellung, daß er seine Ansichten mit den Mitteln emotionaler und/oder sozialer Gewalt durchzusetzen versuche, wehrte er jedoch heftig ab. Er sei der friedfertigste Mensch, den man sich nur denken könne.
- Ein Paar kam zur Sprechstunde. Beide beschwerten sich über den anderen in ähnlicher Weise: Der Partner würde seinen eigenen Willen gegen den des anderen mit unfairen Mitteln durchzusetzen versuchen. Auf meine Frage, was denn »unfaire Mittel« seien, wurden aufgezählt: Kommunikationsabbruch, Verweigern von Hilfe, Schuldzuweisungen, der Versuch, den anderen kleinzumachen, Auflistungen von Fehlern und Versagen. In diesem Fall waren beide nach einigem Mühen bereit zuzugeben, daß sie gegeneinander Gewalt anwenden, um sich durchzusetzen. Die erste Erklärung war: »Ich muß dir gegenüber Gewalt anwenden, um mich überhaupt gelegentlich durchsetzen zu können.« Doch beide waren bereit, zunächst in den Therapiestunden, dann aber auch daheim gewaltfreie Kommunikation zu üben.

Nicht wenige Seminarteilnehmer waren der Ansicht, daß ein Führen unter Verzicht auf soziale und/oder psychische Gewalt unmöglich sei.[126] Sie definieren: Führen sei eine Tätigkeit, Menschen dazu zu bewegen, ausgehandelte Zielvorgaben zu erreichen. Das sei nun einmal nicht optimal zu haben ohne die Ausübung von Druck. Ähnlich wie Erziehung nicht ohne solchen als Zwang empfundenen Druck auskommen könne, könne auch das Führen von Erwachsenen nicht auf dieses Instrument verzichten. Menschen arbeiteten nur optimal, wenn sie wüßten, das suboptimale Arbeit bestraft würde: Entzug von Anerkennung, verschlechterte Karrierechancen, die offensichtliche Bevorzugung anderer . . .
Es gehört zu den Rätseln menschlichen Miteinanders, daß sich die Überzeugung entwickeln konnte, Führen sei nur in Subordination möglich und nicht in Koordination (die keine zwischen Personen spielenden Zwänge, sondern nur die in sachlichen Vorgaben gründenden kennt). Der Führende repräsentiere auch immer die Institution und nicht nur deren Zielvorgaben oder Aufgabenstellungen.
Der Verzicht auf Gewalt ist nur möglich in Kommunikationsgemeinschaften, die durch koordinatives Interagieren definiert sind. Die soziale und fachliche Kompetenz vermittelt eine Autorität, die sich in gewaltfreiem Führen repräsentiert. Während Institutionen stets gewaltbereit und meist auch gewalttätig sind, lassen sie doch zumeist zu, daß in ihrem Innen Kommunikationsgemeinschaften entstehen.

126 Über die Problematik der Beziehung von Führen und der Anwendung psychischer und/oder sozialer Gewalt handelte ich ausführlich in: Führen durch das Wort, München (Wirtschaftsverlag Langen-Müller/Herbig) 1978, Seiten 32–37.

VII. Den Stand der Gewalt-Forschung beobachten

Gerade in unserer Zeit, da die öffentliche wie private Gewaltbereitschaft erheblich zunimmt, sollte man die psychischen und sozialen Mechanismen kennen, welche diesem Phänomen zugrunde liegen. Wir sollten nicht in jenen Abgründen des Unwissens siedeln, in denen sich so viele konservative Politiker wohl fühlen. Sie versuchen ausschließlich, und dazu noch feind-aggressiv, die Symptome der Gewaltbereitschaft, die manifeste Gewalt, zu bekämpfen und nicht deren Ursachen.
Die verbreitetste Ursache der Gewaltbereitschaft ist die Erfahrung, ein sinnloses Leben, ein Leben ohne Zukunft und Chancen leben zu müssen. Die Sinnlosigkeit schuf sich eine Ideologie. Gegen die Verbreitung dieser Ideologie der völligen Sinnlosigkeit, die sich im Zerstören praktisch macht, kennt das Nachzeitige, konservative Bewußtsein keine Rezepte, außer dem, der Gewalt mit Gegengewalt zu begegnen und so völlig ungeniert seine eigene Gewaltbereitschaft (etwa unter dem Stichwort der »wehrhaften Demokratie«) zu postulieren. Die Ideologien der Sinnlosigkeit ändern sich von Jahr zu Jahr. Von der »Null-Bock-auf-Nichts«-Sinnlosigkeit über die »No-future«-Sinnlosigkeit, die sich meist in passiver Feind-Aggressivität praktisch machte, bis hin zu unserer gegenwärtigen Form der Sinnlosigkeit, die sich als die der »um ihr Leben betrogenen Generation« aktiv feind-aggressiv artikuliert, war es ein langer, aber durchaus nachvollziehbarer Weg.
Wenn es uns nicht gelingt, den Eindruck nicht weniger, vor allem aber junger Menschen, Politik sei verlogen und Wirtschaft sei asozial, zu beheben, wird eine Generation von Menschen heranwachsen, von denen nicht wenige glauben, Politik und Wirtschaft habe sie um ihr Leben betrogen. Die ohnehin dünne Tünche, welche die Verwerfungen unserer Wohlstandsgesellschaft verdeckt, droht

abzublättern. Die sozialen, politischen, ökonomischen und kulturellen Verwerfungen, die das Bild zur Zeit prägen, werden nicht nur für alle sichtbar werden, sondern auch zu Handlungskonsequenzen der Betrogenen führen.

Wenn wir menschlich mit Feindschaft und Feinden umgehen wollen, müssen wir lernen, sie zu verstehen und nicht sie zu vernichten. Erst das Verstehen von Feinden und den Gründen ihrer Feindschaft macht es möglich, sich ihnen angstfrei zu nähern und so eine realistische Chance zu erzeugen, daß Menschen ihre Feind-Aggressivität nicht destruktiv darstellen, vielleicht gar lernen, in konstruktive Gegner-Aggressivität zu sublimieren.

10. Kapitel

Leben ohne Feindschaft?

10

Ein Leben ohne Feindschaft setzt voraus, daß die destruktive Variante der menschlichen Aggressivität, die Feind-Aggressivität, nicht instinktoid in uns angelegt ist. Um diesen Sachverhalt wird spätestens seit *Erich Fromms* Buch »Die Anatomie der menschlichen Destruktivität« (1973)[127] heftig diskutiert. Nach *Konrad Lorenz*[128] und *Sigmund Freud*[129] ist menschliche Aggressivität ein instinktoides Triebgeschehen, das sich aus einer unerschöpflichen Energiequelle speist. Sie kann sich auch ohne jeden Auslöser explosiv darstellen, selbst ohne auslösendes Objekt. Solche Aggressivität kann sich also selbst ihre Objekte schaffen. In den meisten Fällen benötigt sie jedoch einen reaktionsauslösenden Reiz. Ein gesteigertes Aggressionspotential führt zu einem Appetenzverhalten, das einen Menschen dazu bringt, sich Objekte zu suchen, die er »zu Recht« aggressiv besetzen kann. Menschen entwickelten innerartliche

127 Erich Fromm, The Anatomy of Human Destructiveness, New York (Rinehart and Winston) 1973. Diese Schrift wurde von Liselotte und Ernst Michel ins Deutsche übersetzt und erschien im 7. Band der Gesamtausgabe der Werke Fromms.

128 Konrad Lorenz, Das sogenannte Böse, Wien (Borotha-Schoeler Verlag) 1963.

129 Sigmund Freud schreibt: »Ausgehend von der Spekulation über den Anfang des Lebens und von biologischen Parallelen zog ich den Schluß, es müsse außer dem Trieb, die lebende Substanz zu erhalten und zu immer größeren Einheiten zusammenzufassen, einen anderen, ihm gegensätzlichen geben, der diese Einheiten aufzulösen und in den uranfänglichen anorganischen Zustand zurückzuführen strebe. Also außer dem Eros einen Todestrieb« (Das Unbehagen in der Kultur, in: WW XIV, 477 f.). Der Mensch werde von einem Impuls beherrscht, sich oder andere zu zerstören. Schüler Freuds übernahmen die Theorie vom Todestrieb selten. Viele von ihnen nahmen neben der Libido die Destrudo (eine Analogiebildung zu »Libido«), neben dem Lebenstrieb einen Zerstörungstrieb an.

Aggressivität, weil sie selektionsvorteilig war (etwa um den Lebensraum zu verteidigen, um nur die kräftigeren Männer zur Fortpflanzung zuzulassen, um die Frau zu verteidigen). Solange ist die menschliche Aggressivität lebenssichernd und lebensmehrend. Sie wurde erst dann zu einer lebensmindernden oder lebensgefährdenden psychischen Instanz, als Menschen ihre Aggressivität kollektivierten und – Horde gegen Horde – Kriege zu führen begannen.[130] »Das sogenannte Böse in den Tieren wird zu einem wirklich Bösen im Menschen.«[131] Kriege sind nach *Konrad Lorenz* unvermeidbar, denn sie gründen tief in der instinktoiden Anlage vergesellschafteter Menschen.

Dieser Theorie von einer angeborenen Neigung zu feind-aggressivem Verhalten stellte der Behaviorismus eine Theorie entgegen, nach der solches Verhalten erlernt wird, wenn dadurch wiederholt Wünsche und Bedürfnisse durchgesetzt werden. Da sich Behavioristen nicht mit Absichten und Motiven aufhalten, weil sie nicht beobachtbar und damit kein möglicher Gegenstand naturwissenschaftlichen Arbeitens seien, beschränken sie sich zumeist auf das Beobachtbare. Hätten sie recht, wäre es möglich, eine aggressionsfreie Welt zu schaffen. Es müßte nur gelingen, die Tradition aggressiven Verhaltens für drei Generationen zu unterbrechen. Dann nämlich würde kein Mensch mehr von einem anderen aggressives Verhalten lernen. Aggressivität wäre demnach also Folge eines Aggressivität begünstigenden Milieus.[132]

---

130 N. Tinbergen schreibt: »Einerseits ist der Mensch mit vielen Tierarten darin verwandt, daß er gegen seine eigenen Artgenossen kämpft. Andererseits ist er unter Tausenden von Arten, die kämpfen, die einzige, bei der das Kämpfen destruktiv ist... Der Mensch ist als einzige Spezies eine Spezies von Massenmördern, die einzige, die der eigenen Gesellschaft nicht angepaßt ist. Warum ist das so?« (On War and Peace in Animals and Men, in: Science 160 [1968], 1412). Meiner Meinung nach wäre richtiger zu fragen, warum sich Menschen Institutionen schufen, die ihrer psychischen und sozialen Grundausstattung so wenig entsprechen.

131 E. Fromm, a.a.O., Seite 19.

132 N. Pastore untersuchte, ob die Vorliebe für eine Triebtheorie (Aggressivität ist eine Folge von erblich vorgegebenen Trieben) bzw. eine Milieutheorie (Aggressivität ist eine Folge von strukturell-destruktiven Institutionen) mit der weltanschaulichen Einstellung ihrer Vertreter korreliere. Er befragte 24 Psychologen, Biologen und Soziologen. Liberal eingestellte Wissenschaftler

J. Dollard wandte sich von einer reinen Lerntheorie ab und ersetzte sie durch seine Frustrations-Aggressions-Theorie: »Das Auftreten aggressiven Verhaltens setzt stets das Vorhandensein von Frustration voraus [das heißt, Frustration ist notwendige Bedingung für Aggression], und umgekehrt führt das Vorhandensein von Frustration stets zu irgendeiner Form von Aggression [das heißt, Frustration ist hinreichende Bedingung für Aggression].«[133] Es konnte jedoch gezeigt werden, daß es neben der Frustration noch weitere Situationen gibt, die zu aggressiven Reaktionen führen, etwa Fremdaggressivität. Frustration ist also nicht einmal eine notwendige Bedingung für das Auftreten aggressiver Reaktionen. Wäre sie es, wäre stets eine notwendige Bedingung für Aggressivität gegeben. Gelänge es, die übrigen Bedingungen zu eliminieren, könnte Aggressivität ausgerottet werden. Da aber die übrigen Bedingungen von der Charakterstruktur eines Menschen abhängen und also sehr verschieden sein können, gibt es, wenn wir dieser Theorie folgen, keine allgemeinen Rezepte, aggressives Verhalten zu vermeiden.

Erich Fromm,[134] dem wir in dieser Sache folgen, vertritt die Meinung, daß destruktive Aggressivität in Leidenschaften wurzelt, die in jedem Menschen angelegt, aber prinzipiell beherrschbar sind. Aggressivität ist ein Charaktermerkmal. Menschen mit sadistischem Charakter warten auf die Gelegenheit, ihren Sadismus realisieren zu können – oder stellen solche Gelegenheiten her. Ein lie-

---

bevorzugten die Milieutheorie (11:1), konservativ eingestellte die Vererbungstheorie (11:1) (The Nature-Nurture Controversy, New York, Columbia Univ. Press, 1949). Ob das Allgemeine Bewußtsein menschliche Aggressivität über eine Milieu- oder eine Vererbungstheorie erklärt, ist also keineswegs unerheblich für die Diagnose über den Zustand des Allgemeinen Bewußtseins.

133 J. Dollard u a., Frustration and Aggression, New Haven (Yale University) 1939, dt.: Frustration und Aggression, Weinheim (Beltz) 1970. Einer der Mitautoren, N. E. Miller, gab 1941 schon den zweiten Teil der Theorie, nach der Frustration stets in Aggression münde, wieder auf (Frustration-Aggression Hypothesis, in: Psychological Review 48 [1941], Seiten 337–342). Vergeblichkeitserfahrungen begleiten alles wichtige Tun, ohne daß es zwingend zu aggressiven Reaktionen kommen müßte.

134 a.a.O., Seite 67.

bevoller Charakter wird dagegen Situationen suchen oder herstellen, in denen er seine Liebe realisieren kann. »Charakter« ist nach *Fromm* eine durch die menschliche Psyche strukturell bestimmte Eigenschaft, welche die Dichotomie von Trieb und Umwelt transzendiert. Für *Freud* war Charakter »ein System von Strebungen, die das Verhalten bestimmen, mit ihm jedoch nicht identisch sind«.[135] »Die Art und Weise, wie jemand denkt, fühlt und handelt, ist nicht das Ergebnis vernunftbestimmter Antworten auf die Realität, sondern wird weitgehend durch die Eigenart seines Charakters bestimmt.«[136] Charakter ist also etwas Dynamisches, das dazu drängt, sich auf bestimmte Weise in bestimmten Situationen zu verhalten und solche Situationen aufzusuchen oder herzustellen, in denen sich ein Charaktermerkmal realisieren kann. Nicht ein einzelner Charakterzug bestimmt den Charakter, es ist vielmehr die strukturelle Organisation des Systems »Charakter«, von dem her sich verschiedene Charakterzüge herleiten lassen. Charakterzüge sind also ein Syndrom einer spezifischen strukturellen Organisation des Systems »Charakter«. Temperament oder bloße Verhaltensweisen sind somit keine Charaktermerkmale. *Sigmund Freud* versteht die verschiedenen Charakterzüge eines Menschen als verschiedene Formen der Sublimierung des Sexualtriebes. *Erich Fromm* dagegen sieht die eigentliche Basis des Charakters »in den verschiedenen Arten, in denen sich der Mensch zur Welt in Beziehung setzt«,[137] genauer, das Selbstkonstrukt mit dem Weltkonstrukt abgleicht:

- Er kann sich die Dinge aneignen und/oder die Dinge seinen Bedürfnissen, Interessen, Erwartungen und Werteinstellungen anpassen.
- Er kann sich in Beziehung setzen zu Menschen (und damit auch zu sich selbst).

135 So Erich Fromm, Psychoanalyse und Ethik. Bausteine zu einer humanistischen Charakterologie, in: WWII, 1–157, Seite 39.
136 ibd., Seite 40.
137 ibd., Seite 41.

Beide Formen der Bezugnahme sind nicht determiniert. Die Bezugnahmen können sehr verschieden geartet sein: Sie können begehrend und ablehnend, hassend und liebend sein. »Charakter kann also definiert werden als die [relativ] gleichbleibende Form, in der die menschliche Energie im Prozeß der Assimilierung und Sozialisation kanalisiert wird.«
In gewisser Hinsicht kann das menschliche Charaktersystem als »Ersatz« für das Instinktsystem von Tieren gelten: Ist die Energie einmal in spezifischer Weise kanalisiert, laufen die Funktionen gemäß den Charakterstrukturen ab. Welche dominanten Bedürfnisse, Interessen, Erwartungen und Werteinstellungen ein Mensch während seines Lebens entwickelt, ist oft in seiner Charakterstruktur begründet. Sie hat unter anderem die Aufgabe, einem Menschen eine konsistente und kohärente Organisation und Interpretation seines Lebens zu ermöglichen. Da der Charakter der Eltern und damit ihres Sozialisationsstils weitgehend durch die Strukturen von Institutionen geprägt sind, wird die durchschnittliche Familie zur »psychologischen Agentur der Gesellschaft«.[138] Insoweit kann man von einem »gesellschaftlichen Charakter« sprechen: Ein Kind eignet sich Charaktermerkmale an, die es dazu bringen, das zu wollen, was es tun muß. Die Charakterstrukturen eines Menschen werden durch sein Bemühen um die Welt-Assimilation und der Einpassung in soziale Räume im wesentlichen in den ersten fünf Lebensjahren grundgelegt. Mit *Fromm*[139] unterscheiden wir verschiedene strukturell festgelegte Charakterorientierungen, denen spezifisch andere Formen der Aggressivität als einem Charaktermerkmal zugeordnet werden können:

- Die rezeptive Orientierung: Ein Mensch ist der Meinung, alles Gute liege außerhalb seiner selbst. Das Erwünschte (Liebe, Zuneigung, Anerkennung, Wissen, Vergnügen) könne er nur von außen, von anderen erhalten. Er erwartet alles von anderen, nichts von sich selbst. Er ist von Menschen abhängig, die ihm das geben, dessen er bedarf. Selbst bei der Übernahme von Verant-

138 ibd., Seite 43.
139 ibd., Seiten 44–77.

wortung oder dem Treffen von Entscheidungen, die ein Mensch für sich alleine vornehmen muß, benötigt er fremden Rat, fremde Hilfe.

- Die ausbeuterische Orientierung: Wieder nimmt ein Mensch an, die Quelle alles Guten liege außerhalb seiner selbst. Der ausbeuterische Mensch erwartet nun aber nicht, etwas von anderen als Gabe zu erhalten, sondern er eignet es sich mit List oder Gewalt an. Ausbeuter sind nicht schöpferisch, sondern bohren fremde Quellen an. Sie lieben vor allem Menschen, die schon gebunden sind. Menschen werden nur danach bewertet, ob sie mögliche Objekte von Ausbeutung sind.
- Die hortende Orientierung: Ein solcher Mensch hat wenig Vertrauen in etwas Neues, das er haben kann (sei es Wissen, sei es Anerkennung, seien es Geld oder andere materielle oder ideelle Güter). Er vertraut dem, was er besitzt. Und er will viel besitzen, und darum hortet er Besitztümer. Etwas hergeben zu sollen oder gar zu müssen wird als existentielle Bedrohung erfahren. Er versteckt seinen Besitz hinter gepanzerten Wänden, damit er nicht gefährdet werden kann. Nicht selten hat er ein ausgeprägtes Verhältnis zu Ordnung und Sicherheit. Kreatives Chaos ist ihm ein Greuel. Er wählt bevorzugt konservative Parteien.
- Die Marketing-Orientierung: Der Marketing-Mensch versucht sich auf »sozialen Märkten« optimal zu verkaufen. Er ist Verkäufer und Ware zugleich. Er entwickelt nur solche Fähigkeiten, die sich verkaufen lassen. Er will sich gegen andere durchsetzen. Sieger im Wettbewerb mit anderen zu sein ist sein höchstes Ziel. Nur der nachhaltige Erfolg unter wechselnden Marktbedingungen macht den Wert eines Menschen aus. *Henrik Ibsen* hat diesen Menschen im »Peer Gynt« ein Denkmal gesetzt: Peer sucht herauszufinden, wer er denn sei. Er löst – wie bei einer Zwiebel – eine Schicht nach der anderen. Aber der Kern ist unauffindbar. Die Selbstdefinition des Marketing-Menschen lautet: »Ich bin, was ich tue.« Wie er sich selbst als Ware sieht, so auch andere. Menschen unterscheiden sich nur quantitativ voneinander: je nachdem, ob sie Erfolg haben oder nicht. Sie gehen soziale Bindungen ein, wenn sie sich davon einen größeren Markterfolg versprechen. Das »Was kann ich wie am besten und am gewinnbrin-

gendsten verkaufen?« definiert ihr Interesse. Sie sind und bleiben oberflächlich, denn für Verwendungszwecke reicht es, die Oberfläche der Dinge zu kennen. Die Angst zu versagen bestimmt viele Schutzaktivitäten.

- Die dogmatische Orientierung: Dogmatisch orientiert ist ein Charakter, der sich an Dogmen als Krücken, die seine Charakterschwäche kompensieren, festhält. Diese Dogmen können religiöser, moralischer, wissenschaftlicher, faktischer Art sein. Wer sich einbildet zu wissen, was unter allen Umständen wahr und falsch, gut und böse, nützlich und unnütz, brauchbar und unbrauchbar ist, ist Dogmatiker. Es ist eigentümlich, daß man gerade unter Wissenschaftlern, die doch eigentlich aus der Geschichte ihrer Wissenschaften wissen müßten, daß uns Menschen noch nie nicht-überholbares Wissen zur Verfügung stand, viele Dogmatiker findet. Während meiner Studien in Philosophie und Psychologie, Theologie und Theoretischer Physik, Betriebswirtschaftslehre und Medizin begegnete ich Professoren, die sich im Besitz unüberholbaren Wissens wähnten. Zumeist ist eine ausgesprochene Ich-Schwäche Grund für jede Form des Dogmatismus. Das klingt phantastisch, sind doch gerade Menschen in wissenschaftlichen oder wirtschaftlichen, in religiösen oder politischen Führungspositionen Dogmatiker. Es gilt jedoch zu bedenken, daß gerade ich-schwache Menschen in Führungspositionen drängen, damit ihnen die Anerkennung, die sie sich nicht selbst geben können, von anderen gegeben wird. Der katholische Orden der Gesellschaft Jesu ist meines Wissens die einzige Institution, in der nach Führungsaufgaben drängende Menschen als zur Führung ungeeignet qualifiziert werden.
- Die produktive Orientierung: »Produktiv« meint hier das Gegenteil von »kontraproduktiv«. So sind die bislang vorgestellten Orientierungen kontraproduktiv. Produktiv hat also nichts zu tun mit der Herstellung von Produkten, nichts mit Aktivität,[140]

140 Nicht selten sind Gründe nicht-produktiver (= kontraproduktiver) Aktivität: bewußte oder unbewußte Ängste (etwa zu versagen, sich selbst zu begegnen, schwach oder unterlegen zu sein), ein Gejagt-werden durch eigene und fremde Ansprüche, Neid, Eifersucht, Zwänge.

sondern etwas mit »schöpferisch«. Der schöpferische Charakter setzt sich mit der Welt in charakteristischer Weise in Beziehung: Er kann reproduktiv die Welt erleben, indem er sich seiner Erfahrungen erinnert, indem er aus Gegebenheiten neue Welten produziert. Er kann aber auch generativ mit Welt umgehen, indem er spontan die Merkmale des eigenen und fremden personalen Lebens entfaltet. Der produktiv-orientierte Charakter realisiert also das Biophilie-Postulat, gehorcht der Biophilie-Maxime. Schon *Aristoteles* hielt nur den Menschen für gut, der durch sein vernunftgeleitetes Tätigsein den spezifisch-menschlichen Möglichkeiten zum Leben verhilft.[141] Während alle Menschen reproduzieren (wennschon auch auf sehr verschiedene Weise), ist das generative Mit-Welt-Umgehen ein Merkmal produktiver Charakter-Orientierung. Die Produktivität ist das Gegenteil von Wahnkrankheit und Realismus (die beide zueinander im Gegensatz-Verhältnis stehen). Der Realist sieht nur die Oberfläche der Dinge, der Wahnkranke sieht nicht einmal diese, sondern schafft sich die Dinge. Um produktiv zu sein, ist es nötig, die Innenseite der Dinge zu erkennen, denn personales Leben, das eigene wie das fremde, sind nicht Ereignisse der Oberfläche, sondern der Tiefenstruktur. *Max Wertheimer* schreibt zu Recht: »Produktive Prozesse haben häufig folgende Eigenschaften: Um etwas wirklich zu verstehen, fragt und untersucht man immer wieder aufs neue. Schließlich konzentriert man sich auf einen bestimmten Punkt innerhalb eines bestimmten Bereichs; aber er wird dadurch nicht etwa isoliert. Es entwickelt sich vielmehr eine neue und tiefere strukturelle Sicht des Gesamten.«[142]

Angst und defensive Aggression sind an bestimmte – allen Menschen gemeinsame – Hirnaktivitäten gebunden.[143] Sie haben die Funktion, in gefährlichen Situationen das Überleben zu sichern.

---

141 Nic. Ethik, 1098 a–1099 a.

142 M. Wertheimer, Productiv Thinking, New York (Harper & Brothers) 1945, 167; dt. produktives denken, Kramer, Frankfurt 1957.

143 So sind affektive Reaktionen des Zorns und das zugehörige aggressive Verhalten an elektrische Stimulation verschiedener Hirnregionen gebunden. Dazu gehören etwa die Amygdala des lateralen Hypothalamus, einiger

Vermutlich ist die einzige natürliche Mitgift, die Feind-Aggressivität auslöst, die Bedrohung des Eigenen (der eigenen Familie, des eigenen Reviers, des eigenen Lebens, der eigenen Freiheit, der eigenen Selbstachtung). Die beiden Formen der notfalls feind-aggressiven Handlungen oder Einstellungen, die letztlich biophil sind, sind beide reaktiv: die Reaktion auf Bedrohung des Eigenen und auf aktive Intoleranz (wenngleich man letztere auch als Bedrohung, nämlich der der eigenen Toleranz, interpretieren kann). In dieser Situation fühlen sich Menschen existentiell bedroht und wehren diese Bedrohung – letztlich defensiv – feind-aggressiv ab.

Ich möchte noch eine zweite Form allen Menschen gemeinsamer Aggressivität annehmen: die spontane destruktive Feind-Aggressivität. Sie ist keineswegs biophil. Sie bricht auf, wenn schlummernde (nicht unbedingt verdrängte) Impulse durch außergewöhnliche Umstände aktiviert werden. Es steht also zu vermuten, daß die Abwehraggressivität und die spontane Aggressivität zur instinktoiden Ausstattung aller Menschen gehören. Das soll aber nicht heißen, hier handele es sich um unabwendbares Schicksal. Gerade die potentiell-destruktive Spontan-Aggressivität kann durchaus beherrscht werden. Es kommt darauf an, sie zuzulassen, ohne ihr unkontrolliert Ausdruck zu geben. Das ist etwa möglich, wenn das Aggressive – für sich selbst betrachtet – interessiert.

Aber viele, gar die meisten Menschen entwickeln auch aus völlig anderen Gründen Feind-Aggressivität. Ihre destruktive Aggressivität wehrt keine Bedrohung ab, ist nicht ein bloß spontaner Ausbruch, der wenige Minuten währt, sondern ist ein mögliches, keineswegs allen Menschen eigenes Charaktermerkmal.

Warum aber entwickeln Menschen das Charaktermerkmal »destruktive Feind-Aggressivität«? Sie ist als Charaktermerkmal (im Gegensatz zur spontanen) dauernd vorhanden, wennschon sie auch nicht ständig in Erscheinung tritt. Die hortende, die dogmatische, die ausbeuterische und die Marketing-Orientierung scheinen

---

Bereiche des Mittelhirns und der zentralen grauen Substanz. Werden andere Regionen (wie das Septum, die Cingulum-Windung und der Nucleus caudatus) elektrisch stimuliert, wird Aggressivität gehemmt.

notwendige Bedingungen zu sein, daß Menschen feind-aggressiv agieren oder doch reagieren, obschon die Aktion und die Reaktion in keiner Weise lebenserhaltend oder lebensmehrend ist.
Mit *Erich Fromm*[144] unterscheiden wir hier zwei Formen als Charaktermerkmale zu interpretierender destruktiver Aggressivität:

- Die Grausamkeit. Zur grausamen Aggressivität zählen etwa:
  - Die rachsüchtige Destruktivität: Sie entwickelt sich nicht zur Abwehr eines Schadens, sondern nachdem der Schaden zugefügt wurde. Zudem ist sie intensiv, grausam und lustbetont (»Rache ist süß!«). Vermutlich gründen alle Formen des Willens zu bestrafen in solcher Rache-Aggressivität.
  - Die ekstatische Destruktivität: Ein Mensch kann »außer sich geraten«, etwa durch seine religiösen Überzeugungen (»Fundamentalismus«); er kann »zum Berserker werden«, wenn er in einem trance-ähnlichen Zustand grausame Taten vollbringt.
  - Die Verherrlichung der Destruktivität: Es gibt Menschen, die ihr Leben dem Haß verschrieben haben. Hierzu dürften manche Terroristen zu zählen sein.

  Der »grausame Charakter« ist charakterisiert durch die Leidenschaft, absolute und uneingeschränkte Herrschaft über ein lebendes Wesen auszuüben. *Caligula, Himmler, Stalin* waren vermutlich »grausame Charaktere«. Ihre Grausamkeit verfolgte an sich kein praktisches Ziel. Sie war die Verwandlung der eigenen Ohnmacht in Allmacht. Der grausame Charakter will Lebendiges kontrollieren, indem er es zum Objekt seiner Herrschaft macht. Der grausame Charakter hat vor allem Angst, was nicht vorhersehbar ist. Der hortende Charakter neigt zur Grausamkeit, aber auch der »bürokratische«, der jeden seiner Untergebenen kontrollieren will und sich »von oben« kontrolliert weiß. Die »Radfahrermentalität« endet nicht selten in Grausamkeiten gegen die Untergebenen. Grausam wird jeder kleine Verstoß gegen die bestehende Ordnung geahndet. Doch auch der

144 Erich Fromm, Anatomie der menschlichen Destruktivität, a.a.O., Seiten 243–333.

dogmatische Charakter neigt zur Grausamkeit. Unter dem Vorwand, gegen den Irrtum und gegen das Böse zu kämpfen, bekämpft er Menschen mit dem Ziel, das Böse und den Irrtum in ihnen zu vernichten. Ketzerverfolger sind stets Dogmatiker. Der grausame Charakter strebt die Herrschaft an, weil er sich vom Haben her definiert und nicht vom Sein.

- Die Nekrophilie: »Nekrophilie« meint das im Charakter begründete Verlangen, eigenes und/oder fremdes personales Leben eher zu mindern als zu mehren.[145] Der nekrophile Charakter will alles Lebendige unlebendig machen. Er zerstört um der Zerstörung willen. Die Sprache eines nekrophilen Menschen benutzt überdurchschnittlich häufig Wörter, die sich auf Exkremente und auf Zerstörung beziehen. Hierher rechnet etwa die überdurchschnittlich häufige Verwendung von Wörtern wie »Scheiße« oder »Blech«. Meist bevorzugen sie eine freudlose Atmosphäre. Es besteht übrigens eine signifikante Korrelation zwischen einem nekrophilen Charakter und der Vergötterung der Technik. Nicht-Lebendiges steht im Mittelpunkt des Interesses. Hier sind etwa Personen zu nennen, die ihrem Auto mehr Zuneigung schenken als ihrem Partner. Auch wenn das Fotografieren zum Ersatz für das Sehen wurde, ist an Nekrophilie zu denken. Technische Tätigkeiten werden zum Ersatz für lebendige. Der Marketing-Charakter ist ein klassischer Sonderfall des nekrophilen. *Hitlers* Charakter gilt als Beispiel eines nekrophilen.

Kann es eine Welt ohne Feindschaft geben? Ich vermute, daß es sich hierbei um eine abstrakte Utopie handelt. Kann es Menschen geben, in deren Leben aktive Feindschaft keine Rolle spielt? Ich denke, diese Frage ist zu bejahen. Die produktive Organisation des Charakters dürfte Grausamkeit wie Nekrophilie ausschließen.

---

145 Ursprünglich bezeichnet »Nekrophilie« eine psychische Abartigkeit. Nekrophile begehren etwa, mit Leichen sexuell zu verkehren, oder halten sich bevorzugt in der Nähe von Leichen auf, betrachten sie gerne, etwa um sie zu zerstükkeln. E. Fromm vermutet, daß der spanische Philosoph Miguel de Unamuno 1936 anläßlich einer Rede des nationalistischen Generals Millan Astray in der Universität zu Salamanca als erster dieses Wort verwandte, um dessen Charakter zu bezeichnen (ibd. Seiten 299 f.).

Damit ist jedoch nicht gesagt, daß ein Mensch mit biophiler Lebens- und Charakterorganisation keine Feinde hätte. Er wird sich mit dem Problem des Angefeindetwerdens auseinandersetzen. Und er wird es auf eine im vorigen Kapitel beschriebene menschliche Art tun.

11. Kapitel

Zum Konstrukt »Feindschaft«

11

»Liebe deinen Feind wie dich selbst.
Nur in ihm erkennst du dich wieder.« (*Herfried Münkler*)

In diesem Kapitel soll die These begründet werden, daß wir zwar zutreffend »feindselige Interaktionen« wahrnehmen können, nicht aber Feindschaft. Diese wird von menschlicher Erkenntnis selbst geschaffen.

In den vorliegenden Kapiteln nahmen wir methodisch an, wir würden Sachverhalte in und außer uns im wesentlichen zutreffend erkennen. Diese methodische Voraussetzung ist jedoch falsch, denn unsere Erkenntnis rekonstruiert nicht Realität, sondern konstruiert sie. Eine solche Theorie über Erkenntnis nennt man kontruktivistisch. Sie ist nach dem Stand heutigen Wissens die einzig nicht falsifizierte Theorie menschlichen Erkennens. Signale (etwa akustische, optische, taktile) affizieren unsere Sinnesorgane. Diese erzeugen elektrische Signale.[146] Nach oft sehr verschiedenen Ver-

---

146 Damit eine Sendezelle des neuronalen Systems, das präsynaptische Neuron, ein Signal an das ihr nachgeschaltete postsynaptische Neuron weitergeben kann, muß ein Neurotransmitter die Verbindung übernehmen. Dazu ist nicht nur ein Fluß von Ca-Ionen notwendig (sie bestimmen die Menge des auszuschüttenden Neurotransmitters), sondern auch einer noch unbekannten Substanz (wahrscheinlich ein Protein), welche die Dauer des Signals reguliert. Die Neurotransmitter werden zunächst in den synaptischen Vesikeln – das sind kleine Bläschen – gespeichert, von der präsynaptischen Zelle in den zwischen Sender- und Empfängerzelle liegenden synaptischen Spalt ausgeschüttet, wenn die präsynaptische Zelle ein Signal empfängt. Die einströmenden Ca-Ionen veranlassen die Vesikel, mit dem am synaptischen Spalt gelegenen Teil der Zellmembran der Sendezelle zu verschmelzen.

arbeitungsstufen im Gehirn werden sie über Membranbewegungen der Vesikel zu Informationen.[147] Unser Großhirn produziert Informationen und konstruiert aus diesen Modelle von »Realität«, obschon das Modelloriginal beim Übergang von akustischen, optischen und taktilen Signalen in elektrische unwiederbringlich verlorenging. Wir rekonstruieren also nicht mittels unseres kognitiven Systems »Realität«, sondern das kognitive System konstruiert nach eigenen Regeln ein Eigenprodukt. Das kognitive System erzeugt auf Grund endogener und/oder exogener Affektionen eine der Struktur des kognitiven Systems entsprechende Vorstellung von »realen Sachverhalten«. »Das Modell, das unser Gehirn von Realität entwirft, soweit es sich um das handelt, was unser Bewußtsein erfaßt, ist Realität – etwas anderes gibt es nicht wahrzunehmen.«[148]

---

147 In verschiedenen Bereichen des Cortex cerebri befinden sich Neuronen, die wegen ihrer Gestalt als Pyramidenzellen bezeichnet werden. Sie verfügen über bäumchenähnliche Empfangsorgane für Signale (Dendriten = Protoplasmafortsätze der Neuronen), fächern sich in zahllose Auswüchse auf und ziehen in Bündeln zur Großhirnrinde empor. Etwa 100 Pyramidenzellen vereinigen ihre Dendriten zu einem abgrenzbaren Geflecht (Dentron). Jedes Dentron nimmt Signale aus etwa 100 000 Synapsen auf. Menschen verfügen etwa über 40 Millionen Dentronen. Dendriten und ihre Auswüchse sind an ihren Rändern mit dornenähnlichen Gebilden (Synapsen) ausgestattet. Diese haben die Aufgabe, mit anderen Neuronen Kontakte herzustellen. Botenstoffe (Neurotransmitter wie das Acetylcholin oder auch gasförmige wie CO oder NO) sind in kleinen synaptischen Bläschen (Vesikeln) verpackt. Diese Vesikel bilden zu etwa je 50 ein synaptisches Bläschengitter. Aktiviert ein elektrischer Impuls das Bläschengitter, wird der Inhalt eines Vesikels ausgeschüttet. Zudem wird für kurze Zeit ein Stück Membrane bewegt, das lediglich 10 exp −18 g wiegt. Der Prozeß spielt innerhalb der Heisenbergschen Unschärfe ($\Delta E\text{-}\Delta t \leq h{:}4\pi$) und untersteht somit nicht dem Energieerhaltungssatz. Diese Membranbewegung dürfte die eigentliche Informationsursache sein. Die »Verwandlung« von physikalischer Energie zu Informationen, die nicht wirkursächlich durch Energietransfer erklärt werden kann, ist somit physikalisch unproblematisch. John C. Eccles ordnet jedem Dendron ein Psychon zu. An der Schnittstelle zwischen beiden begegnen sich nach Eccles die materielle und die geistige Welt. Vgl. Proceedings of the National Academy of Science 89 (1992), 7230.

148 W. T. Powers, Behavior: The Control of Perceptions, Aldine, Chicago 1973, Seiten 24 und 159.

Die konstruktivistische Erkenntnistheorie denkt interaktionistisch. Das setzt voraus, daß sie davon ausgeht, daß wir nicht nur das reine Da, sondern auch (mit gewissen Unschärfen) das So von einigen Sachverhalten zutreffend erkennen können. Hierzu gehören

- das So von Informationen und Informationskomplexen, die unsere Erkenntnis produziert,
- das So des erkennenden Subjekts (das »Selbst«),
- das So von Interaktionspartnern, mit denen das Selbst real interagieren kann,
- das So von Interaktionen in Gegenwart und Vergangenheit.

Erkenntnis ist ein interaktionistisches Ereignis, das geschieht, wenn wir unsere interpersonalen Handlungen und Beziehungen koordinieren. Erkenntnis geschieht also in Interaktionen und erzeugt sich interaktionell selbst. Alle Erkenntnis erzeugenden Interaktionen setzen in einer konstruktivistischen Erkenntnistheorie die Existenz dreier »Beobachter« voraus.

I. Die drei Beobachter

Alle »Beobachter« sind Geschöpfe des erkennenden Systems. Mit *Umberto Maturana* unterscheiden wir zwischen sonstigen Operationen des Erkenntnissystems und seinen Beobachtern.[149]

Der Innere Beobachter

Er beobachtet die inneren Zustände, Befindlichkeiten, Erinnerungen, Bedürfnisse, Erwartungen, Interessen, Emotionen, Phantasien, Informationen und Informationskomplexe des eigenen Erkenntnissystems. Ein Erkenntnissystem funktioniert als »Innerer Beobachter«, wenn es

- beobachtend mit seinen eigenen inneren Zuständen interagieren kann und
- von diesen Interaktionen »Beschreibungen« (Repräsentationen) erzeugt.

Mit diesen beobachtenden Interaktionen verändern sich sowohl die inneren Zustände des Erkenntnissystems als auch der Innere Beobachter. Insofern der Innere Beobachter Repräsentationen seiner Interaktionen erzeugt, schafft er konstruierend seine eigene Welt.[150]

---

149 »Beobachter sein heißt, in einem metasprachlichen Bereich operieren und Unterscheidungen von Unterscheidungen oder Bestimmungen von Bestimmungen machen. Ein Beobachter operiert darum nur in einem konsensuellen Bereich, und er kann nicht außerhalb dieses Bereichs existieren; jede Feststellung, die er trifft, ist notwendig konsensuell« (H. R. Maturana, Kognition, in: S. J. Schmidt, Der Diskus des radikalen Konstruktivismus, stw 636, Frankfurt 1991, Seiten 89–118, 110).

150 Vgl. G. Rusch, Von einem konstruktivistischen Standpunkt, Vieweg, Braunschweig 1987, Seite 139. Kann ein kognitives System sich selbst kommunikativ beschreiben und so mit seinem eigenen Aktivitätszustand, der diese Beschreibung repräsentiert, interagieren und wird dadurch eine andere

Ist das Erkenntnissystem zureichend komplex, übernimmt der Innere Beobachter eine weitere Funktion. Er beobachtet sich selbst in seinen Funktionen (Empfinden, Erkennen, Beobachten, Denken...). Insofern er von sich selbst weiß, spricht sich das Selbst Selbsterkenntnis zu. Es gab einmal eine Zeit, in der Philosophen der heute eher eigentümlich anmutenden Ansicht waren, das Selbstbewußtsein sei eine Aktivität einer irgendwie metaphysisch-gedachten Seele, das Selbstbewußtsein habe also keinen örtlich lokalisierbaren Platz im Gehirn. Selbstbewußtsein setzt jedoch eine hochgradige, rückkoppelnde, ineinander geschachtelte Vernetzung von Hirnaktivitäten, bei der viele Millionen Neuronen aktiv werden, voraus. Das Selbst ist also das, was der Innere Beobachter als »sich selbst« erkennt. Es ist, so vermutet *Gerhard Roth*, ein »spezifisch hervorgehobener komplexer Zustand des Gehirns«, der in selbstreferentiell organisierten, kognitiven Systemen notwendig auftritt.[151] Selbstbewußtsein kann sich – wie alle Erkenntnis – nur in sozialen Kontexten ausbilden und realisieren. Es ist die primäre Aktivität des Inneren Beobachters.

Das Selbstbewußtsein ist nicht rein, weil der Beobachter sein Selbst nur beobachten kann, wenn er zugleich auch anderes beobachtet. Es ist zwingend an kognitive Akte des Denkens gebunden. Denken ist ein Phänomen, das entsteht, wenn ein kognitives System mit einigen seiner internen Zustände interagiert, als handele es sich bei diesen (etwa bei Denkzeichen wie Begriffe und Urteile) um unabhängige Größen. Es setzt also die Instanz des Inneren Beobachters (samt dessen »Selbsterkenntnis«) als gegeben voraus.

Beschreibung erzeugt, die sich auf jene Repräsentation hin orientiert, wird das kognitive System durch die geschilderte rekursive Anwendung selbst zum Beobachter. Dieser Beobachter kann sich jetzt auf sich selbst orientieren und von sich kommunikative Beschreibungen erzeugen. Diese Orientierung auf Selbstbeschreibung ist das eigentliche des Selbstbewußtseins. Es ist also »kein neurophysiologisches Phänomen, sondern ein Epiphänomen, das als unabhängiger Interaktionsbereich aus dem selbstorientierenden Verhalten entsteht und vollständig im sprachlichen Bereich liegt« (H. R. Maturana, Erkennen, Vieweg, Braunschweig 1982, Seite 65.

151 ibd., Seite 252.

Der Äußere Beobachter[152]

Der Innere Beobachter schafft die Eigenwelt, der Äußere Beobachter beobachtet sie: »Als interner Beobachter habe ich unzweifelbare Gewißheit darüber, daß ich existiere und Subjekt von Wahrnehmungs- und Denkakten bin. Ich stelle fest, daß es außerhalb von mir eine Welt gibt [zu der auch mein Körper gehört], die ich mit Hilfe meiner Sinnesorgane erfasse.« Der externe Beobachter beobachtet Sachen, die sich verhalten (Sachverhalte) in der vom Erkenntnissystem auf Grund von Signalen konstruierten Außenwelt. Ihm ist nur die »Oberfläche« der Dinge, etwa des Verhaltens von Interaktionspartnern, zugänglich.

Der Verstehende Beobachter

Der Verstehende Beobachter vermittelt zwischen den beiden anderen. Der Innere Beobachter beobachtet die im Laufe von Interaktionen sich einstellenden Veränderungen des Erkenntnissystems und seiner selbst (dazu zählen etwa auch das Auftauchen aggressiver Emotionen und Wünsche). Der Äußere Beobachter beobachtet konsensuelle Handlungen des Interaktionspartners (darunter etwa auch die Reaktionen des Partners auf unsere von Aggressivität bestimmten interaktionellen Handlungen). Der Verstehende Beobachter bringt das Element des Sozialen ins Spiel.[153] Er veranlaßt rekursive Interaktionen, um sich zu vergewissern, »richtig verstanden zu haben«. Er versucht, das Innen der Außenwelt zu konstruieren, indem er das Innen der Innenwelt unter bestimmten interaktionellen Bedingungen (etwa denen der Feindschaft) rekonstruiert. Er ist somit in der Lage, »feindselige Interaktionen« (projektiv) zu erkennen.

Das sind die wichtigsten Grundgedanken einer konstruktivistischen Theorie der Feindschaft. Im folgenden seien nun einige zentrale Begriffe dieser Theorie näher ausgeführt.

---

152 Gerhard Roth, Die Bedeutung der biologischen Wahrnehmungsforschung für die philosopohische Erkenntnistheorie, in: P. M. Hejl (Hrsg.), Wahrnehmung und Kommunikation, Lang, Frankfurt 1978, Seiten 66f.

153 Es gibt vernünftige Gründe anzunehmen, daß dem Autismus eine hirnorganische Störung zugrunde liegt, die es dem kognitiven System unmöglich macht, den Verstehenden Beobachter zu erzeugen. Vgl. dazu Uta Frith, Autismus, in: Spektrum der Wissenschaft 8, 1993, Seiten 48–55.

II. Signale und Informationen

Erkennen geschieht, wenn Signale Informationen erzeugen. »Signal« bezeichnet physikalisch einen energie-übertragenden Vorgang. Ein Signal besteht aus einem Signalträger (etwa einer akustischen oder elektromagnetischen Welle) und einem Signalparameter (etwa der Amplitude, Frequenz, Phase einer elektromagnetischen oder akustischen Welle), der die eigentliche Informationsursache darstellt. »Signal« bezeichnet erkenntnistheoretisch ein physikalisches Signal, das unser Zentralnervensystem (ZNS) affiziert. Diese Signale können akustischer, optischer, taktiler, elektrischer oder chemischer Art sein. Elektrische Signale werden vor allem von den Sinnesorganen erzeugt und in den Neuronen zum Gehirn weitergeleitet, von dem sie – unter bestimmten Umständen – zu Informationen verarbeitet werden. Von besonderer Bedeutung ist die Frage, wie physikalische Primär-Signale (welche die äußeren Sinne affizieren), nachdem sie in elektrische Sekundär-Signale (die in den Neuronen weitergeleitet werden), mittels Hirnaktivitäten zu Informationen verarbeitet werden. Dabei werden die Signale informations-erzeugend (informationsursächlich) tätig. Der Input in ein Dendron ist physikalischer Art, sein Output aber informationeller Art. Es handelt sich also um einen fundamentalen Wechsel der »Seinsebenen«.

»Information« bedeutet erkenntnistheoretisch ein Bündel von miteinander (oft unbewußt) verschränkten Erkenntnissen (Inhalten und/oder Gegenständen), Erklärungen, Wertungen, Besetzungen (mit Emotionen, Interessen, Bedürfnissen).

Lebewesen (zumindest alle höheren Tiere) registrieren andauernd Signale über die innerhalb und außerhalb des eigenen Organismus ablaufenden Prozesse. So werden bei jeder optischen Sinnesaffektion in einer Vielzahl von Nervenzellen elektrische Entladungen ausgelöst, die gleichzeitig (parallel) und in Folge (seriell) über einige hunderttausend Nervenfasern weitergeleitet und verarbeitet werden. In diesem Verarbeitungsprozeß werden die Signale durch die Aktivitäten des erkennenden Systems immer komplexer und abstrakter. So wählen bestimmte Bereiche des Thalamus jeweils die Zellverbände der Großhirnrinde aus, die aktiviert werden sollen. Hier werden sie zunächst zu primären Informationen (den Empfindungen) verarbeitet. Diese primären Informationen werden durch Aktivitäten des kognitiven Systems, das man früher »innere Sinne« nannte, und Informationen aus anderen Regionen zu der »Gesamtinformation einer Wahrnehmung« verbunden. Die wichtigsten inneren Sinne sind:

- der »sensus communis«, der uns Informationen verschiedener Sinnesorgane (etwa dem optischen und dem taktilen) zusammenbringen läßt und sich auf einen Sachverhalt bezieht,
- das Gedächtnis,
- die Phantasie,
- die »vis aestimativa«, die uns sagt, ob das Wahrgenommene brauchbar oder unbrauchbar, nützlich oder schädlich ist,
- die »vis cogitativa«, die uns Informationen aus verschiedenen Quellen zu Gestalten zusammenfügen läßt.

Neben den Inneren Sinnen sind auch apriorische Formen (wie Ordnung im räumlichen Nebeneinander und zeitlichen Nacheinander), aber auch aposteriorische Formen (wie Bedürfnisse, Erwartungen und Emotionen) an der Ausbildung von Wahrnehmungen beteiligt.[154] Da alle von außen kommenden Signalmengen unter anderem auch das limbische System »durchlaufen«, ehe sie zur Großhirnrinde zugelassen werden, sind sie also stets auch mit emotionalen Bedeutungen besetzt.
Die Aktivitäten dieser Inneren Sinne verarbeiten also primäre zu sekundären Informationen, Empfindungen zu Wahrnehmungen.

154 Zur Theorie der apriorischen und aposteriorischen Formen vgl. R. Lay, Einführung in die Wissenschaftsphilosophie (WPh), Frankfurt 1990, Seiten 71–85.

Diese Verarbeitung ist nicht an bestimmbare Gehirnaktivitäten gebunden. Im EEG wird in der Regel nur eine Aktivität bemerkbar, die sich »dunstartig über das ganze Gehirn verteilt« (*Karl Lashley*). Wir befinden uns nicht mehr auf der Ebene physikalisch erreichbarer Prozesse.

Das gilt erst recht für das Denken. Es erzeugt aus Wahrnehmungen mittels apriorischer und aposteriorischer Formen tertiäre Informationen, die wir Erkenntnisobjekte nennen. Erkenntnisobjekte setzen voraus, daß zwischen Erkenntnissubjekt und -objekt unterschieden werden kann. Diese Unterscheidung ist aber nur möglich, wenn der Innere Beobachter sich selbst beim Beobachten beobachtet (also Selbstbewußtsein entwickelt). Das Denken ist in der Lage, mit Hilfe des Verstehenden Beobachters tertiäre Informationen zu erklären, zu beurteilen, zu reflektieren. Ferner ist es in der Lage, die tertiären Informationen zu Denkzeichen von der Art der Begriffe zu verdichten und mit diesen Denkzeichen umzugehen, ohne auf weitere Wahrnehmungen angewiesen zu sein.

Was aber geschieht auf der Großhirnrinde, wenn wir denken? Wir beobachten eine ungeordnete Menge chaotischer elektrischer Entladungen. Es ist jedoch unmöglich, aus dem Verlauf chaotischer Entladungen auf bestimmte Denkinhalte zurückzuschließen, »weil Denkinhalte in persönlich-kodierter Form verarbeitet werden«.[155] Es werden während des Denkens auch keinerlei Attraktoren, die uns noch beschäftigen werden, ausgebildet (wie bei der Erzeugung primärer Informationen).

155 Ulrich Schaeppi, Menschliches Denken und Künstliche Intelligenz – Unterschiede zwischen der elektronischen und neuronalen Datenverarbeitung, in: NZZ vom 24. 2. 1993, Seiten 31 f.

III. Das kognitive System

»Kognitives System« (Erkenntnissystem, erkennendes System) bezeichnet in einer konstruktivistischen Erkenntnistheorie ein System, das in der Lage ist, Signale zu Informationen zu verarbeiten. Es besteht aus zwei Hauptkomponenten, die in einem informationsursächlichen Zusammenhang stehen: den zentralnervösen Prozessen (mikroskopische Systemebene) und Bewußtseinszuständen (makroskopische Systemebene).

Auf der mikroskopischen Ebene herrschen physikalische, chemische, physiologische Gesetzmäßigkeiten. Sie sind – außerhalb der Unschärfe – kausal-deterministisch (wennschon wegen der hohen Komplexität des ZNS chaotisch) organisiert. Bewußtseinszustände sind dagegen weit weniger komplex und erscheinen geordnet. Sie gehorchen einer nicht deterministisch zu erfassenden Informationskausalität. Das erkennende System organisiert sich in seinen Aktivitäten selbst. Selbstorganisierend nennt man ein System, wenn seine Strukturen ausschließlich durch die innere Dynamik des Systems selbst hervorgebracht werden und es zudem in der Lage ist, sich von seiner Umwelt abzugrenzen, indem es seine Aktivitäten rekursiv vernetzt und so seine eigene Organisation reproduziert. Ein System ist autopoietisch, wenn es zudem auf diese Weise nicht nur seine Grenzen definiert, sondern sich selbst reproduziert.

Der Ausbildung von Informationen liegen chaotische Prozesse der Signalverarbeitung im ZNS zugrunde. Wie kann es dazu kommen, daß die chaotischen[156] Prozesse an verschiedenen Orten und zu ver-

---

156 Soweit bekannt, sind alle sich selbst organisierenden Systeme chaotisch. Das bedeutet vor allem: Sie sind nicht durch lineare Differentialgleichungen adäquat zu beschreiben. Die Nicht-Linearität bedeutet, daß eine sensible

schiedenen Zeiten verschiedene lokale Stabilitäten hervorbringen, die notwendig sind, damit Informationsproduktion überhaupt erst möglich wird? Man kann mit Hilfe des EEG zeigen, daß das Auftreten chaotisch ungeordneter Signale, wenn sie überhaupt zur Verarbeitung im Gehirn zugelassen werden, zu einer aktiven Produktion deterministisch chaotischer Wellen führt. In chaotischen Systemen entstehen zwangsläufig immer wieder Stabilitäten (Attraktoren[157]). Wurde über einen solchen Attraktor eine Signalmenge, die etwa in der Regel für die Ausbildung einer Geruchswahrnehmung sorgt, eine von ihr aktivierbare Hirnregion zugewiesen, entstehen weitere Attraktoren in den anderen chaotisch geordneten, für diesen Signaltyp zuständigen, oft weit von den primären entfernten Hirnregionen.[158] Die Bildung von Attraktoren demon-

---

Abhängigkeit vom äußeren Milieu besteht, so daß in Bifurkationspunkten (lat. »furca« = die zweizinkige Gabel) geringste Veränderungen des Milieus zu drastischen Systemänderungen führen können. Zwischen solchen »evolutiven Punkten« kann sich das System als völlig unempfindlich gegenüber Milieuänderungen erweisen. Bei langsamer Veränderung externer Einflußgrößen können relativ plötzliche Übergänge zwischen qualitativ verschiedenen Strukturtypen eines Systems, etwa zwischen Gleichgewicht, Grenzzyklus und Chaos, stattfinden. Diese Übergänge bezeichnet die Mathematik meist als »Bifurkation«, die Physik als »Phasenübergang«. »Chaos« bezeichnet Ereignisfolgen oder Prozesse, die wegen ihrer empfindlichen Abhängigkeit von ihren Anfangsbedingungen langfristig nicht prognosefähig sind. Die Empfindlichkeit hat zur Folge, daß kleinste Ursachen große Wirkungen haben können (vgl. dazu W. Krohn und G. Küppers, Emergenz, Glossar, a.a.O.). Zudem führt die Nicht-Linearität im Systeminnen zu Erscheinungen zirkulärer Kausalität (eine Ursache wirkt – aufschaukelnd oder dämpfend – auf sich selbst zurück). Es kommt im Zusammenspiel von positiver wie negativer Rückkopplungen zu selbst-verstärkenden oder selbst-dämpfenden Wirkungen. Vgl. dazu etwa Wolfgang Tschacher, Interaktion in selbstorganisierten Systemen, Roland Ansanger, Heidelberg 1990, Seiten 15f. Chaotische Systeme sind etwa das Planetensystem (vgl. dazu Science 257 [1992], Seiten 56–62, und NZZ vom 16. 12. 1992, Seite 43), jedes soziale System, aber auch das kognitive System.

157 Vgl. dazu: M. Stadler und P. Kruse, a.a.O., Seiten 146f.

158 W. J. Freeman, On the problem of anomalous dispersion in chaoto-chaotic phase transitions of neural masses, and its significance for the management of percetual information in brains, in: H. Haken und M. Stadler (Hrsg.), Synergetics of Cognition, Springer, Berlin 1990. Vgl. M. Stadler und P. Kruse, a.a.O., Seite 146.

striert die Selbstorganisation der Kognition. Attraktoren sind relativ stabile, lokal begrenzte Zustände in einem chaotischen System. Sie werden einem chaotischen System nicht von außen induziert, sondern bilden sich nach der ökonomischen Regel des minimalen Energieverbrauchs (also deterministisch) aus. Dabei kann zunächst ein suboptimaler Attraktor entstehen. Im Bereich der Unschärfe werden Attraktoren »zufällig« (also nicht mehr deterministisch) gebildet.

Attraktoren sind somit sich selbst ordnende Ordnungszustände, die keines Ordners bedürfen. Sie entstehen in chaotischen Systemen ebenso zwangsläufig wie (von außen) verursacht. Energetisch optimale Attraktoren sind meist recht stabil. Diesen Stabilitätsüberhang nennt man »Hysterese«.

IV. Wahrnehmung und Erkenntnis

Erkenntnis gründet in Wahrnehmungen. Wir bestimmten Wahrnehmungen als Informationen zweiter Ordnung. Wahrnehmungen tragen also – im Gegensatz zu Empfindungen – immer schon Bedeutung. Wahrnehmung kommt zustande, wenn über die Hirnrinde verteilte Erregungsmuster unmittelbar zu dem vereinigt werden und als das erlebt werden, was sie für das kognitive System bedeuten. Es handelt sich also um eine Bedeutungszuweisung zu an sich bedeutungsfreien neuronalen Prozessen.[159] Wahrgenommen werden also stets sekundäre (und tertiäre) Informationen. Wahrnehmung ist, wie *Gerhard Roth* betont, stets Konstruktion und Interpretation. Da im Gehirn signalverarbeitende und bedeutungserzeugende Strukturen miteinander identisch sind, können die Signale nur das bedeuten, was ihnen eine entsprechende Hirnfunktion an Bedeutung zuweist. Diese Bedeutungszuweisung untersteht Postulaten wie dem der Widerspruchsfreiheit, der Prägnanz, der Gestalt. Bei der Bedeutungszuweisung agiert das Gehirn auf Grundlage von phylogenetischen Festlegungen und ontogenetisch eigenen Erfahrungen. Werden solche Bedeutungszuweisungen bewußt, werden sie zu bewußten Informationen. Die weitaus meisten Wahrnehmungen erreichen jedoch nicht die Bewußtseinsebene, sondern werden auf der des Un- oder Vorbewußten abge-

159 Immer wenn es sich um Bedeutungszuweisungen handelt, ist die Rolle der verfügbaren Denk- und Sprachzeichen (»Lexikon«) und der verfügbaren Zeichenverbindungen (»Katalog syntaktischer Regeln«) von erheblicher Bedeutung. Viele tertiäre Informationen können nur gebildet werden, wenn solche »Kataloge« zur Verfügung stehen. Auch die Art und der Inhalt tertiärer Informationsbildung hängen von den Strukturen, Funktionen und Inhalten dieser »Kataloge« ab. Diese Fragen muß eine konstruktivistische Sprachphilosophie zu beantworten versuchen.

legt. Nun liegt es nahe, nach einem Subjekt der Wahrnehmung zu fragen. Doch diese Frage ist konstruktivistisch nicht sonderlich sinnvoll: »Wir können Wahrnehmungen nicht selbst wahrnehmen, wir sind Wahrnehmungen. Wahrnehmung ist die Selbstbeschreibung des Gehirns« (*G. Roth*).

Jetzt bestimmen wir, was »Erkenntnis« meint: Erkenntnis ist jede bewußte Veränderung[160] von (vor allem tertiären) Informationen. Damit eine Veränderung bewußt wird, muß sie als bewußte erkannt werden. Um sie als bewußte zu erkennen, muß das kognitive System einen »Beobachter« erzeugen. Dieser Beobachter ist der Grund jeder Bewußtwerdung. Unbewußtem und Vorbewußtem fehlt dieser Beobachter. Die Einführung des Beobachters durch *Humberto Maturana* war eine notwendige Voraussetzung, um aus einer empirischen Kognitionstheorie eine philosophische Erkenntnistheorie zu erzeugen.[161]

Erkenntnissubjekt sind die drei genannten Beobachter. Sie verwandeln Wahrnehmungen zu Erkenntnissen.

Den Begriff »Erkenntnisobjekt« gewinnt man, wenn der Innere und Äußere Beobachter nicht nur erkennen, daß je eigene Erkenntnis brauchbar ist (das heißt nicht zu überflüssigen Widerstandserfahrungen mit dem Dasein von »realen Sachverhalten«, sondern auch zur Wahrnehmung führt, daß sich durch eine Praxis-

---

160 Jede bewußte Veränderung von Informationen verändert das »Bewußte« sowie das Vor- und Unbewußte. Manche bewußt-werdende Veränderung von Informationen gründet im Vor- oder Unbewußten. Vor- und Unbewußtes sind Speicher, in denen Signale selektiv und projektiv zu Informationen (wohl meist als primäre vom Typ Empfindung) verarbeitet werden (können). Sie werden vom Vor- und Unbewußten gespeichert, assoziiert und dissoziiert, besetzt oder neutralisiert. Es gibt begründete Vermutungen, daß beide außerordentlich aktive Speicher sind, die den des Vorbewußten (in dem etwa »Vorstellungen« verbalisiert werden), erst recht aber den des Bewußten an Aktivität weit übertreffen.

161 »Erkenntnis wird von einem Beobachter als eine operationale Fähigkeit konstituiert, die er einem anderen lebenden System zuschreibt, das auch er selbst sein könnte, indem er dessen Handlungen für einen durch diese Zuschreibung spezifizierten Operationsraum als adäquat anerkennt« (Humberto Maturana, Wissenschaft und Alltagsleben, in: Wolfgang Krohn und Günter Küppers [Hrsg.], Selbstorganisation, Vieweg, Braunschweig 1990, Seiten 106–138, 109).

organisation gemäß den Erkenntnissen das eigene emotionale, soziale, intellektuelle, kulturelle Potential eher aktiviert denn deaktiviert), sondern auch, wenn »sie den anderen erfolgreich unterschoben werden können« (*E. von Glasersfeld*). Von einem »Erkenntnisobjekt« sollte man also nur sprechen, wenn man sinnvoll voraussetzen kann, daß andere Erkenntnissubjekte ähnliche erzeugen. Die Voraussetzung kann nur interaktionell bestätigt werden.

V. Selbstorganisation der Erkenntnis

Wie schon gesagt, organisiert sich unser erkennendes System selbst. Das bedeutet unter anderem: Es rezipiert und verarbeitet ausschließlich die von ihm selbst geschaffenen Informationen. Alle Signale, ob sie nun im Außen des kognitiven Systems ihre Quelle haben oder im Innen, übersetzt es, insoweit sie nicht durch Reduktion im Rauschen verschwinden, in seine Sprache. Mit dieser Übersetzung organisiert es sich im Rahmen der vorgegebenen Strukturen neu. Diese Neuorganisation geschieht autonom (wenngleich es auf wenigstens gelegentliche »Sinnesanregungen« – und seien es auch selbstproduzierte – angewiesen ist).[162] Kognition ist zugleich die Neuordnung wie die Folge der Neuordnung des kognitiven Systems.

Unser Gehirn, das alle Erkenntnis erzeugt, ist nicht weltoffen, sondern »ein kognitiv in sich abgeschlossenes System, das nach eigenentwickelten Kriterien neuronale Signale deutet und bewertet, von deren wahrer Herkunft und Bedeutung es nichts absolut Zuverlässiges weiß«.[163]

---

162 Diese fundamentale Autonomie der Kognition ist eine notwendige (wenngleich nicht hinreichende) Bedingung aller Autonomie. Ohne diese gäbe es keine personale Freiheit.

163 Gerhard Roth, Erkenntnis und Realität. Das reale Gehirn und seine Wirklichkeit, in: S. J. Schmidt, Der Diskurs des radikalen Konstruktivismus, 229–255, 235. »Das Gehirn ist als neuronaler Apparat ein selbstreferentielles System. Seine neuronalen Zustände sind zirkulär angeordnet, sie interagieren in unendlich rekursiver Weise miteinander. Es kann über die Sinnesorgane von Ereignissen der Umwelt beeinflußt werden, aber die Art und Weise dieser Beeinflussung wird von ihm selbst festgelegt. Zugleich ist das Gehirn ein semantisch selbstreferentielles oder selbstexplikatives System: es weist seinen eigenen Zuständen Bedeutungen zu, die nur aus ihm selbst genommen sind« (ibd., 241).

Wo aber bleibt die ordnende Funktion der Vernunft? – Es gibt sie nicht! Es gibt im Gehirn keine höchste Entscheidungs- und Kontrollebene außer der Selbsterfahrung. Die Frage, in welcher Weise die Aktivität der Nervennetze gesteuert und gekoppelt werden soll, wird vom Gehirn anhand der Resultate früherer Aktivitäten entschieden. Das Gehirn organisiert sich auf der Basis seiner eigenen Geschichte. Dies ist, was man Selbstreferentialität des Gehirns nennt.

Selbstreferentialität (Selbstbezüglichkeit) der Kognition setzt neben der Selbstorganisation der Kognition die Fähigkeiten des kognitiven Systems voraus, sich zu erinnern und sich selbst zu erfahren. Selbsterfahrung ist der Knotenpunkt, das Zentrum aller Organisation des Denkens. Damit wird keineswegs ein »reales Selbst« behauptet, sondern ausschließlich die Erzeugung von »Selbsterfahrung« durch das kognitive System.

Die konstruktivistische Erkenntnistheorie ist empirisch (hirnphysiologisch) gut bestätigt: »Wir haben mit dem menschlichen Gehirn ein System vor uns, das, obwohl kognitiv abgeschlossen gegenüber der Umwelt, dennoch über die Sinnesorgane von dieser in vielfältiger Weise beeinflußt werden kann. Aber das Gehirn erfährt die Einwirkungen der Umwelt nicht direkt, sondern nur an und in sich selbst ..., und es muß aus der einförmigen Sprache der Neuronen die Vielfalt der äußeren Welt konstruieren. Dabei handelt es sich keineswegs um eine Re-Konstruktion, wie einige Erkenntnistheoretiker behaupten, denn dazu müßte das Gehirn ja das Original kennen.«[164] Das kognitive System ist also ein in sich selbst organisierendes System, das sich aus einem Chaos von potentiellen Informationsproduktionen durch Reduktionen selbst – und zwar nach

164 Gerhard Roth, Erkenntnis und Realität. Das reale Gehirn und seine Wirklichkeit, in: S. J. Schmidt, Der Diskurs des radikalen Konstruktivismus, 243. Die Zuordnung bestimmter kognitiver Leistungen zu bestimmten Hirnregionen und -arealen ist keineswegs schon vollständig gelungen. Vermutlich sind jedoch kognitive Funktionen, vor allem die, welche nicht die Bewußtseinsschwelle erreichen, stärker an die Aktivität einer Region gebunden als solche, die langsam aufgebaut werden. Jedoch rufen Schädigungen der linken Hemisphäre bei Rechtshändern eher orts-spezifische Defizite hervor als in die der rechten. Sie erleiden etwa eine durch verarmten sprachlichen Aus-

eigenen Regeln – ordnet, ohne seinen Chaos-Charakter zu verlieren. Es handelt sich bei Konstrukten also um scheinbare Ordnungen und bei den Aktivitäten des kognitiven Systems um scheinbares Ordnen. In Bifurkationspunkten können geringfügige Änderungen im Signalbereich oder im Strukturbereich des kognitiven Systems in den Ausgangsbedingungen unvorhersehbare Folgen haben.

druck gekennzeichnete Aphasie, wenn ihr linkes unteres Frontalhirn geschädigt wurde. Minimale Abweichungen entscheiden, ob das zu einer Behinderung des Schreibens, des Lesens oder des Grammatikverständnisses führt. Andererseits zeigen Patienten mit einer Läsion am Übergang vom Schläfen- zum Scheitellappen (Gerstmann-Syndrom) Probleme bei so verschiedenartigen kognitiven Leistungen wie Schreiben, Lesen und dem Unterscheiden von Seiten. (William Milberg und Marilyn Albert, in: Richard G. Lister [Hrsg.], Perspectives in Cognitive Neuroscience, Oxford University Press, Oxford 1992).

VI. »Cognition Management« und Wirklichkeit

Die Selbstreferentialität des kognitiven Systems hat zur Folge, daß die Meldungen der Sinnesrezeptoren, die Empfindungen, die Wahrnehmungen, die Erkenntnisse, das Wissen so verändert werden, daß sie »passen«. Wir sprechen hier sinnvollerweise von »Cognition Management«.[165] Die Produktion von Feindschaft aus den vom Verstehenden Beobachter als feindschaftlich interpretierten Interaktionen ist Sache dieses Cognition Management.
Die Trivialliteratur zur Kommunikation neigt dazu, dieses »Cognition Management« als kommunikative Störgröße zu denunzieren. Es ist jedoch festzuhalten, daß diese Methode, Wahrnehmung, Erkenntnis, Wissen zu organisieren, nicht nur konstruktivistisch-unvermeidlich, sondern auch Grundlage jeder kognitiven Autonomie ist. Diese aber ist Quelle und Voraussetzung jeder anderen möglichen emotionalen, volitiven, sozialen Autonomie.
Von hierher läßt sich unschwer das primäre aller Grundrechte eines Menschen ableiten, von dem her alle anderen her zu interpretieren sind: »Ich habe ein Recht darauf, daß andere Menschen mein Sosein akzeptieren, wenn, weil und insofern ich mit ihnen biophil zu interagieren versuche.« Dieses Grundrecht ist nur zu realisie-

---

165 Dieses »Cognition Management« ist Ausdruck der systemischen Trägheit des kognitiven Systems. Es versucht möglichst lange, bestehende Erkenntnisse und bestehendes Wissen (vor allem wenn es sich zu Konstrukten verdichtete), stabil zu halten. (Konstrukte sind – wie noch zu zeigen ist – Informationskomplexe, die durch Denkzeichenbildung stabilisiert wurden.) Informationsursächlicher Input wird meist lange Zeit zu Informationen verarbeitet, welche die Stabilität der Konstrukte nicht gefährden. Erst wenn häufigere Versuche, die Konstrukte interaktionell zu bewähren, fehlschlagen, kommt es bei psychisch gesunden Menschen zu einer Labilisierung der Strukturen des kognitiven Systems, das sich jedoch bald auf einem veränderten Level (mit modifizierten Konstrukten) zu stabilisieren sucht.

ren, wenn sich Menschen darum bemühen, dem Sosein des anderen interaktionell gerecht zu werden. Nur wenn das Sosein des anderen strukturell oder funktional nekrophil ist, hat der Interaktionspartner das Recht und gegebenenfalls die Pflicht, das dem nekrophilen Handeln zugrundeliegende Wissen gezielt zu labilisieren. Das aber setzt in aller Regel die Beherrschung therapeutischer Techniken voraus.

VII. Wie ist Verstehen möglich?

Obschon dieser Frage das folgende Kapitel gewidmet ist, sei sie hier schon kurz gestreift: Wir setzten immer schon voraus, daß es Interagierenden möglich sei, ihre Handlungen (Sprachhandlungen, Ausdruckshandlungen, Tathandlungen) verständlich zu machen. Um ein Verstandenhaben auszumachen, führten wir den dritten Beobachter ein. Dennoch bleibt die Frage offen: Wie ist es möglich, daß sich, trotz aller kognitiven Autonomie, Interagierende verständigen können? Verständigen setzt voraus, daß der Äußere Beobachter konsensuelle Handlungen des Partners wahrnimmt und der Verstehende Beobachter gegebenenfalls Rekursionen einfordert. So kann zwischen Interagierenden ein soziales Feld aufgebaut werden, innerhalb dessen sie sich (etwa quartär) sozialisieren.

Sozialisationsprozesse sind der Grund, warum (vorausgesetzt, Interessen, Erwartungen, Bedürfnisse und Werte der Interagierenden sind nicht habituell oder aktuell wesentlich voneinander unterschieden) ähnliche Wahrnehmungen, Erkenntnisse, ähnliches Wissen ausgebildet werden. Diese Ähnlichkeit ermöglicht sinnvolle Kommunikation (das heißt eine Abfolge von den Kommunikationspartnern sinnvoll erscheinenden, kommunikativ aufeinander bezogenen Handlungen).

Wir unterschieden schon:

- primäre Sozialisation (im Kindesalter vor allem durch die Eltern),
- sekundäre Sozialisation (während der Pubertät und der Adoleszenz getragen von Ausbildung, Freundschaft, Kameradschaft, Liebe),
- tertiäre Sozialisation (in institutionalisierten Beziehungen vom Typ Staat, Ehe, Unternehmen, Kirche ...) und
- quartäre Sozialisation (in Kommunikationsgesellschaften).

Durch ähnliche oder gemeinsame Sozialisationsprozesse ist es nicht nur möglich, Erkenntnisobjekte zu konstituieren, sondern diese zu Komplexen vom Typ »Wirklichkeit« zusammenzufassen. »Wirklich«[166] bezeichnet die Qualität von etwas, das individuell konstruiert wurde und sich sozial bewährte. »Wirklichkeit« bezeichnet die mehr oder minder konsistente und kohärente Menge aller einem kognitiven System zur Verfügung stehenden interaktionell-erzeugten »wirklichen Etwas«. Erkenntnis und die Konstruktion von Wirklichkeit sind Funktionen des kognitiven Systems, die zum einen das kognitive System sich selbst erzeugen lassen und zum anderen das Chaos (der Signale) zu ordnen suchen.

---

166 »Wirklichkeit« bezeichnet die Menge aller Sachverhalte, die ein kognitives Subjekt vorkritisch für täuschungsfrei und irrtumslos als gegeben betrachtet. Der Begriff »Realität« bezeichnet dagegen die Menge aller Sachverhalte, die eine Mehrzahl von kognitiven und interagierenden Subjekten für gegeben hält. »Wahre Aussagen« beziehen sich auf reale Sachverhalte. Vgl. dazu WPh., 98.

VIII. Bewährung

Der Begriff der Bewährung ist für jede Theorie, also auch für jede Erkenntnistheorie, von zentraler Bedeutung. Theorien, die sich jeder Bewährung entziehen, sind unbrauchbar. Für eine interaktionistisch-konstruktivistische Erkenntnistheorie bedeutet das: Sie erklärt ihre Objekte (Wahrgenommenes, Erkanntes, Gedachtes) so, daß diese sich interaktionell bewähren. Diese interaktionelle Bewährung hat funktionale wie personale Aspekte: Brauchbarkeit und Nützlichkeit. »Brauchbarkeit« bezeichnet das Maß einer funktionalen Optimierung. Diese liegt vor, wenn

- eine Handlung oder Unterlassung einen möglichen Erfolg hat (das Ergebnis also im Horizont der Erwartung des Handelnden oder Unterlassenden liegt) und
- dieser Erfolg mit einem Minimum an psychischem, sozialem, zeitlichem Aufwand zustande kommt.

Vor allem »Widerstände« mehren die genannten Aufwandsgrößen. Erkenntnis und Wissen, die zu (interaktionellen) Handlungen führen, die auf Widerstand treffen (weil sie etwa zu Reaktionen des/der Interaktionspartner führen, die außerhalb des Erwartungshorizonts des »Senders« liegen), können jedoch dazu führen, daß

- entweder Erkennen und Wissen modifiziert werden oder
- andere Transferstrategien von Denk- zu Sprachzeichen entwickelt oder verwendet werden.

Führen beide Strategien auch nach verschiedenen Versuchen beider Partner nicht zum Ziel, steht zu vermuten, daß der Aufbau eines sozialen Feldes nicht gelungen ist. Das kann in der mangelnden Adaptationsfähigkeit der Erkenntnis oder des Denkens an die sozialen Vorgaben gründen. Dem Verstehenden Beobachter unverständliche interaktionelle Widerstände sind oft der Grund, dem Interaktionspartner feindschaftliche Gesinnung zu unterstellen. Andererseits ist das Fehlen jeden Widerstandes kein Zeichen für optimale Adaptation. Es gibt phantastisch organisierte Wissensgebilde, die so abstrakt sind, daß sie niemals zu Handlungen führen können, gegen die Widerstand erfahrbar wird. Sie entziehen sich aller Falsifikation durch (interaktionelle) Erfahrung.

»Nützlichkeit« bezeichnet das Maß einer biophilen Optimierung. »Biophil optimiert« ist eine Handlung oder Unterlassung genau dann, wenn – wenigstens langfristig – durch die Handlung oder Unterlassung eigenes und fremdes personales Leben eher gemehrt denn gemindert wird. Die »Lebensmehrung« ist an der Menge der emotional und sozial gelingenden Interaktionen in verschiedenen Interaktionsfeldern zu operationalisieren. Sie wird subjektiv wahrgenommen als »psychisches und soziales Wohlbefinden«. Erkenntnis und Wissen bewähren sich also, wenn sie zu Handlungen führen, die das personale Leben aller Beteiligten eher mehren denn mindern.

An dieser Stelle berühren sich Erkenntnistheorie und Ethik, wenn diese die Biophilie als höchstes ethisches Gut ausmacht. Wir können die ideale Kommunikationsgemeinschaft als eine Interaktionsgemeinschaft bestimmen, in der alle Mitglieder so zu interagieren versuchen, daß sie ihre Erkenntnisse und ihr Wissen bewähren können. Die Regeln, denen diese Kommunikationsgemeinschaft zu folgen hätte, wären die Normen einer konstruktivistischen Ethik. Hier liegt eine der Stärken einer konstruktivistischen Erkenntnistheorie: Sie leitet in ihrem Brauchbarkeitsanspruch unmittelbar in den Horizont der Ethik ein. Andererseits ist von hierher auch die ethische Qualität von Feindschaft auszumachen. Ist Feind-Aggressivität nicht biophil und nicht spontan, sondern ein Charaktermerkmal, wird es so ausgestatteten Menschen schwerfallen, ideale Kommunikationsgemeinschaften mitzutragen. Ein Kriterium für die Verantwortung bei der Übernahme eines obersten handlungsleitenden Wertes ist die Mehrung der Chancen, in idealen Kommunikationsgemeinschaften zu interagie-

ren. Insofern charakterlich feind-aggressive Menschen dazu jedoch strukturell kaum in der Lage sind, wird man auf strukturelle Unmoral schließen dürfen. (Sie hat, insoweit unverschuldet, nichts mit personaler zu tun.)
Über die Brauchbarkeit und Nützlichkeit von Handlungen und Entscheidungen, die in Erkenntnis und Wissen ihren Ursprung haben, kann der Beobachter sehr wohl zutreffend erkennen, wenn er vergleichen kann. So kann der Innere Beobachter (etwa über die Versuchs-Irrtum-Methode) feststellen, ob ein bestimmtes Wissen die emotionalen und sozialen Voraussetzungen gelingender Interaktion eher mehrt denn mindert.

IX. Konstrukte

Denkzeichen wie Begriff und Urteile sind die elementaren Konstrukte. Sie sind, zu Komplexen gebündelt, tertiäre Informationen. Manchen Konstrukten sind mehrere Denkzeichen zugeordnet. »Konstrukt« bezeichnet also eine stabile Kombination von miteinander meist verschränkt verbundenen tertiären Informationskomplexen des kognitiven Systems, die sich von anderen Informationskomplexen deutlich und grundlegend unterscheiden lassen. Wir bilden Konstrukte, um die Komplexität der Informationsmengen so weit zu reduzieren, bis wir uns von Sachverhalten ein Modell, ein Bild machen können.

Die in den Konstrukten abgelegte und von ihnen begründete Wirklichkeit muß sich interaktionell (sozial) bewähren. Das ist nicht immer ganz einfach, da Raum und Zeit als apriorische Formen unserer Sinnlichkeit, Ursache und Wirkung als apriorische Formen unseres Verstandes, innen und außen[167] nur Eigenschaften von Inhalten der Konstrukte sind – und das bei jedem Menschen anders und in anderer Interpretation (durch Formen aposteriori). Sind Konstrukte als Denkzeichen einmal ausgebildet, erhalten sie eine Macht über unser Denken, die kaum unterschätzt werden kann (*E. von Glasersfeld*).

Über die Aktivitäten der Beobachter werden Konstrukte, aber

---

167 Die Unterscheidung von Innen und Außen ist im wesentlichen gezogen durch die Zuteilung einer Information zum Selbst oder zum Nicht-Selbst des Inneren Beobachters. Diese Grenze ist nicht stabil und wird von Mensch zu Mensch – schon auf Grund seiner ersten Differenzerfahrung zwischen Selbst und Welt im Verlauf der mehr oder minder gelingenden Rückspiegelungsarbeit der Mutter – verschieden gezogen. Nur in pathologischen Grenzfällen, etwa bei Erkrankungen des schizophrenen Formenkreises, kommt es unter Umständen zu einer mehr oder minder dramatischen Aufhebung der Grenze (vgl. R. Lay, Das Bild des Menschen, Seiten 264 ff.).

auch »unkonstruierte Informationen« bestimmten formalen Strukturen zugeordnet, die vermutlich angeboren sind. Diese Zuordnungsarbeit der Beobachter füllt diese formalen Strukturen materiell an zu Selbstkonstrukt, Weltkonstrukt und Konstrukte vom Typ »Soziale Systeme«.[168] Diese formalen Konstrukte ermöglichen erst, in die Welt der Informationen ein Maß von Ordnung zu bringen, damit Bewährung möglich wird. Formale Konstrukte bezeichnen jedoch keine erkenntnisunabhängige Realität. Das Selbstkonstrukt wird vom Inneren Beobachter geschaffen, das Weltkonstrukt vom Äußeren und die Konstrukte vom Typ »Soziale Systeme« vom Verstehenden, insofern die real der Konstruktbildung zugrundeliegenden »realen« Interaktionen[169] durch enge Kooperation der Beobachter sich sinnvoll ketten lassen können.

---

168 I. Kant nannte diese formalen Konstrukte »Ideen«. »Das erste Objekt einer solchen Idee bin ich selbst, bloß als denkende Natur (Seele) betrachtet... Die zweite regulative Idee der bloß spekulativen Vernunft ist der Weltbegriff überhaupt... Die dritte Idee der reinen Vernunft, welche eine bloß regulative Supposition eines Wesens enthält, als der einigen und allgenügsamen Ursache aller kosmologischen Reihen, ist der Vernunftbegriff von Gott« (B 710–713). An die Stelle des Ordnungsprinzips »Gott« setzen wir heute das »Soziale System«, weil allein über Interaktionen alle Konstruktbildungen und -bewährungen erst möglich werden.

169 In diesen Interaktionen geschieht die wesentliche Begegnung Realität, wie sie – transzendental-logisch gefordert – unabhängig von unserem kognitiven System besteht. Solche Interaktionen zeichnen sich von Begegnungen mit nicht-interaktionsfähigen Realitäts-Anteilen dadurch aus, daß sehr verschiedene Sinne zugleich und auf Grund der transzendental-logisch geforderten Affinität der Interaktionspartner zum Selbstkonstrukt sehr viele differenzierte und »geschärfte« Signale aufnehmen. Das hat unter anderem zur Folge, daß wir andere Menschen nicht nur in ihrem Da, sondern teilweise auch in ihrem So (insofern dieses zu interaktionellen Handlungen führt) als reale (nicht von uns geschaffene) Sachverhalte akzeptieren. Die Begegnungen mit den transzendental-logisch als real zu fordernden Sachverhalten sind keineswegs von der gleichen Erheblichkeit. Vor allem kann die (biophile) Nützlichkeit der Organisation und der Struktur unserer Konstrukte bei weitem nicht so schnell und umfassend getestet werden wie im Bereich der Interaktionen. Auch dynamisieren gelingende und mißlingende Interaktionen sehr viel schneller und gründlicher die Konstrukt-Strukturen, als es gelingenden oder mißlingenden Begegnungen mit anderen Informationen, die unser Weltkonstrukt bei geeigneter Signallage zu Sachverhalten bildet, möglich ist. Ähnliches gilt auch, wenn auch in abgeschwächter Form, für den Test der (funktionalen) Brauchbarkeit unserer Konstrukte.

Weltkonstrukt, Selbstkonstrukt und die Konstrukte sozialer Systeme (wir sprechen von diesen dreien als »Konstrukte im engeren Sinne«) welchselwirken (über informationsursächliche Prozesse) dialektisch miteinander. Sie werden umgriffen von dem letzten einheitsstiftenden Konstrukt »Universum«, das die Konstrukte als »meine« umschließt und ihnen die Meinigkeit gibt. Die folgende Skizze mag das erläutern:

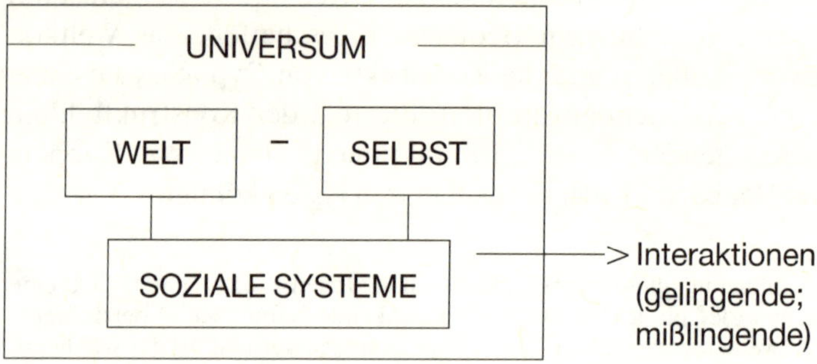

Festzustellen ist, daß von Mensch zu Mensch unterschieden sind:

- die Abgrenzungen der Konstrukte gegeneinander,
- die Dynamik der Konstrukte in sich und untereinander nach Intensität und Qualität,
- der Außenrahmen, der nicht etwa »an sich existiert«, sondern die Menge von den drei Beobachtern ausgemachten Sachverhalte einschließt. Er umschließt ein Universum.[170]

Da nun aber jeder Mensch über andere Konstrukte verfügt, ist also jede Erkenntnis, jedes Erklären oder Verstehen, jedes Werten aus der Sicht eines anderen Menschen nicht behebbar »unzuverlässig« (*G. Ungeheuer*). Der Andere ist auf eine nicht zu erfassende Weise anders. So ist etwa die Information nicht vorhersehbar, die das informationsursächliche Angebot erzeugt. In der Interaktion begegnen sich also zwei mehr oder minder unterschiedene Univer-

170 Heinrich Heine: »Mit jedem Menschen wird eine Welt geboren; mit jedem Menschen geht eine Welt unter.«

sen, die miteinander Kontakt aufzunehmen versuchen. Wird dieser Sachverhalt akzeptiert, bedeutet das, daß anderen Menschen das Recht auf eine möglicherweise völlig andere Eigenwelt[171] zugestanden wird (einschließlich des Rechtes, die Erkenntnissachverhalte völlig anders zu erklären und zu werten), die gegenüber dem eigenen Weltkonstrukt in keiner Weise gemindert wird. Alle Universen sind untereinander gleichberechtigt, wenn sie nicht zu sozial unverträglichem Tun führen, nicht aber gleichwertig, da jeder Mensch sein Leben vor dem Anspruch seiner Konstrukte und deren Wertvorgaben einrichten muß. Anders versuchte er ein »Leben aus zweiter Hand«. Sein eigenes Universum ginge unter oder würde scheitern.

---

171 Über die unterschiedlichen Weltkonstrukte von Kindern, die nur wenig identisch-sozialisiert sind, liegt reichliches Material vor. Kaum ein Kind konstruiert sein Bild von Welt dem eines anderen ähnlich. Selbst als man achtjährigen Kindern im Unterricht einen Globus zeigte und ihnen im Verlauf von sechs Unterrichtsstunden den Globus erklärte: wo überall Menschen leben, daß überall die schweren Dinge nach unten fallen . . konstruierten manche Kinder die runde Erde als etwas, in dessen Innen sie leben (als eine Art Himmelsgewölbe), andere wieder als etwas, das sie von außen betrachten, ohne Teil zu sein (wie etwa einen fremden Planeten). Vgl. dazu Stefan von Aufschnaiter u. a., Kinder konstruieren Welten, in: Kognition und Gesellschaft, Seiten 380–424, 381 ff.

12. Kapitel

Verstehen und Mißverstehen

12

Nicht wenige Feindschaften gründen in Mißverstehen oder im Erzeugen sozialer Felder, in denen Mißverstehen die Regel ist. Weil wir unsere Feinde in aller Regel mißverstehen, sind wir nicht in der Lage, Feindschaft zu beenden. Bislang haben wir vorausgesetzt, Menschen seien in der Lage, Mißverständnisse – zumindest bei gutem Willen – zu vermeiden oder aufzulösen. Doch diese Annahme ist falsch.

Man unterscheidet zwei grundsätzlich verschiedene Situationen, in denen Verstehen und Mißverstehen spielen:

- Das (tatsächliche oder vermeintliche) Verstehen, das Rekursionen zuläßt. Es ist das Verstehen zwischen zwei präsentisch interagierenden Personen.
- Das (tatsächliche oder vermeintliche) Verstehen, das keine Rekursionen zuläßt, sei es, daß der Partner nicht anwesend sein kann, sei es, daß er jede Interaktion verweigert.

Wir wollen im folgenden von Verstehen sprechen, selbst wenn es nur ein vermeintliches, tatsächlich aber ein Mißverstehen ist.

I. Das Verstehen und Mißverstehen zwischen präsentisch Interagierenden

Verstehen setzt voraus, daß Sprecher und Hörer in dem Bereich, in dem ihr Sprachspiel spielt, im Interagieren zureichend ähnliche Konstrukte aktivieren. Andernfalls kommt es notwendig zu Mißverständnissen. Konstrukte sind immer Geschöpfe der Vergangenheit. In ihnen verdichten sich die kommunikativen Erfahrungen individueller Geschichte. Damit aber Verstehen möglich ist, müssen diese Konstrukte auch eine kollektive Geschichte bergen. Besonders gilt dies für die Konstruktbildung in der ersten Sozialisationsphase. Die Konstrukte, die ein Kind auf Grund der elterlichen Interaktionen in seinen ersten fünf Lebensjahren aufbaut, sind weitgehend von der Einbettung der Elternkonstrukte in ein konkretes sozio-kulturelles Megasprachspiel, dem unser kognitives System ein sozio-kulturelles Großsystem zuordnet, bestimmt. Die Eltern organisieren ihre Interaktionsangebote nach Maßgabe solch sozio-kulturell standardisierter Konstrukte. Im Sozialisationsprozeß bildet dann das Kind nach Struktur und Inhalt ähnliche Konstrukte aus. Es internalisiert so zentrale Konstrukte des sozio-kulturellen Großsystems mit seinen Festlegungen über Wert und Unwert, über Sinn und Unsinn, über nützlich und unnütz ... und reproduziert dessen »kollektive Konstrukte«.[172]

Insofern sich in den kollektiven Konstrukten die Geschichte des Kollektivs objektiviert (Vergleichbares gilt auch für die Geschichte eines Individuums, die sich in dessen Konstrukten objektiviert), andererseits aber Verstehen und Mißverstehen in der Gegenwart

---

172 Selbstverständlich »gibt« es keine »Konstrukte eines Kollektivs«, da nur individuelle Hirnaktivitäten zur Ausbildung von Information und zu deren Ordnung zu Konstrukten führen. Wohl aber gibt es innerhalb von Kollektiven Konstrukte, die bei allen Mitgliedern eines Kollektivs sehr ähnlich sind. Diese nennen wir »kollektive Konstrukte«.

des Hörenden stattfindet, muß er sich sowohl die Geschichte seines sozio-kulturellen Megasprachspiels als auch seine eigene gegenwärtig machen. Er hat also darum die Strukturen der Gegenwart in der Vergangenheit zu bedenken. Gerade in Feindschaften macht sich Vergangenheit in aller Regel in problematischer Weise gegenwärtig.

1. Die Gegenwart der Vergangenheit

Das Problem der gegenwärtigen Vergangenheit ist unter dem Problemnamen »Präsentismus«[173] seit langem bekannt.

Wir begegnen in unserem Kontext einer besonderen Gestalt des Präsentismus: Es gilt nicht, vergangene historiographische Ereignisse in eine Geschichte einzubinden. Es kommt uns darauf an, vergangene Konstruktbildungen sich in Gegenwart realisieren zu lassen. Solcher Präsentismus ist nötig, Verstehen zu ermöglichen. Im Präsens müssen die Interagierenden über zureichend ähnliche Konstrukte verfügen, andernfalls sind Mißverständnisse unvermeidlich.

Hier ist etwa an die klassische Mißverständlichkeitssituation zu

173 G. B. Niebuhr stellte 1928 fest, es sei das allgemeine Los der Historiker, »nicht unabhängig von ihrem Zeitalter zu sein«. J. G. Droysen meinte 1938, es seien Vorstellungen und Erinnerungen, »deren Zusammenfassung und Gegenwärtigkeit unser Ich umschließt«. B. Croce lehrte 1944: »Jede wahre Geschichte ist Geschichte der Gegenwart.« Der Terminus »Präsentismus« wurde vermutlich erstmalig im Kontext des Dadaismus 1921 von R. Hausmann (K. Riha und R. Hausmann, Am Anfang war Dada, 1972, 130) verwendet. Er habe das Ziel, »die entsprechenden Wirklichkeiten des geistigen Lebens ... auf den Stand der Gegenwart zu bringen«. 1950 wurde der Begriff in die historischen Wissenschaften von Ch. McArthur Destler eingeführt. Er bezeichne den Sachverhalt, daß wissenschaftliche Objektivität für den Historiker nicht erreichbar sei. Alle Geschichtsschreibung, die über die Erhebung von Fakten hinausgehe, sei subjektiv. Der historische Forschungsprozeß sei durch die Gegenwart des Historikers bestimmt (Some oberservations on contemp. hist. theory, in: American hist. Review 55 [1950], 507). Die heftigsten Gegner des Präsentismus waren/sind Marxisten (etwa I. S. Kohn, A. Loesdau, A. Schaff). Ihnen kam es in der Nachfolge von K. Marx darauf an, die Existenz historischer Gesetze zu beweisen, die sicherstellen, daß (Vor-)Geschichte im Kommunismus ende.

denken, wenn konservativ-orientierte Personen mit kritisch-progressiv-orientierten interagieren. Vergangenes kann nur verstanden werden in der Gegenwart – und es wird anders verstanden von Konservativen als von Progressiven. Vergangenheit und Gegenwart bilden zwar eine dialektische Einheit (zusammen mit Zukunft). Aber es ist immer die gegenwärtige Vergangenheit (oder Zukunft).
Der Grund für solchen Präsentismus ist leicht zu nennen: Alle unsere Konstrukte sind nur als gegenwärtige erfahrbar, interpretieren und orientieren nur in Gegenwärtigkeit – und das, obwohl sie in Vergangenheit geworden sind und die Eierschalen der früheren Gegenwärtigkeiten mit sich tragen. Das »Organ«, das uns Vergangenes gegenwärtig macht, ist das Gedächtnis.

2. Das Gedächtnis

Der Konstruktivismus geht, wegen der unausweichlichen Gegenwärtigkeit der Konstrukte, von der strengen Gegenwärtigkeit jeder Vergangenheit aus. Das gilt auch für die »Kollektiven Konstrukte«, die allein Verstehen ermöglichen. In diesem Zusammenhang werden heute die von *Maurice Halbwachs* zwischen 1925 und 1950 entwickelten Thesen[174] über das soziale Gedächtnis wieder lebhaft diskutiert. Wir wollen die Thesen von Halbwachs in konstruktivistischem Kontext lesen:

① Gedächtnis ist das Vermögen, Erinnerungen zu speichern und zu erzeugen. Es reproduziert in Vergangenheit erzeugte Informationen in Gegenwart. Analog zur These *L. Wittgensteins*, nach der Verstehen kein psychischer, sondern ein sozialer Prozeß sei, nimmt *Halbwachs* an, daß Gedächtnis kein psychisches, sondern ein soziales Geschehen sei. Die Erinnerungen (als Inhalte des

---

174 M. Halbwachs, Das Gedächtnis und seine Bedingungen (zuerst Paris 1925), Berlin/Neuwied (Luchterhand) 1966; ders., Das kollektive Gedächtnis (zuerst Paris 1950), Frankfurt 1985. Vgl. dazu auch Alida und Jan Assmann, Das Gestern im Heute, in: Medien und Kommunikation, Beltz, Weinheim 1990, XI.

Gedächtnisses) des einzelnen sind oder werden an soziale Ereignisse (vor allem vom Typ »Interaktion«) gebunden und werden in tatsächlicher oder imaginierter Verbindung mit sozialen Ereignissen gegenwärtig. Das »Individualgedächtnis« ist eine Funktion des Inneren Beobachters. Es ist der Ort, an dem sich die verschiedenen Sprachspiele der Vergangenheit begegnen. Insofern jedem Sprachspiel eine kollektive Konstruktmenge zugeteilt werden kann, kann man es als gegenwärtigen Kreuzungspunkt verschiedener sozialer Gedächtnisse interpretieren.

② Das soziale Gedächtnis, das sich in interagierenden Subjekten (Individuen wie institutionalisierte Sozialgebilde) objektiviert, bewahrt aus der Vergangenheit nur das, was der gegenwärtige Bezugsrahmen zu rekonstruieren erlaubt. Erinnert wird ein Konstrukt. Erinnerung ist daher Konstruktbildung. In ein Konstrukt wird nur das eingelagert, was sich in den Sinnrahmen (der Rahmen, der alle Erinnerungen umschließt, die im Augenblick sinnvoll zu sein scheinen) des Konstrukts konsistent und kohärent eingliedern läßt (eventuell nach Modifikation des Konstrukts). Ändert sich der Sinnrahmen, werden Erinnerungen, die nun beziehungslos geworden sind, vergessen (oder anders abgewehrt), andere – inzwischen vergessene – dagegen finden in dem neuen Sinnrahmen einen Ort und werden »wiedererinnert«. Diese Änderungsprozesse verlaufen im Regelfall unbewußt. Viele Mißverständnisse gründen in (meist völlig unbewußt) verschiedenen Überzeugungen, was im Augenblick sinnvoll oder sinnlos ist.

③ Das Gedächtnis ist nicht nur sozial, insofern es Erinnerungen an vergangene und gegenwärtig anhaltende Interaktionen speichert, sondern auch, insofern es die Bedingung der Möglichkeit zur Bildung stabiler Sozialgebilde darstellt. Die im Erinnern gemeinsamen oder gemeinsam-gemachten Inhalte des Gedächtnisses enthalten eine Menge von Bedeutungen und Regeln, aber auch Wertungen, Orientierungen, Interessen und Emotionen, die für eine gelingende Interaktion innerhalb eines nicht-flüchtigen Sprachspiels nötig sind. Das soziale Gedächtnis ist also bei aller Dynamik, die sich im Gegenwärtigmachen einstellt, wie jedes Gedächtnis auf die Erzeugung von Kontinuität und Dauer angelegt. Menschen mit sehr unterschiedlicher interaktioneller Vergangenheit werden sich also schwertun, Mißverständnisse zu vermeiden.

④ Dem »bewohnten Gedächtnis« steht die nicht-bewohnte Geschichte gegenüber, die, insofern sie keinen Bezug zur Identität des gerade spielenden Sprachspiels hat, unbewohnt (nicht erinnerbar) ist. Insofern Menschen in einer Mehrzahl von Sprachspielen zu Hause sind, gibt es eine Mehrzahl von »bewohnten Gedächtnissen«. Diese bewohnten Gedächtnisse sind vor allem verantwortlich für die Kontinuität von Überlieferungen (als den sozialen Gedächtnissen innerhalb von sozio-kulturellen Großgesellschaften). Auch für das individuelle Gedächtnis ist die Unterscheidung zwischen bewohnten und unbewohnten Arealen nützlich. Statt von bewohnten und unbewohnten Arealen des Gedächtnisses zu unterscheiden, differenziert man heute meist zwischen Speicher- und Funktionsgedächtnis:

- Das »Speichergedächtnis« beinhaltet alle Erfahrungen, die einmal in die Konstrukte eingelagert worden sind. Seine Inhalte sind »teilweise verschüttet, unproduktiv, teilweise unterschwellig vorhanden, aber außerhalb der Belichtung durch Aufmerksamkeit teilweise zu sperrig für ein ordentliches Zurückholen, teilweise schmerzhaft oder skandalös und deshalb tief vergraben . . . Auf kollektiver Ebene enthält das Speichergedächtnis das unbrauchbar, das veraltet und fremd Gewordene, das neutrale, identitätsabstrake Sachwissen, aber auch das Repertoire verpaßter Möglichkeiten, alternativer Optionen und ungenutzter Chancen.«[175]
- Das »Funktionsgedächtnis« bezieht sich auf den durch den aktuell vorgegebenen Sinnrahmen definierten Bereich des aktuell Erinnerbaren. »Das Funktionsgedächtnis ruft die Vergangenheit zur Bekräftigung der Gegenwart auf . . . Die Vergangenheit, die das Ergebnis einer die Gegenwart fundierenden Rekonstruktionen ist, verändert sich im Einklang mit Wandlungen dieser Gegenwart.«[176]

175 A. und J. Assmann, a.a.O., Seite 60.
176 A. und J. Assmann, a.a.O., Seite 61.

Diese Annahmen wurden weiter verfolgt und konnten zum Teil empirisch bestätigt werden.[177] Das Ergebnis dieser Untersuchungen wollen folgende Thesen zusammenfassen:

① Über individuelle Vergangenheit:
Die individuelle Vergangenheit
- wird als Konstrukt von der Gegenwart geschaffen und schafft selbst Gegenwart,
- wird als Konstrukt von vergangenen und gegenwärtigen Sprachspielen erzeugt.
  Sie verändert sich durch und in der Veränderung der Konstrukte. Und Konstrukte verändern sich im Verlauf jedes Sprachspiels. Gegenwart (als gegenwärtige) und Vergangenheit (als gegenwärtige) bilden also eine dialektische Einheit.

② Über die Identität von Subjekten:
Subjekte (Individuen wie Sozialgebilde) erhalten ihre Identität durch ihr Funktionsgedächtnis, indem sie bewußt oder unbewußt sinnstiftend über Vergangenheit verfügen und so Erinnerungen selektieren. Subjekte sind also nicht mit sich selbst über einen längeren Zeitraum identisch (= genidentisch), wennschon ihnen ihr Gedächtnis solches nahelegt, sondern wesentlich (insofern Subjekte) einem permanenten Wandel unterworfen. In diesen Sinnstiftungen sind nicht selten Feindschaften strukturell eingelagert.

③ Über das Verstehen der eigenen Geschichte:
Ein Verstehen der eigenen Geschichte ist also Subjekten nur präsentisch möglich. Es können nur die vom Subjekt zur Erinnerung zugelassenen Erinnerungen verstehende Gegenwart und verstandene oder verstehbare Vergangenheit konstituieren. Zu verschiedenen Zeiten wird sich bei veränderten Inter-

---

177 Hier sind vor allem folgende Autoren zu nennen: Jan Assmann und Tonio Hölscher (Hrsg.), Kultur und Gedächtnis, Frankfurt 1988; Thomas Butler, Memory, History, Culture and the Mind, Oxford 1989; Gérard Namer, Mémoire et Société, Paris 1987; Lutz Niethammer (Hrsg.), Lebenserfahrung und kollektives Gedächtnis, Frankfurt [2]1985; Edward Shils, Tradition, Chicago 1981; Pierre Nora, Les Lieux de mémoire, Band I, Paris 1984, und Band II, Paris 1986.

essen, Erwartungen, Bedürfnissen und Werteinstellungen die eigene Geschichte in verschiedenen Geschichten repräsentieren. Das Wort »eigene Geschichte« hat allenfalls insoweit Sinn, als es die Menge aller möglichen konsistenten und kohärenten Geschichten über selbsterlebte historiographische Daten bezeichnet.

Ebenfalls ist empirisch gesichert, daß Feinde in aller Regel andere Bereiche des Speichergedächtnisses im Funktionsgedächtnis realisieren. Das gilt sowohl für Feindschaften zwischen Personen wie für solche zwischen Institutionen. Das mag demonstrieren, daß Geschichte, weder die individuelle noch die von Institutionen, etwas Objektives ist. Die Reihung historiographischer Daten läßt stets eine Fülle von Geschichten zu. Wer verstehen will, muß lernen, verschiedene Geschichten, als gleichberechtigt nebeneinander stehend, zu interpretieren. Selbst die Auswahl der zu Geschichten verbundenen historiographischen Daten unterliegt dem Zufall der Einspülung ins Funktionsgedächtnis.

3. Das Verstehen

Verstehen ist ein Sonderfall des Erkennens. Der Verstehende erkennt, daß er das, was der Sprecher meint, versteht. Es ist eine Form des »sozialen Erkennens« und unterscheidet sich insoweit von einem »psychischen Erkennen«. Verstehen ist also nur möglich, wenn es im Horizont eines vom kollektiven Gedächtnis aus gezogenen Rahmens geschieht. Dieses definiert den Verstehenshorizont. Verstehen ist, wie alles Erkennen, nicht etwa eine Rekonstruktion des vom Interaktionspartner Gemeinten, sondern Konstruktion des Verstehenden Beobachters. Verstehen der interaktionellen Handlungen eines anderen bedeutet: Was würde in mir vorgehen, wenn ich eine solche interaktionelle Handlung, wie ich sie gerade erfahre, tätigen würde? Da ein kognitives System zutreffend nur mit Hilfe des Inneren Beobachters seine eigenen Zustände erkennen kann, bedeutet jedes Verstehen Selbstverstehen. Ein anderes Verstehen als Selbstverstehen gibt

es nicht. Erinnern von Informationen, eine notwendige Bedingung jeden Verstehens, geschieht, wenn der Innere Beobachter Ablagerungen innerhalb der Konstrukte und deren zeitliche Zuordnung erkennt.
Dann aber scheint alles Verstehen – Mißverstehen zu sein. Nicht notwendig! Wenn der Äußere Beobachter erkennt, daß ein bestimmtes Selbstverstehen des Inneren Beobachters mittels fremderzeugter Signale, die zu Informationen verarbeitet werden, von einem äußeren Signalgeber (»Sprecher«) in der Absicht, sich verständlich zu machen, angeregt werden, sprechen wir von einer Situation, in der »Verstehen« geschehen kann. Wir können davon ausgehen, daß, wenn der Äußere Beobachter Anzeichen gelingender Konstruktbewährung (konsensuelle Handlungen nach rekursiven) feststellt, dies ein Anhaltspunkt für einen dritten, den »Verstehenden Beobachter« ist, daß er das Gesagte »richtig« (wie vom Sprecher gemeint) verstanden hat.
Verstehen ist kein kognitiv-psychisches Geschehen, sonst könnte der Innere Beobachter das Gemeinte verstehen. Es ist aber auch kein äußeres Geschehen, sonst könnte der Äußere Beobachter das Gemeinte verstehen. Als kognitiv-soziales Geschehen spielt es zwischen beiden und wird durch beide vermittelt. Verstehen ist der Prozeß, den der Verstehende Beobachter als solchen erkennt und definiert. Damit ist zwar »Verstehen« erklärt, aber noch nicht definiert. Da »Verstehen« ein Urzeichen ist, kann nur eine beschreibende Definition versucht werden.
Wir legen nun definitorisch fest: »Verstehen« bezeichne unabhängig von der Frage, ob sich das zu Verstehende in einem aktuellen (spontanen oder institutionalisierten) oder fremden Sprachspiel ereignet(e), den Prozeß (und das Ergebnis eines Prozesses), durch den (immer nur sprachspieldefinierte) Bedeutungen von sozial relevanten Handlungen bzw. deren Ergebnisse und Folgen vom tertiären Beobachter ausgemacht werden. Verstehen kann er also nur soziale (interaktionelle) Handlungen und deren Folgen.
Diese vom Äußeren Beobachter erkannten sozialen Handlungen können

- Tathandlungen (wie etwa »Spielen«, »Arbeiten«, »Schenken«),
- Ausdruckshandlungen (wie etwa Gesten, Satzakzente, Modulation der Stimme) und/oder
- Sprachhandlungen (wie Aussagen, Befehle, Fragen, Ratschläge) sein.

In konkreten kommunikativen Situationen bilden alle drei Handlungstypen zumeist ein komplementäres und vernetztes Informationssystem, das der »Verstehende Beobachter« durch sein Verstehen interpretiert.
Mit dieser Definition sollen vom Verstehen ausgeschlossen werden:

- alle nicht unmittelbar sozial relevanten Handlungen (wie etwa einsames Spazierengehen, Nachdenken oder Sternengukken),
- alles »Einfühlen« in fremde Handlungen, da Verstehen kein psychisches, sondern ein soziales Ereignen ist. Das »empathische Verstehen« ist nicht objektivierbar. Es hat seinen Platz in interaktionellen Situationen des Typs »Verliebtsein«, »Trösten«, »Psychotherapie«,[178]
- alles »Verstehen von Motiven« (also »Personenverstehen«).

Ferner fordern wir nicht, daß Verstehen nur geschieht, wenn Sprecher und Hörer über identische Begriffe verfügen und dieselben Sprachspiele beherrschen. Verstehen setzt einzig und allein voraus, daß beide entweder interaktionell erfolgreich ein Sprachspiel schaffen oder im selben Sprachspiel interagieren. Gerade die Überwindung von Feindschaft, die keineswegs unausweichliches Schicksal ist, geschieht zumeist, wenn es den Feinden gelingt, ein gemeinsames Sprachspiel miteinander aufzubauen.

---

178 Vgl. dazu Carl R. Rogers, Die nicht-direkte Beratung (1942), Kindler, München 1972.

Ferner sei festgestellt, daß Verstandenes niemals als in einem semantischen Sinne »wahr« (frei von Täuschungen und Irrtum) ist oder auch nur sein kann. Der Verstehende Beobachter kann sich immer täuschen und irren.[179]

179 Dagegen ist die Bestimmung einer Aussage als »wahr«, die folgende drei notwendige Bedingungen erfüllt, unter bestimmten Umständen sinnvoll:

- Sie muß innerhalb eines Sprachspiels von allen beteiligten Verstehenden Beobachtern als frei von Täuschung und Irrtum akzeptiert und verwendet werden (das festzustellen ist nicht ganz einfach).
- Sie muß in einer im Sprachspiel anerkannten Weise die Welt, in der sie gelten soll, angeben.
- Sie muß nützlich sein. Das bedeutet vor allem: Ihre Verwendung muß Konstrukte derart bewähren (helfen), daß personales Leben eher gemehrt denn gemindert wird.

II. Über das Verstehen und Mißverstehen von nicht-präsentisch Interagierenden

Erst recht ist die Chance, sich mißzuverstehen, groß, wenn nicht durch rekursive Interaktionen vermutetes Verstehen objektiviert werden kann. Man sollte grundsätzlich davon ausgehen, daß wir Personen, mit denen wir aus Gründen gleich welcher Art nicht interagieren (können), mißverstehen. Interaktionen können ausgeschlossen sein, wenn der Betreffende (wie etwa die meisten Religionsstifter) schon verstorben ist, wenn er weit entfernt lebt (etwa in Serbien, in Rußland, in Südafrika, im Irak), wenn Kommunikation verweigert wird.

Wir sind dann auf das Verstehen von Botschaften, die entweder von dem Partner selbst stammen (etwa der Koran von *Muhammed*), mit dem Interagieren unmöglich ist, oder solchen, die über ihn handeln (etwa die Berichterstattung der deutschen Presse über *Saddam Hussein*), angewiesen. Da Botschaften nicht in aktueller Interaktion (nicht in einem aktuellen Sprachspiel) verstanden werden können, wird ein virtuelles Sprachspiel erzeugt. An die Stelle dessen, der die Botschaften erzeugte, tritt der Bote (etwa der Koran oder eine deutsche Tageszeitung). Der Bote kann sich als geschriebener Text oder in einer anders gespeicherten Signalfolge vorstellen. Eine bestimmte Interpretation von Botschaften kann also nicht auf ihre Authentizität überprüft werden. Wir wissen also nichts Authentisches über den Charakter *Saddam Husseins*. Bedeutet das, daß deshalb auch auf jedes konsensuelle Element verzichtet werden muß? Bedeutet das, daß das Verstehen solcher Botschaften der Beliebigkeit ausgesetzt ist?

Unsere Konstrukte stehen uns nur im Präsens zur Verfügung. Das bedeutet, daß auch die in der Absicht, eine Botschaft zu vermitteln, erzeugten Signalmengen uns nur präsentisch zur Verfügung stehen. Sie sind der präsentische Bote, mit dem wir in ein virtuelles

Sprachspiel eintreten können. Das geschieht, wenn wir den Autor der Botschaft methodisch mit dem Boten identifizieren, wohl wissend, daß wir den Urheber der Botschaft nicht verstehen können, sondern allenfalls seinen Boten. Wir sprechen vom »methodischen Präsentismus«.[180]

Ein solcher Präsentismus ist objektiv, wenn der Verstehenwollende mit Mitgliedern seines Sprachspiels sich über die Botschaft und deren Bedeutung ohne destruktive Konflikte verständigen kann. Ein objektiver Präsentismus führt zu diskursfähigen Situationen: Eine »alte Botschaft« wird zum Spielzeug in einem neuen Spiel. Es entstehen »Schulen«, zu denen sich dann Hussein-Hasser oder Koran-Interpreten zusammenschließen. Schulen schaffen »kommunikative Phantome«: Freunde wie Feinde, Menschen, die man lieben oder hassen muß.

Ein Verstehen von Botschaften, die sich dem methodischen Präsentismus verweigern und der eigentümlichen Meinung sind, der Bote berichte die authentische Botschaft des Autors der Botschaft, ist weitgehender Beliebigkeit ausgeliefert. Ein Beispiel solcher Beliebigkeit bilden die kontroversen Interpretationen etwa der heiligen Schriften des Christentums und des Islam. Solches an den Bedürfnissen, Interessen, Erwartungen und Werteinstellungen des Interpreten orientiertes Verstehen ist nicht selten der irrigen Meinung, vergangene und in Vergangenheit abgeschlossene Lebenswelten rekonstruieren zu können, obschon nur präsentische Konstruktionen möglich sind. Er glaubt, eine Botschaft objektiv verstehen zu können. Ein solcher »subjektiver Präsentismus«, durch den der Interpret seine eigenen Bedürfnisse, Erwartungen, Interessen, Wertvorstellungen in einem Pseudosprachspiel realisiert, ist daran erkennbar, daß er zu destruktiven Konflikten zwischen Subjekten, die innerhalb desselben sozialen Großgebildes sozialisiert wurden, führt. Der Dogmatismus erzeugt sich wechselseitig exkommunizierende Sozialgebilde. Ein humanes Miteinander

---

180 Dieser methodische Präsentismus gilt nicht nur für Botschaften aus vergangenen, sondern auch aus gegenwärtigen, dem Verstehenwollenden fremden Lebenswelten (etwa des Islam oder des Schintoismus), wenn dem Verstehenwollenden ein aktuelles Mitspielen aus gleich welchen Gründen unmöglich ist.

setzt also zwingend die Akzeptation des methodischen Präsentismus voraus, wenn es darum geht, irgendeine Vergangenheit (sei es die einer Person oder die einer Botschaft) zu verstehen und sich über sie zu verständigen. Man sollte also nicht sagen: »Du hast doch gesagt, daß ...«, sondern: »Ich habe dich damals, wenn ich mich recht erinnere, so verstanden, daß du mitteilen wolltest, daß ...«

Nur eine erkenntnistheoretische Reflexion erlaubt es, das Phänomen der Feindschaft zu verstehen. Feinde gibt es in Realität nicht, sondern nur Konstrukte von Feinden. Sie führen dazu, daß Menschen feindschaftlich miteinander umgehen und so das Feindkonstrukt »verifizieren«. Wenn Feinde miteinander agieren, wollen sie in der Regel ihr Konstrukt bestätigen. Es kommt aber darauf an, es zu bewähren. Solche Bewährungsversuche werden das Konstrukt dynamisieren. Das kann dazu führen, daß Feindschaft aufgehoben wird – oder doch – wenn schon in einer pluralistischen und das bedeutet leider auch oft genug aktiv-intoleranten Gesellschaft unvermeidlich – in menschlicher Weise gelebt werden kann.

Worte zum Schluß

Ein Buch über Feinde und Feindschaft zu schreiben ist schon allein deshalb nicht ganz einfach, weil jeder Mensch Feindschaft auf eine sehr individuelle Weise erlebt. Sie gründet in den in Konstrukten angelegten Vorgaben, die sich weitgehend unserer Kontrolle entziehen. Wir sind ebenso hilflos den Konstruktbildungen anderer ausgeliefert wie diese unseren. Dennoch dürfte diese Einsicht hilfreich sein, mit Feinden und Feindschaft menschlich umzugehen. Das zu vermitteln ist Ziel dieses Buches.

Wir leben in einer Welt zerbrechender Wertordnungen und sind insoweit gefährdet, als die uns alltäglich vorgestellte Feindschaft unmenschlich ausufert. In der Mitte der Gewaltsamkeit unserer Zeit sollte man jedoch versuchen, Feindschaft nicht gewalttätig werden zu lassen. Das gilt sowohl für die eigene wie die unserer Institutionen.

Gelingt es uns, dieses Ziel zu erreichen, haben wir das unsere dazu beigetragen, daß diese Welt ein wenig menschlicher wird. Und das ist sehr viel: Es wird uns helfen, unser Leben gelingen zu lassen.

Register

Wenn Sie Fragen, Anregungen oder Beschwerden haben, rufen Sie uns bitte an:
ECON Verlagsgruppe, Telefon 02 11/4 35 96, Fax 02 11/ 4 35 97 68.

Die Deutsche Bibliothek – CIP-Einheitsaufnahme

Lay, Rupert: Wie man sich Feinde schafft: Ein Plädoyer gegen Gewalt, Rupert Lay. – Düsseldorf; Wien; New York; Moskau: ECON Verl., 1994.
ISBN 3-430-15938-5.

Lektorat: Wolfgang Drescher. Gesetzt aus der Times, Linotype. Satz: Lichtsatz Heinrich Fanslau, Düsseldorf. Druck und Bindearbeiten: Franz Spiegel Buch GmbH, Ulm. Printed in Germany. ISBN 3-430-15938-5.